Bertrand du guesclin.

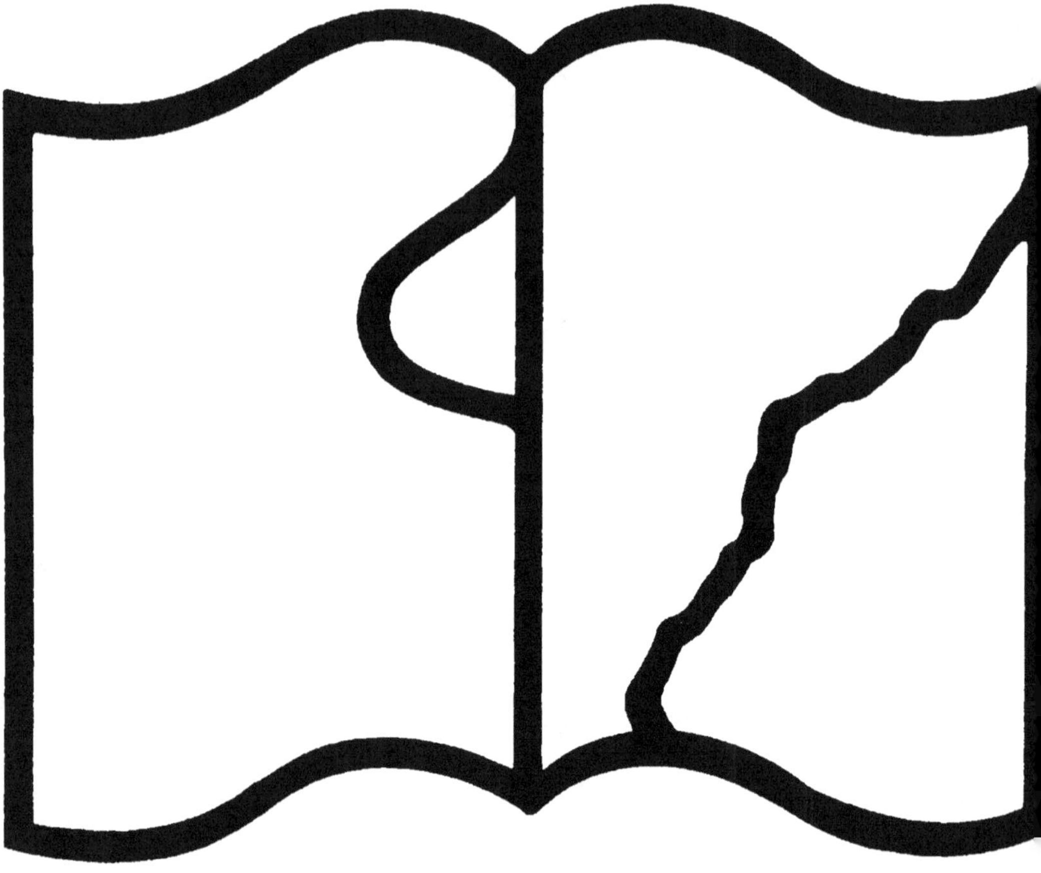

Texte détérioré — reliure défectueuse

NF Z 43-120-11

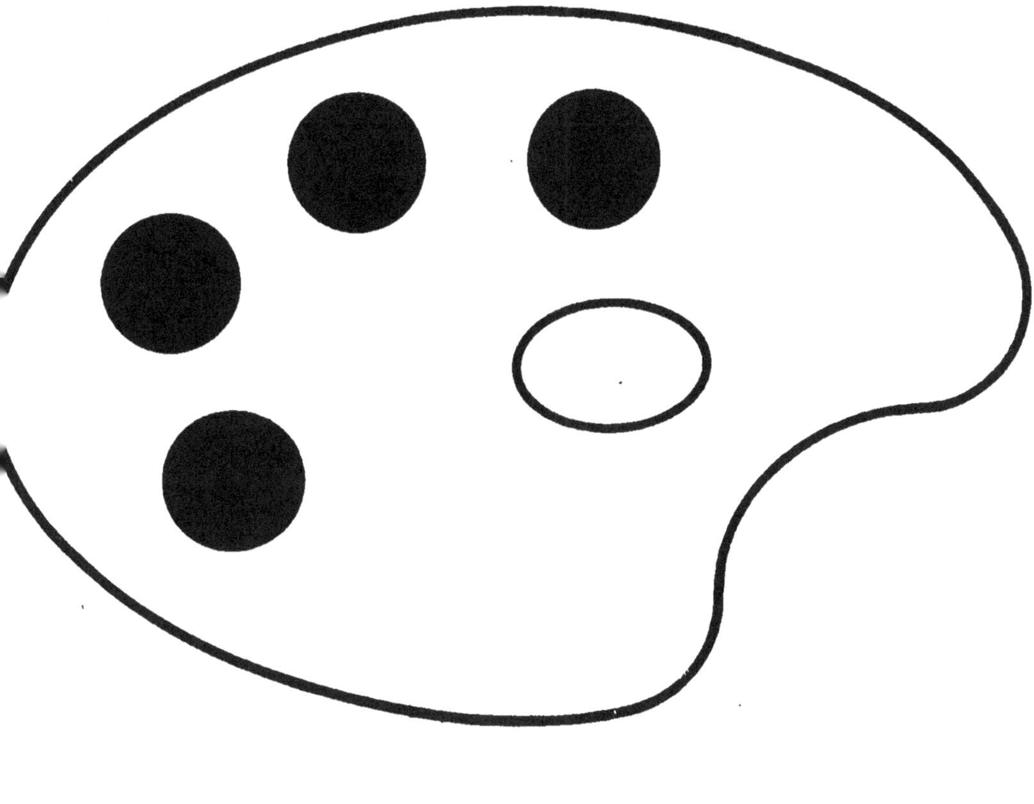

Original en couleur

NF Z 43-120-8

¶ Bertrand du guesclin.

N ma pensee souuent me delictoye en ouyr liures et cõpter les faiz des anciens par lesq̃lz soubz la grace de nostre seigneur duquel tous biens viennent cognoissance de raison est donnee a tout humain. Et deuant toute rien au fait de cheualerie et de clergie q̃ de iustice sont voyes et droictes gardes iacoit ce que ne soye point telle que en moy doyue estre chiere. mais les clers et les cheualiers en ma ieunesse ay voulu hanter voulētiers et souuent et le cueur de moy forment y trait. et depuis pour mon delit comme celluy qui par entroublier la duersite mõdaine par laq̃lle mai cueur est desuoye ay prins aulcun remede de cõfort pour ma pẽsee esleuer et me suis mis a traictier et racompter par hystoires les faiz de mess. Bertrād du guesclin cheualier q̃ par sa doctrine et par sa vaillāce surmõta en prouesse to⁹ aultres cheualiers en son viuāt. Et de luy et de sa vaillance a la tant la renõmee que le roy charles de france qui iustice et cheualerie tāt aymoit le retint connestable de son royaulme. Cestuy roy charles fut preudons et de saincte vie en son viuant. car auecques ce q̃l fut tenu le plus preudomme de sõ royaulme il regna par sa iustice en telle maniere et puissance que bien pouoit on dire de luy ce q̃ nreseigneur dit par la bouche de geremie son benoit pphete qui au liure des lamētaciõs dit. Regnabit rex sapiens erit et faciet iudiciū. Et certes biē se gouuernoit selon telles parolles le roy charles. Et biē deura chescun cõgnoistre par ceste hystoire laquelle doresenauant ie vueil commencer. mais a to⁹ supplie humblement que se en aulcuns lieux ie fais ce que souuentesfois me aduient Ilz me vueillent mes faultes debõnairement supplier et corriger.

AU temps et regne phelippe le roy de frāce filz de charles conte de vallois frere de phelippe le bel roy de frāce et de nauarre qui en son viuant engendra troys filz lesquelz lung apres laultre depuis le trespassemēt dudit phelippe le bel leur pere furēt couronez roys de france par la succession du derrain. Et desquelz le royaulme descendit et escheut audit phelippe de vallois nepueu ainsne dudit phelippe. En ce tēps estoit en bretaigne vng chevalier nomme regnaud du guesclin seigneur de la mote de bron vng fort chastel et bien seans a six lieues de regnes le chevalier fut preudons loyal et droicturier envers dieu et le mō de renōme de grant puesse et de hardemēt. ¶ Sur toute riens aimoit leglise pour la reveren-ce de nostre seigneur de qui tous biens viennēt. cōfortoit les povres et leur faisoit aulmos-nes. Vray est q̄ de celluy cheva-lier et de sa femme qui moult de saincte vie estoit et biē renōmee en son pais. yssirēt trois filz des-quelx lainsne eut nom bertrand dont en ses iours courut tant de renōmee par toute terre xpien-ne et sarrazine q̄ il fut craint et redoubte. Le secōd eut nō guil-laume q̄ moult valut mais pou vesquit. Et le tiers eut nom olivier qui ores regne conte de longueville. A la haulte puesse di celluy. B. ne se peut nul compa-rer en son vivant dont charles roy de france le retint son connestable et chief de toutes ses guerres. Mais pour ce q̄ les chevaliers de ieunesse desirēt grandes vaillances ouyr et volentiers racompter ¶ Sont cy les faiz diceluy bertrand ramentevez depuis le tēps de sa ieunesse iusques a son trespassemēt selō ce q̄ trouve est en ses faiz q̄ sont escriptz es faiz des roys de frāce en lesglise de monseigneur saict denis en france.

Bertrand du guesclin aisne filz de regnaud du guesclin. fut de moyenne stature. le visaige brun le nez camus. les yeulx vers. large despaules. longz bras. et petites mains. Mais pource que de grant beaulte nestoit il pas plei fut pou p̄se en sa ieunesse. et souventesfois advient que lenfant mois prise en sa ieunesse recoit en ses iours avācemēt et grant hōneur. ¶ Il advint a vne feste de asencion que a la mote de bron vint vne converse qui ieune avoit este et estoit de grāt science. Celle cōverse reparoit souvent en lostel du sire de bron qui debonnairemēt la recevoit. et a se iour la fit asseoir a sa table. ¶ Si regarda la converse que a la table seconde estoyēt assis les trois enfans et tout au dernier bout estoit assiz. B. q̄ stoit lainsne. mais pou de compte et moigs q̄ les aultres en tenoit le chevalier. Elle cōsidera et advisa la maniere de. B. Et au leuer de la table print lenfant qui estoit en leage de .vi. ans. Et apres ce quelle luy eut regarde les mais et veu sa philozomie elle demāda au chevalier et a la dame pourquoy on le tenoit si vilainemēt. ¶ La dame respōdit belle amye en verite cest enfant est tāt rude malicieux et divers en couraige que oncq̄s son pareil ne fut veu. car ia hōme tant soit de hault lignaige ne luy fera ou dira son desplaisir q̄ tantost il ne soit par luy frappe.

Bien sommes mōseigneur et moy souventesfois doulens pour les griefz ql fait aux autres enfans du pais. car ia ne cessera de les faire assēbler pour les faire cōbatre et luymesmes combat avecques eulx dōt mōseigneur et moy desirons souvēt sa mort ou q̄ oncques ne fut ne. A celle parolle respondit la cōverse. ma dame ie vous afferme que sur cest enfant ie voy ung tel signe que par luy seulement le royaulme de frāce sera essaulcie ne de son temps ne sera nul qui puisse estre a luy cōpare de chevalerie. De ce se commenca la dame a esiouyr. et dillec en avāt le tit plus chier. tāt creut .b. ql vint en leage de neuf ans. et prīt une coustume quil assēbloit les ēfans et les partissoit par batailles et souvēt les faisoit combatre si longuemēt que plusieurs des enfans sen repentoyent et sen retornoyent naures en leur maison. et luymesmes y estoit blecie et ses robbes desrōpues. Quāt la dame veoit aisi .b. demener moult estoit dolente. Et luy disoit ma loustru mauvaisemēt vo9 souviēt du hault hōneur a quoy vo9 dit la converse q̄ vous devez venir. mais certes elle vous a dui sa mal. car en verite ie ne le pourroye croyre. de ce ne tint cōpte .b. aincois fit faire quintaignes et ioustes denfans et maniere de tournois selon le sētemēt ql en pouvoit avoir de et quil en pouvoit avoir ouy racōpter. ¶ Car adōcques lon faisoit tournois parmi le royaulme de france.

Ainsi se maintint bertrand iusques a ce que les gēs du pais firent plainte au sire de bron de sō filz qui leurs enfans guerreoit en telle maniere. Adonc fit crier le sire du guesclin et de bron que nul ne laissast aller leurs enfans avec .b. Quant bertrand vist et apparceut que nul enfāt ne le vouloit plus suyr il se prenoit a eulx et les faisoit combatre a luy oultre leur gre. ¶ Adōc retournerẽt les peres des ẽfans deuers le sire de bron faire leur plainte de son filz leql il fit emprisonner. ¶Si aduint q̃ vng soir vne chamberiere portoit a mẽger a bertrãd. ainsi comme elle ouurist luys de la prison. b. en yssit et luy osta les clefz et lẽ ferma dedẽs. puis sen alla de nuit en lune des maisons son pere. et la print vne iument et sen alla a regnes. Le sire de brõ auoit vne suer a regnes mariee a vng cheualier de grãt hõneur q̃ a regnes demouroit la se trahist. B. Et quãt la dame son hãte lapparceut elle fut moult liee de sa venue pource q̃ desia auoit ouy parler de son maitiẽ et luy dit. Ha beau nepueu mal ressemblez la rasse dõt vo9 estez yssu q̃ ainsi vo9 demenez villaynemẽt. la estoit le cheualier marry de la dame q̃ luy dist. Dame laissez a. B. soy acqter de ieunesse. puis dit a. B. beau nepueu lostel de ceãs est vostre dont bertrand le mercia moult debõnairement.

En regnes demoura. b. auec son oncle longuement et moult changa de ses manieres. puis fut son pere appaise enuers luy et retourna en son hostel. Et tant creut bertrãd quil fut en leage de. xvii. ans. Adõc luy bailla le sire du guesclin cheuaulx et harnois. Et dillec en auant il suyuit les armes ioustes et tournoymẽs. Et tant fut large et faisant dons et presens aux gentilz hõmes qui par la terre de son pere passoyent que en brief temps fut acointe des cheualiers et renomme de largesse. ¶Et entre ses aultres manieres auoit de coustume que se aulcun poure q̃rant laumosne sil nauoit argẽt il se deuestoit et donnoit sa robbe pour lamour de nostre seigneur. dõt son pere lauoit mõlt chier plus que de nulle chose qui fust en luy. Or aduint que les barons de bretaigne tindrent a regnes vnes bien grãs ioustes Et de lentreprise fut le sire du guesclin pere de bertrãd et auec luy bertrand qui moult desirãt estoit de iouster. mais pource q̃ trop ieune estoit son pere ne voulut point quil ioustat.

AV iour des iouſtes ſe armerēt cheualiers de pluſieurs cōtrees a regnes. la euſt grant feſte et y euſt deſ dāes et des damoyſelles. des bourgoys et des bourgoyſes. les cheualiers vindrēt ſur la place des iouſtes q̄ de lēpire eſtoyēt venuz. Et furēt receuz to⁹ cheualiers et eſcuyers. Et ſur tous ceulx q̄ bien feroyent la iournee donnoit le pris le ſeigneur du gueſclin. Il aduit q̄ par ceulx de dehors iouſta vng eſcuyer parēt de la dame du gueſclin et mōlt bel et lōguemēt ſe maītint a la iouſte. puis retourna en loſtel ou logie eſtoit bertrand qui leſcuyer cōgnoiſſoit. et le ſuyuit en la chābre ou deſarmer ſe vouloit et ſe agenoilla deuāt luy en luy req̄rant q̄l luy vouſiſt preſter ſon harnoys pour iouſter. dōt leſcuyer q̄ le cōgnoiſſoit luy reſpondit doulcemēt. ha beau couſin. ce ne deues pas requerre mais tout prēdre cōme le voſtre dōt fut mōlt ioyeux .B. puis arma leſcuyer. B. mōlt ſecretemēt puis luy bailla cheual de iouſtes et varlet pour le ſeruir et gouuerner. Joyeuſemēt vint. B. ſur le chāp. et quāt il ſe vit ſur les rans il ferit ſon cheual des eſperons appertement cōtre vng cheualier. et le cheualier contre luy. Bertrās q̄ oncques mais nauoit iouste ferit le cheualier par le heaulme de telle force ql luy mist hors de la teste. De ce coup cheut le cheualier et son cheual occis. Quant les herauls virēt le rude coup q̄ fait auoit celluy quō ne congnoissoit et ne sauoyent ql cry crier. Ilz cōmencerent tous a crier a lescuyer aduentureulx.

Adoncques piqua. B. cheuauchāt les rās et tant fist ce iour quil ny eut nul de ceulx de dedens qui ne doubtassent le rencōtrer et si ne sauoyent ql estoit. Quant le sire du guesclin qui toute iour auoit eu le pris apparceut la contenāce de ceulx de dedens. Il fiert cheual des esperōs et sadressa cōtre. B. son filz lequel cogneut son pere a ses paremens. Adōc laissa. B. sa lance cheoir. le sire du guesclin q̄ son filz ne congnoissoit sesmerueilla dōt il luy auoit la iouste reffuse. Et lors sassembla auec ses aultres cōpaignōs en leur demādāt silz sauoyent quil estoit ne cōmēt ilz le pourroyēt sauoir. par le cōseil du sire du guesclin fut dit que lung des cheualiers de dedens yroit cōtre luy et mettroit peine de le deshaulmer et par ce le pourroit on cognoistre. Dont partit vng escuyer qui de grāt prouesse estoit et de grant vertu. et vint cōtre Bertrand et le deshaulma. Lors fut Bertrand cogneu de ceulx de son lignaige et de son pere q̄ moult ioyeux en furent. Et sur tous ceulx q̄ ioye en firent le sire du guesclin pour le biē ql vit en son filz fut mou t ioyeux. ¶ Celle iournee layma tellemēt q̄ dillec en auant le tint moult chier et luy habādonna toute sa terre. Quant la dame du guesclin ouyt ces nouuelles de Bertrās son filz a qui le pris fut donne des ioustes de regnes ne demande nul si elle le receust a grāt ioye. Adonc luy souuint des parolles de la cōuerse. Au partir des ioustes sen alla le sire du guesclin a la mote de brō auec son filz auquel il bailla grant estat pour suyr ioustes et tournoyemens. Et briefuemēt tant fist Bertrand que de luy courut grant renommee en la duchie de Bretaigne.

EN ce tēps regnoit en bretaigne le bon duc Jehā q̃ en tout son tēps fut bon frācois preudōs et joyeux et loyaulmēt auoit seruy le roy phelippes de valloys. cōtre le roy phelippes guerreoit le roy edoart dangleterre q̃ tāt fit par layde des flammās. alemans. galloys. hunyers. brebāsons. et gens de plusieurs naciōs a luy alliez q̃l mist le siege deuāt la cite de tournay. Quant le roy phelippes le sceut il māda les princes de son royaulme. Au mandemēt du roy alla le bon duc Jehan de bretaigne a grant harnois acompaigne de ses barōs Et briefuement le roy assembla quatre cēs lances et sen partit pour aller cōtre edward. Tāt cheuaucha par ses journees q̃l vint a mōs en henault. Quāt la contesse de henault qui vesue estoit et par deuocion sestoit rendue abbesse de fontenelles sceut que le roy phelippes son frere benoit et le roy edward qui sa fille auoit espousee tant se peyna la dame q̃ toutesuoyes furēt prises ētre les roys treues en esperāce de paix, adōc fut leue le siege ¶ Et sen retournerent les roys chascun en sa cōtree. Et quāt le roy phelippe fut retourne en france il dōna congie a ses princes et moult les mercya de leur secours. Et sur to⁹ les aultres le bon duc fut hōnore et festoye. puis print cōgie du roy et sen retourna en bretaigne ou moult fut receu hōnorablemēt. pour la grāt renōmee q̄ de bertrād couroit en bretaigne desiroit moult le bon duc iehan a le veoir. et pource le manda et il vint deuers luy. la le receut le bon duc iehā a son seruice. Et en tous les voiages ql fit pour le roy le mena auec luy et en sa cōpaignie. Ne demoura pas longuemēt q̄ le bō duc iehā trespassa dōt le pais fut moult endōmagie.

En ceste partie dit lystoire q̄ apres la mort du bon duc iehā le conte de monfort frere mainsne du bon duc alla a limoges pour saisir les tresors diceluy bon duc. et puis retourna en bretaigne. Et par largent atrahyt a soy plusieurs barōs du pais. Et tant fit que a luy se rendirent plusieurs villes et chasteaulx de la duchie. Et briefuement se nomma duc de bretaigne.

Uray est q̄ hart⁹ duc de bretaigne pere du bon duc iehan auoit troys filz dont les deux premiers furent engendres en la vicontesse de lymoges sa fēme et le tiers en la royne descosse. Cest assauoir ledit bon duc iehan et mōseigneur guy de bretaigne cōte de poitieure et de gre le secōd filz et iehan conte de mōfort tiers et derrain filz le bon duc iehan aisne apres son pere le duc hart⁹ regna au gre de tous ¶ Et par le cōseil de ses barōs fut marie. mais la duchesse sa femme ne porta oncq̄s enfans. Et pour ce q̄ messire guy le secōd filz fut preudoms. et fut plus agreable aux barōs et au peuple q̄ messire iehan cōte de monfort. Et mesmemēt icelluy bon duc iehā considerāt que apres luy estoit le plus ꝓchain pour regner et heriter a la duchie q̄ ledit messire guy voulut et fit par le cōseil des barōs q̄ au cas q̄ ledit messire guy son frere yroit de vie a trespassement auant luy il voulut et ētieremēt escript sō itēciō q̄ le droit hoir q̄ hystroit de messire guy q̄ sō hoir deuoit estre et se reputast ou filz ou fille car telle estoit la coustūe de bretaigne

a ce saccorda le cōte de mōtfort
et tous les barons. Et briefue
mēt trespassa ledit messire guy
deuant le bō duc iehā son frere
duql messire guy demoura vne
fille q̄ fut mariee a mōseigneur
charles de bloys nepueu de phelippes roy de france. Or aduint
q̄ apres le trespassement dudit
bō duc iehan la duchie escheut
audit charles de bloys a cause
de madame sa femme. mais ie
hā de mōfort luy cōtredit et sen
alla deuers le roy et luy porta
lōmage de la duchie quil receut
puis sē alla en bretaigne et print
nom de duc. Et cōtre ledit mō
seigneur charles chalāga la du
chie. le cōte de monfort fut adōc
ques adiourne par deuāt le roy
il vint et tant fut la cause deme
nee par deuāt les pers de france par lesdictes parties q̄ ilz fu
rent apoinctes par droit. Et
en ce comptant fut apoincte au
cōte de mōfort et a luy aiugie la
dicte duchie nō appartenir. dōt
se partit de court hatiuemēt sās
congie du roy. Et sen alla tout
seul iusques a orleās. et illec se
bouta sur loyre en vng vaisseau
et nuyt et iour sē alla en bretai
gne et illec passa la mer et sē ala
en angleterre par deuers le roy
au quel il fit hommage de la du
chie. lequel roy anglois luy pro
mist luy garentir. Et ainsi sen
alla des anglois le cōte de mon
fort. Et au iour assigne fut or
dōne par les pers q̄ a charles de
bloys et non a aultre appartenoit la duchie a cause de sa fem
me. Et en prononcant larrest
les prelatz et barōs de bretaigne
y pēdirēt leurs seaulx. Apres
le iugement partit charles de
court et alla en bretaigne. a luy
se rendirent plusieurs villes et
chasteaux. Et plusieurs se tin
drēt de la partie du conte de mō
fort. ¶ Ne demoura gueres que
pour faire secours audit cōte le
roy dangleterre enuoya en bretaigne le duc de lācastre son fre
re a grans gēs. Par my la bretaigne alla le conte de monfort
chalengeāt villes et chasteaux
dune part et monseigneur char
les daultre part. dōt bretaigne
fut moult dommagee et les no
bles abaisses. ¶ Car adonc en
bretaigne le pere guerreoit con
tre le filz pource q̄ les vngz tenoyēt le parti de charles de blois
Et les aultres tenoyent le par
ti de messire iehan conte de mon
fort.

ADonc fut bertrand ieune denuiron vingt ans et moult aimoit les armes. ¶Si considera en soy q̃ ores estoit tẽps dacque- rir hõneur. Et biẽ auoyent lors lieu tous cheualiers et escuiers qui en bretaigne repairoyẽt. car la estoyent les guerres des an- glois pource quẽtre le roy de frã ce et dangleterre auoit lors tre- ues. ¶Et icelluy secours dan- gleterre faisoit le roy anglois au conte de monfort pour la puissãce de bretaigne abaisser. Pource que tousiours estoit en obeissance bretaigne et au se- cours du roy de france et dan- gleterre auoit lors treues: Et aultremẽt neut pas le roy an- glois en voulẽte de mener guer re contre charles de bloys q̃ son cousin remue de germai estoit. et cousin germain de sa femme la royne dangleterre pour ayder au cõte de monfort qui riens ne luy estoit de lignaige.

LA renommee fut par toute bretaigne que en la duchie le conte de mõ fort nauoit rien ne nul droit: et pource mains bõs cheualiers de france et daultres contrees se tirerent de la partie de charles de bloys. B. q̃ ces nouuelles sceut dit que ia en son viuant ne sou stiendroit mauluaise querelle aincois soit tousiours auec droic

tire. Si se mist a tenir le par
ty de charles de bloys. et pour
sa vaillãce il actrahy a soy plu
sieurs ieunes gens desirant de
guerres sauoir. Et tant que en
brief temps se trouuerent bien
soixante compaignõs armes
qui dessus eulx fireut capitayne bertrand. Quant bertrãd se
vit ainsi acompaigne il se print
a courir sur les anglois et faire ãbuschez mais pource q̃ point
nauoit de forteresses ne frontie-
re ou ilz se peussent retraire ilz
conuersoient es grãs forestz aisi se maintient bertrãd q̃ pour
actraire a soy gens darmes dõ
noit tout a ses cõpaignõs. Et
en peu deure fut pouure par
sa largesse. Quant bertrãd vit
quil nauoit plus que donner il
print les ioyaux de sa mere et les
vẽdit et achecta cheuaulx et ar
noys dont contre luy fut cour-
roussee et doulente. Si aduit
vne iournee q̃. B. cheuauchoit
luy quatriesme par la forest. A
dõcques passoit vng cheualier
anglois q̃ de dens le chastel de fo
ueron menoit sa finance pour
mectre a sauuete. Tantost con
gneust bertrand que le cheualier
estoit anglois qui moult ardie
ment bien monte et arme quil
estoit et de grãt prouesse courut
sur. B. et mõlt pou de compte
en tint. pour ce quil estoit luy sep
tiesme. Toutesuoyes. B. et sa
compaignie courut de grãt ver
tu sur le cheualier anglois. Et
tant fit q̃ en peu de heure il le cõ
quit et loccist. Quant. B. eust le
cheualier conquis il sen vint a
sa mere. Et quãt elle lapper-
ceust ainsi monte et arme mõlt
en fut ioyeuse. Adonc fit ber.
apporter la male au cheualier
illec trouua bertrãd grant finã-
ces dargent et aussi de ioyaux
lesqueulx il dõna a sa mere. et
moult luy supplia q̃ iamais elle ne le mauldise. Quant la da
me vit les ioyaulx q̃ sans com
paraison valloiẽt mieulx q̃ les
siens. elle dit a bertrãd. bien dit
la cõuerse q̃ par toy seroit honnoree toute la geste dõt tu es ys
sus deux iours demoura illec
B. puis prist cõgie de son pere et
de sa mere. et emporta auec luy
tout ce ql auoit cõquis fors les
robbes et les ioyaulx tant alla
par les forestz quil vint a ses
compaignons qui moult furẽt
ioyeulx de sa venue et moult se
merueillerẽt de son estat illec departit son gaing a ses compai
gnons. et leur compta son ad
uenture dont chascun dist a soy
mesmes que encores passeroit

Bertrād toute la cheualerie de bretaigne donneur et de prouesse. Vng pou seiourna. B. illec puis dit a ses compaignons q̄ ores estoit saison de gueytier et aduiser quelle partilz pourroyent gaigner vne forteresse pour courir sur les anglois.

BErtrand du guesclin qui de ses cōpaignōs fut mōlt voulentiers escoute dit. Beaulx seigneurs iay regarde que cy pres a vng chastel appelle forgeray lequel tient de par le conte de monfort Robert brābolle cheualier anglois. No⁹ sommes cy soixāte compaignōs armez dōt il ny a celluy qui desir nait de vaillance auoir. Plusieurs fois ay repaire en ce chastel ou prisonnier ay este vne fois et y ay porte le bois comme ont acoustume de faire pouures gens a leur col vo⁹ scauez que le boys est pres du chastel. de celle heure passa vng varlet de forgeray qui tantost fut pris. par le varlet sceut bertrād que delors estoit brambolle yssu de forgeray et pou de gēs y auoit laisse. celluy brābole estoit alle espier lost charles de bloys qui vng chastel auoit assigie. et illec le cuyda surprendre et de nuyt. Quant bertrād sceut ces nouuelles il fit le varlet garder. Et tātost cheuaucherent droit a forgeray. A lissue du bois fit Bertrand partie de ses compaignōs embuchier et luy et la reste se tindrent en maniere de pouures boucherons et leurs colz chargiez de bois vindrent pres du chastel. Adoncques vindrent anglois qui cuyderent que ce fussent boucherōs Et aualerent le pont hastiuemēt. Et lors Bertrand et ses compaignons entrerent dedēs et laisserēt leur bois sur le pont et crierent guesclin. Adonc saillit lēbuche de bertrād. Et pour le chastel deffendre assemblerēt anglois moult asprement cōtre Bertrād et ses compaignons Illec eut hassault fier et merueilleux. et moult y fut Bertrand blecie. mais furent anglois desconfiz. et le chastel prins qui moult fut fort et bien garny de viures et richesses. Au iour q̄ bertrand print le chastel entra Robert brābroh en lost de charles. mais il fut desconfit et print son chemin vers forgeray pour soy garentir. Et tātost luy fut vng varlet au deuant qui luy compta lauanture si se mist a fuyr aultre part. Adonc en vin drēt nouuelles a .B. qui tantost yssit de forgeray et poursuiuit brambroch, et tant fit .B. quil attaignit brābroch. la se mirēt les āglois en grāt deffence. car plus fouir ne pouoyēt. mais en la fin furēt deffaitz. et brābroch mort sur le champ ¶ Apres celle desconfiture retourna. Ber. a forgeray. et de la en auāt en fut nōme sires. de ce sceut charles nouuelles q̄ mōlt desira veoir bertrand pour la grant renommee qui de luy couroit par toute la duchie.

Durant ces guerres auoit charles mis le siege deuāt la roche darie en sa cōpaignie estoit le vicōte de rohen et la plus grāt partie des barons de bretaigne pour le siege leuer vindrēt āglois qui en bretaigne estoyēt. Et entre mōseigneur charles et eulx furent prinses treues de .xv. iours en esperāce de paix ¶ Si aduint q̄ durant les treues messire thōmas de grouay cheualier āglois passa la mer a grant effort dangloys. ¶ Et de nuit sans ce que le duc charles sceut riens de sa venue vint en lost des anglois q̃ les treues auoiẽt accordees et le lẽdemai matin crierẽt ãglois alarme sur lost du duc charles q̃ de ce ne se donoit garde. quãt le duc apparceut la trahysõ il sarma luy et ses gẽs et assembla cõtre les ãglois. la eust bataille fiere et merueilleuse. mais en la fin le duc charles fut descõfit et son corps naure de .xviii. plaies mortelles. et y mourut le viscõte de rohã et mõlt daultres barons et seigneurs. puis apres la bataille vindrẽt les varles anglois cerchier les champs et les occis despoiller. La fut vng varlet nomme cousin q̃ trouua charles le duc. et le voulut despoiller. A celluy donna le duc foy et serment. et luy pria que a sa femme alast dire q̃l estoit encores en vie et q̃l le feroit riche hõme. pour trouuer charles le duc fit dangorre ãglois apres la bataille le chãp cerchier. Adonc fut le duc troune en vie et fut amene a dãgorre. lequel le mist en la roche darien et luy dist q̃l se rendist a luy de ce fut le duc reffusant et pource le mist en vng cellier tout nud sur vng pou de fein. puis fit venir quatre archiers et contre le duc les voulut faire traire se a luy ne se rẽdoit. charles respondit que gentil homme estoit et que sa foy ne bailleroit a aultruy que a celluy a qui lauoit p̃mise. la estoiẽt plusieurs cheualiers qui de charles eurent pitie et dirent a dãgorre quil ne fust tant hardy de le faire occire. Adõc dãgorre se reffraignit. Ainsi fut charles prins par la desloyaulte des anglois qui en angleterre le menerent. et fut rendu au roy edoart. despuis q̃ charles fut prins les treues des frãcois et des anglois faillirent.

Et les treues faillies fit le roy edoart tresgrãt armee que cõduisoit le prince de galeõ son aisne filz lequel passa la mer et entra en picardie en gastãt le pais de picardie et de champaigne. et puis print sa voye droic en gascoigne.

Pour le prince guerroyer assembla le roy iehã de france tresgrant armee et les pñces pour luy. Et luy mãda le roy bataille. mais moult se doubta le prïce qui tousiours cheuaucha vers guienne. pourtãt le poursuit le roy tant q̃ entre poitiers et chauuigny la cõceust. Quãt le pñce apparceust q̃ la bataille ne pouoit eschiuer il enuoya deus le roy pour traictier et se partir sans bataille. Et fit offrir rendre au roy tous les chasteaulx qui de par les anglois estoyēt tenus ou royaulme de france et cent mille frans. Ces offres conseilla de prēdre au roy le mareschal dātrehan q̄ du cōseil du roy estoit. mais la fut le mareschal de clermont qui au roy le desloigna. et dist au mareschal dentrehan que pour ce q̄ peur auoit donnoit le conseil des parolles se courroussa entrehan et dit au mareschal de clermōt. Clermont affin q̄ sachiez se bataille ya que ie nay pas peur Je vueil que vous sachiez q̄ larrest de ma lance y sera plus auant q̄ la poi te de la vostre ne sera. Finablement toutes les offres du prince reffusa le roy. Et entrerent lendemain au matin en la bataille La furēt les deux mareschaulx de france qui la premiere bataille auoiēt. Et pour les parolles quilz auoyent euez furent lung sur laultre moult enuieux. Si desreement entrerēt en la bataille du prince qui au front de sa bataille auoit mis grant nombres darchiers pour lesquelz fut la bataille des mareschaulx descōfite. de lost du roy sen partirēt aucūs princes qui plus de quatre mille hommes emmenerent. et en la bataille demoura le roy iehan qui pource ne voult partir ais assembla asi pou de gēs q̄ demoure luy furent. Quāt āglois appercеurent que la cheualerie de frāce estoit desāparee apertemēt se assembla la bataille du roy q̄ grādemēt les receut. Et a la fin fut pris et son mainsne filz phelippes auecques luy au moys de septembre. M.ccclvi. Bien scauoit le roy edouard q̄ le roy iehā poursuiuoit son filz le prīce Et pour luy secourir enuoya le duc de lanchastre son filz qui la mer de bretaigne passa auec grans gens. Et tāt se hasta pour estre en la bataille que trois iours deuant arriua au pōt de see sur loyre mais les francois luy garderent le passaige et luy conuint il lec arrester ou on luy apporta les nouuelles de la desconfiture dōt grant deul demena pource quil ny auoit este.

16.

Le siege de regnes iura le duc de lancastre Et dit q̄ dillec ne partiroit iusques dedens auroit este En regnes estoit de par le duc charles le boiteux de pautoit qui cheualier fut de grant prouesse. dedens desira mōlt estre. B q̄ partie de son lignaige y auoit mais tant auoit le duc assiegee la ville de toutes pars q̄ de gens et viures ne pouoient auoir secours. Durant ledit temps dudit siege se tint Bertrand es grās forestz p̄s de regnes. et souuēt de iour et de nuit couroit sur lost du duc en criāt guescli. de ce se smerueilla le duc de lancastre et mōlt se enq̄st q̄ estoit celluy q̄ si souuēt reueilloit son host. la auoit vng cheualier de bretaigne q̄ dist au duc Je vous iure monseigneur q̄ cest vng ieunes hōs q̄ ia en son eage a fait plus darmes que cheualier de ce pais ne fit oncques. Et luy conta puis la prinse de forgeray.. Et que sire sen faisoit nommer. Lors dit le duc que puis quil tenoit le chastel que sire sen pouoit bien clamer mais bien voulsist quil fust aultre part. deuant regnes fit le duc

de grans assaulx mais plus y
perdit quil ny guaigna ¶ Lors
fit la cite miner mais le boiteux
de pauchon q de la mine se doub
ta ordonna que pour auoir co
gnoissance chascũ tenist en son
hostel bassins ou paelles darain
et unes forcettes dedẽs. Pource
furent ceulx de regnes cognois
sans de la mine et cõtreminerẽt
de la mine sceut Bertrand nou
uelles qui moult en fut dolent
Et une nuyt cheuaucha Ber
trand secretement atout ses cõ
paignons et en lost du duc bou
ta le feu. Si commenca le cry
merueilleux que anglois cuido
yent q̃ francois pour le duc char
les fussent la venuz. Et celle uo
ye print Bertrand quatre che
ualiers de lost et luy fiancerent
tenir prison puis se retrait Ber
trand en la forest. Pour le cry
furent ordonnez anglois en ba
taille toute nuyt Jusques que les
pie du iour uint qui dit que ce
nestoit riens. Lors se pensa le
duc et dist que cestoit Bertrãd
qui dormir ne les laissoit. Adõc
uint ung cheualier anglois pri
sonnier que Bertrand enuoya
au duc et luy dist. monseigneur
a uous menuoye Bertrand a
qui prisonnier suys pour uous
dire que ceste nuyt uous a reueil
le mais pource que doresenauãt
il uous laisse dormir il uous re
quiert que dedẽs regnes Il uous
plaise le laisser entrer luy et ses
compaignons car moult desire
ueoir ses parens qui leans sont
Le duc qui fut moult courrous
se respondit que ia treues ne luy
donroit aincois feroit plus fort
miner la cite. Tant contraigne
rẽt ceulx de regnes q̃ la mine fut
percee. la furent anglois esiouiz
qui longuement combatirent.
et en la fin les ãglois de la mine
furẽt mors et descõfis et la mine
fõdue. Quãt le duc sceut la descõ
fiture en luy neust que courrous
ser. Si fit de plus en plus guec
tier q̃ uiures et secours neussent
ceulx de regnes Et biẽ sauoit le
duc qua bien grant pourete de
chair estoit mais poit ne hysso
yent. Lors se pensa dune grant
soubtiuete pour les cuider faire
yssir Il fit assembler bien deux
mille pors et les fit mectre en pa
sture prez de regnes au maretz.
Lors cuiderent hyssir mais le
capitaine ne le voult souffrir. ain
cois trouua une subtilite contre
celle du duc Il manda ung bou
chier et fit amener une truye et
puis fist abaissier la plãche du
põt et fit lãcer icelle truye soubz
la porte au dedens qui mõlt fort

de print a crier et a braire. Et tã
tost que les pors ouyrent le cry
Ilz accoururēt criant ne oncq̃s
on ne les peut garder que dedens
la cite Ilz nentrassent tous et en
telle presse que oncques ãglois
ny ousa approcher. Ainsi con
quirent les gens de regnes les
porcs du duc q̃ moult marrye en
fut et de ce furent ceulx de regnes
moult aises car longuemēt auo
yēt Jeune de chair et lōguement
furēt ainsi pource q̃ le duc auoit
le siege iure et que de iour en iour
abaissoyent de viures et secours
nauoyent de nulle part. Le Boy
eux de paueoit assembla ceulx
de regnes pour auoir aduis de q̃l
part ilz pourroyēt auoir secours
du duc charles qui dedens nan
tes estoit mais encores prison
nier estoit eslargy sur sa foy ne
armer ne se pouoit. La estoit
vng bourgois de regnes qui six
enfans auoit et nauoit que mē
gier lequel dit seigneurs sil vous
plaist ainsi comme Je vous di
ray cest assauoir Je men iray au
duc de lãcastre et luy diray que
banny mauez et tollu le mien et
luy diray aussi que secours vous
vient de france bien prochaine
ment et que secretement doiuēt
entrer en lost puis luy diray que
de nantes doiuent partir fran
coys pour vous secourir et luy di
ray le chemī quilz doiuent tenir
Et en ce faisāt pourray eschap
per puis men yray a nantes vers
le duc et luy diray la misere ou
vous estes mais de mes enfans
vous prie. A ce furent les re
gnoiz accordans et firent vne
saillie sur lost du duc et en celle
saillie se detourna le bourgois et
tant fit quil vint au duc de lan
castre et luy dist Ha mōseigneur
comme dure chose sera se ainsi
regnes demeure. Monseigneur
vray est q̃ Je suis de regnes mais
ceulx qui y sont men ont banny
Et mont oste six enfans et tol
lu le mien pource mestoye retrait
a nantes cuydant trouuer pitie
deuers le duc qui compte nen a
tenu monseigneur vous estes cy
de longue main mais si garde
vous ny prenes longuement vous
ny seres car par ma foy vous au
res demain francoys qui secreal
tement sont partis de nantes
pour vous combatre et viennēt
par deux chemins pour vous
surprendre en deux lieux. Pour
ces nouuelles fit le duc ordon
ner ses batailles et ceulx de re
gnes firent faire feux de ioye et
sur les murs de la cite firent cor
ner les menestriers et monstrer
grāt semblant de ioye.

Tant fit le bourgois q̃l eschappa de lost et print son chemin droit a nātes Et le lendemain trouua en sō chemin. B. du guesclin et ses compaignōs q̃ lost du duc aloyēt espiant tantost cogneut Bertrād le bourgois qui luy compta cōme Il estoit a ceulx de regnes et comme il auoit parle au duc et sen aloit a nantes.

Ce matin cheuaucha le duc de lanclastre sur le chemin de nantes en esperāce de rencontrer frācoys. Et en son siege laissa tentes pauillons et charroys viures et gens darmes pour le siege garder Bertrand qui par le bourgoys sceut le departement du duc vint ferir sur le siege en criant guesclin et illec se deffendirent anglois. ¶ Quant ceulx de regnes qui le departement sauoyent du duc et aussi que Bertrād se combatoit aux anglois ilz yssirent de regnes et entrerent au siege. La furent āglois surprins. Et les tentes du duc viures charrois et pauillons guaignes et mis en la cite de regnes auec leurs prisonniers

Ainsi entra Bertrand dedens regnes dont ceulx de son lignage et de la ville se resiouirent moult. de ce sceut tost nouuelles le duc de lanclastre qui moult en fut doulent. Et dit bien quil fut deceu. Lors retourna en sō siege et de plus en plus le tint a destroit. Quant Bertrand fut en regnes atout les viures charrois et prisonniers il deliura sans ranson paier tous marchans estrangiers qui auoyent amene viures en lost et des viures quilz auoyent amenez au iour de la p̄nse les fit payer par ceulx de regnes mais aincois leur fit promettre que iamais en lost du duc namenroyent viures. Ce fait les enuoya au duc et les charga de dire au duc quil se recommandoit a luy. Et que pour son corps les biens de la ville estoyent a son commandement. les marchans vindrent au duc puis luy cōpterent de Bertrand et ce que par eulx luy māda. Moult le prisa le duc. Et dist que iamais cueur de telle largesse ne pourroit mauuaisemēt finer et que encores passeroit Bertrand tous les cheualiers du monde et fort se dementa de le voir. Auec luy fut le conte de

panebroh qui luy dit. Sire duc
te loue que vous enuoyez a ber
trand sauconduit et que vous le
mandes. Et ie le cognois tant
quil viendra a vous Il enuoya
son herault a regnes et par sau
conduit manda luy quatriesme
de dens regnes entra le herault
et se adressa au capitaine. Et
luy dit ce pour quoy Il estoit la
enuoye. A celle heure sen venoit
bertrand le long dune rue vestu
dung noir Jaques q nestoit pas
de grant mõstre et a son col por
toit vne hache. le capitaine mon
stra bertrand au herault et quãt
le herault laparceut si noir et en
tel arroy il dit au capitaine saic
te marie sire cõmẽt il sẽble bien
estre brigãt en tel estat Beaulx
amis dit le capitaine Je vous cõ
seille que vo9 parles a luy cour
toisement car par maistrise on
ne auroit riens de luy. Adõc fist
le capitaine appeller bertrand.
La fut le herault qui courtoise
ment le salua de par le duc et luy
dit. sire a vous menuoye le duc de
lanclastre qui pour les biens
que de vous a ouy racompter de
sire moult vous veoir. Et pour
ce vous dis debonnairement que
vous quatriesme le vueillez ve
nir veoir a son host. Et pour ce
faire voyes yssi son sauconduit
que par moy vous enuoye. Ap
pertement partit bertrand pour
aler vers le duc mais quant il do
na au herault cent frãs q moult
le mercya. Plusieurs de lost hys
sirent des tantes pour veoir ber
trãd et tãt ala ql vint a la tante
du duc. Et deuant luy sagenoil
la humblement lequel tantost le
releua et le mercya de ce ql estoit
venu a son mandement.

Longuemẽt tint le duc
Bertrand en parol
les Et bien aparceut
le duc a son parler q en luy auoit
grant hardement et tendit moult
le retraire a sa part. Et luy de
manda qui son seigneur estoit.
Sire dit bertrand ia le scaues
asses vous scaues que cest mon
seigneur charles qui tient la du
chie de par ma dame sa femme
a ce respondit le duc Beaux a
mis encores ne tiẽt pas charles
la duchie de bretaigne aicois tiẽs
q. c. mille persõnes en mourront
dont dommaige sera. Et ber
trãd en sesbatant luy dist Mõ
seigneur ie croy biẽ quõ en tuera
assez mais demourera la vie a
ceulx qui demoureront. de ce se
prit le duc a sourrire et dit a ber
trand se seruir me voules Je vo9

petit cheualier et vous donray
vng tel tenement que vous en de
urez souffire a vostre estat mener
Quant bertrand entendit le duc
si songea vng petit et dit. Sire
pleut a dieu que bōne paix fust
entre vous deux princes. Car en
verite se paix y estoit et par espe
cial enuers monseigneur char
les le duc a qui ie suis ie feroye
voulentiers vostre gre mais mō
seigneur vous sauez que ce p̄sent
vous aloye seruir et puis vous
laissoye pour aler seruir vng aul
tre qui vous fust contraire vous
me tiendriez pour traitre et deslo
yal ce q̄ ia nauiengne. De ceste
responce prisa moult le duc ber
trād et puis fit venir vin et espi
ces dont les cheualiers qui la fu
rent seruirent. lors estoit en lost
du duc messire guillaume bran
broht frere de messire robert brā
broht cheualier āglois qui ia diz
tint forgeray messire guillaume
brāmbroht se trahyt deuers .b. et
luy requist Joustes de troys fers de
glaiue. Ceste requeste luy octroya
b. ou de .vi. se de troys nestoit cō
tēt dōt le duc se print a sourire et
dit que de fiere responce estoit .b.
Puis leur dit. beaulx seigneurs
puis que ma p̄sence vous plaist
ainsi faire vueil q̄ ce soit a demai
En ce point vint le herault du
duc et luy dist Sire de la cour
toisie et largesse que .b. me fit a
regnes ie vous mercye car pour
lamour de vous me donna tres
grāt p̄sent. de ce sceut bō gre le duc
a bertrand et len mercya puis fit
venir le meilleur courcier q̄l eust
et a bertrand le dōna. Et adōc
luy dit bertrand. Sire vous e
stes le prince qui oncques mais
riens me donnast Je suis poure
homs et ne vous puis faire ser
uice mais Je vous iure que en to
cas vous seruiray voulentiers
mon honneur sauf. Le courcier
est bel dōt ie vous mercye. Et de
main par deuant vous lesprou
ueray. En ce point print congie
b. du duc et rentra a regnes Le
demain il cōfessa et fit chāter mes
se puis sarma et vint en lost du
duc la estoit apres le duc de lan
castre et le cōte de panebroh pour
faire le champ garder briefmēt
y entra messire guillaume bran
broht et puis y entra .b. sur les
destriers mōterent et de grāt vertu
coururent leurs destriers et sen ferra
rent lung laultre es bacinez de la p̄
miere entree et fut branbroh vng
pou naure et Bertrand non
mais du coup fut bien estonne.
Aps cōmencerent a faire les deux
aultres coups et ne fut blesse nul
ne dung couste ne daultre. adōc fut

bertrād souuent de ce que aultre mēt nauoient lung laultre enferre. Si dit au cheualier branbroht. Vostre requeste vous ay acomplie et par lamour de mon seigneur le duc qui la est vous ay espargnie Ces parolles ouyt branbroht a tresgrant desdaig et dit a Bertrand que dautant le requeroit. ¶ Si luy accorda Bertrand. la recommenca la iouste ¶ Si aduint que de la premiere lance Bertrand frappa branbroht de telle vertu quil luy persa tout son harnoys en telle maniere que le fer du glaiue luy trespersa oultre le corps dont il chayt tout pasme sur le champ Quant Bertrand eust le cheualier abatu il saisist son destrier et tout monte vint mercier le duc et luy dist. ¶ Sire ie vins cy a vng destrier et ie menuoys a deux vostre mercy. la vint le herault du duc ¶ Quant Bertrand lapparceust tantost luy donna le destrier quil auoit conquis dont luy et sa cheualerie le tindrent a grant honneur.

Dedens regnes entra messire bertrand qui hōnorablement y fut receu et festoye celle iournee mais enuiron la vespree fit assaillir le duc la cite. et en celluy assault firent tant angloys que ilz misrent vng balfroy bien pres des murs de la cite. A la nuytee cessa lassault et mist gens darmes et arbelestriers audit balfroy en esperance de recommēcer le lendemain lassault par le balfroy mais lendemain au point du iour par le conseil Bertrand et le boiteux de pautoit le dit. B. en grant nombre de gens darmes assaillirent le dit balfroy et occirent les gardes et bouterent le feu gregois tant que ledit balfroy brula dont lost fut tout esmeu et assaillirēt angloys biē asprement ceulx de regnes qui yssus estoiēt. la se deffendirent regnois tant longuement et tant firent que sans perte sen retournerent dedens regnes.

A ce temps approuchoit le temps diuer et moult estoient le duc et les angloys trauaillez de siege tenir qui longuemēt auoit dure Et voulentiers eust le duc leue le siege mais il auoit iure que iamais nen partiroit tant que son penon fut assiz deuant la porte de la cite. En la cite estoyent en

grant douleur de viures et bien
sauoit Bertrand le serment q̃
le duc auoit fait. Si fit assem
bler les cheualiers escuyers qui
dedens regnes estoyent. Et par
le conseil Bertrand fut auise
que se le duc de lãclastre vouloit
luy dixieme seullemẽt entrer en
regnes on luy ouureroit les por
tes et par son serment acquiter
on luy mectroit son penõ sur les
portes mais q̃ son siege leuast.
Ceste chose fit signifier. B. au
duc qui debonnairement laccorda. Et demanda respit de
troys iours pour auoir sur ce cõ
seil. Pour lordõnance de Ber
trãd fust crie en regnes que le len
demai fust chascũ arme au pdit
du iour. Et tous viures chairs
poissons et aultres viures fussent mis sur les esthaulx et fene
stres de la cite tout aĩsi que Ber
trand le deuisa il fut fait. Aulcuns cheualiers angloys conseil
lerent au duc que de ce il ne fist
riens se plainement la cite ne
stoit mise a son commandemẽt
et quilz sauoyent bien que la cite
estoit affamee touteffois celle
Journee que le duc deuoit entrer
Il y ẽtra comme accorde lauoit
Et pource alerent alencontre
et yssirent dehors le capitaine et
Bertrand. Et y entra luy. x.
de cheualiers et le menerent luy
et sa compaignie cheuauchant
tout parmy la cite et par la ville
pour veoir lestat.

Quant le duc vit la
grant plante des vi
ures qui en regnes
estoyent sur les estaux et les gẽs
qui y estoyent armes Il enuoya
vng herault en lost q̃rir ses ban
nieres et pennons. Et tantost
furẽt apportees et mises sur les
portes ou monta le duc puis les
y assist puis descendit et luy fut
le vin aporte dõt il beut. apˀs boi
re dit Bertrand au duc. Sire
ie vous supplie quil vous plaise
moy dire ou sera la guerre dores
enauãt. car la me vouldroye retraire. le duc luy respõdit beaux
amis vous le scaures tantost.

De la cite de regnes ys
sit le duc de lanclastre
Et tantost quil fut
sur le pont si gecterent ceulx de
regnes ses banieres a ses tallõs
dont le duc fut doulent dont il
auoit fait oncques traictie tou-
tesuoies pour sa loyaulte tenir
leua son siege et sen ala au chastel dauuoy. Puis de la sen
partit tirant a rains la ou Il
cuyda se faire coronner roy

de france ou droit nauoit mais
dieu de qui tous biens viennent
luy retailla de son propos si cōme lystoire racontera cy apres
et deuant rains vint edouard et
si manda a luy venir le duc de lā
castre son filz et tous les āglois
de sa compaignie. Quāt āglois
les treues auoient de quarente
iours pour dinan recepuoir se se
cours nauoient sceurent le man
dement de edouard ilz manderēt
les cheualiers et escuyers et prin
drent conseil entre eulx q̄ bon se
roit de prendre vnes longues tre
ues en esperance de paix. Lors
leuerent anglois le siege de deuāt
dinā puis entrerēt en mer pour
passer droit a calais mais vne
maladie prīt au duc de lācastre
que mesel deuint et demoura et re
tourna en angleterre q̄ guyeres
ne vesquit.

DE deuāt rais sen par
tit edouard ardant et
exceillant le pais de chā
paigne picardie et france. Et si
cheuaucha iusques enuiron noel. Et en beaulce chaist sur anglois vne tempeste merueilleuse
Et maintenoit on que sur eulx
chairent pierres du ciel qui tous
mors les gectoyent. Et tous
mors les trouuoit on ētre paris
et chartres. mōlt fut le roy edou
ard endommagie a celle heure
et riens ny conquist ains pour
traictie de paix manda au roy de
france qui pour luy fut enuoye
le duc de normandie regēt de frā
ce charles filz ainsne du roy de
france au moys de may. M.
ccclxiiii. a deux lieues de chartres
et illec fut fait accord et paix des
deux roys puis sen ala le roy e-
douard en poure estat en son
pais.

EN ce temps fut en bre
taigne charles de blois
qui deliure fut de pri-
son mais armer ne se pouoit
contre le conte de monfort qui
chalengoit la duchie de bretaigne. Et pour la partie du duc
charles le bon Bertrand guer
reoit. pres de dinan cy est vng
chastel appelle becherel q̄ de par
charles le duc estoit tenu.

DEuant besterel mist
le siege le conte de mōt
fort acompaigne de
messire Jehā chādos cōnestable
dāgleterre robert canole et daul
tres grās cheualiers dāgleterre.
Et plusieurs fois le chastel fist

assaillir mais moult ce tint car
moult fort fut et bien garny de
gens darmes qui bien se deffendoyent. et tant furent assiegiez q̃
viures abaissoiēt au chastel Le
capitaine de besterel print auec
le cōte de montfort respit du cha
stel rendre se du duc charles nauoient secours. Tantost fit sca
uoir au duc charles le capitaine le respit quil auoit prins auec
le conte de montfort. Et en brief
temps le duc charles assembla
grant cheualerie et briefmēt vit
deuant le chastel pour le siege le
uer et anglois combatre. la vin
drent les euesques de bretaigne
qui mōlt furent desirans de mettre paix entre les parties. Et
tāt firent que entre eux fut trai
tie en paix faisant que le duc
charles et le cōte de montfort as
sembleroyent leur conseil. Et a
chascun feroit bailler tel nombre de villes et de chasteaulx cōme conseil auiseroit et ordonne-
roit. Et chascun porteroit nom
de duc. dune part et daultre fut
ceste chose accordee et baillerent
hostaiges et prindrent iour dassē
bler. pour la partie du duc char
les fut baille Bertrand en ho-
staige au conte de montfort qui
garder le bailla a messire guil-
aume felletō cheualier anglois
Ainsi se eschapperent a celle
fois le duc charles et le conte de
montfort sans auoir bataille et
leuerēt āglois leur siege. Mais
au iour que apointe auoit este le
cōte de montfort ne aultre pour
luy ny ala ne vit. Et pource de
liura le duc charles les hostages
anglois. Le conte de montfort
deliura de sa part les hostages
du duc charles excepte. B. que
mōlt doubtoit ql fit retenir et biē
garder. Plus dung an demoura
B.ertrand apres la deliurance
des aultres hostages Et souuēt
req̃roit a messire guillaume felle
ton quil le voulsist demōstrer au
cōte En luy disāt ql nauoit loy
de le tenir puis que ses hostages
estoyent a pleine deliurance. Et
guillaume qui biē cognoissoit le
tort que on luy faisoit en fut dou
lent. Si aduint vng iour quil
en parla au conte qui luy rspon
dit guillaume dictes a Bertrād
q̃ sil ne me fait fermēt q̃ iamais
contre moy ne sarmera que ie ne
le deliureray aincois lenuoyeray
en āgleterre. de ce fut tresdoulent
le dit felleton et le compta au dit
B.ertrand.

QVāt. B. sceut la vou
lente du conte de mōt
fort il ēuoya q̃rir vng

escuier de son pais qui pres de lo
stel guillaume estoit. et tellemēt
appointa auec luy quil luy ame
na secretement des cheuaulx au
iour que luy auoit chargie. A ce
iour se leua. B. biē matin. Et
pour faire semblant de soy aler
esbatre print le filz felleton qui
bien ieune estoit Et en maniere
desbatemēt ala tant Bertrād
quil vint iusques au lieu ou ses
cheuaulx estoyent et dist a lenfant de felleton. Beau filz alez
a lostel vostre pere et me recom-
mandes a luy et luy dictes que
du conte ne de luy ne suis point
prisonnier mais trop longuemēt
mōt tenu en desraison. Pource
men pars. Et lenfant vint a lo
stel de son pere q̄ de laventure fut
moult doulent quant lenfāt luy
eust dit pour le desplaisir du con
te qui baille luy auoit en garde

Tant cheuaucha. B. q̄l
vint a guingāt ou receu
fut a grāt ioye. La luy
fut dit comme āglois et nauarrois guerroyent le pais de france. Ceulx de guingant ferme-
rent les portes et dirent a Ber
trād ha sire pres de cy est p̄stan
et aultres chasteaulx que tiēt da
uid hollegriefue cheualier āglois
qui la vicōtesse de rouen a espou
see et tient le parti du conte de
montfort pour ses chasteaulx.
Et moult est guingant greue et
le pais dentour pource que dieu
vous a cy amene vo⁹ prions nous
pour courtoisie et pour du nostre
que deuāt prestan vueillez mettre le siege et certes vous le deuez
bien faire. Et nous sommes cy
tous apprestez pour vous deliurer de viures et to⁹ estouremēs
pour le siege mettre. Ceste chose
conuint q̄ Bertrand accordast
de guingant qui de la ville ne se
vouloyent aultremēt laisser yssir dont forment luy desplaisoit
Et briefment yssit de guingant
a grant arroy et ala assegier pre
stan des le lendemain matin et
ce iour mesmes si tost q̄ le siege
y fut le fist assaillir. dedens estoit
vng escuier chastellain q̄ moult
cōtraignoit ceulx de guigant et
leur faisoit de grans durtes car
quāt il les prenoit il leur faisoit
creuer les yeulx ou couper les
bras puis les en ēuoyoit. Pour
ce furent ceulx de guingāt mōlt
destreux dauoir le chastel. durement fist Bertrand le chastel
assaillir. Et le scuier qui en gar
de lauoit le deffendoit et fort la
uoit guarni mais en la fin fut
le balay pris. B. mādā a seurte
le chastellai qui au balay auoit

tant fait darmes et de vaillances q̃ merueilles estoit a les veoir. debonairemẽt luy dist. B. chastellain vous veez bien que le chastel ne pouues plus tenir rendes le par courtoisie a ma mercy. A ces parolles acoururent ceulx de guingãt q̃ le chastellain hayoyent. pour dieu sire firent ilz que ne vueillez traitier le chastel tost aurõs. Adõc de ce felon chastellain ferons tout a vostre plaisir. ainsi le fit bertrãd a la requeste deulx. Neantmoins q̃l luy tint puis bon party. apres la prinse de guingãt par la vaillance dudit chastellain.

DU partir prestan ala bertrãd assigier le chastel de tourgoust. Ce chastel tenoit vng escuyer anglois qui thommelin auoit nõ Au tresor dicelluy escuyer estoyent les pphecies merlin ou souuẽt faisoit lire icelluy thommelin. Quant il se vit assiegie si luy souuint que es liures de merlin auoit veu q̃ a ce tẽps hystroit de la petite bretaigne vne aigle qui de la condicion du petit estornel seroit. Car ainsi cõ

me lestournel qui deuant tous
ceulx de sa volee sassiet en vng
champ et apẽs to' les aultres
se assiẽt ou quil voyse vont. Et
aulcunesfois sassiẽt sur vng co
lõbier pour en faire voler tous
les coll'õs apres luy viẽnẽt des
cendre tous les aultres estour-
neaulx ainsi est de B. q de toutes gẽs est suy. ne deuãt forteres
ses ne peut arriuer q briefuemẽt
ne luy soit liuree et desconbree
de ses ennemis.

Quant bertrãd eust as
siegie tourgoust. on
demãda a dauid houle
griefue cõseil de ceste chose affin
quo le fist sauoir au cõte de mõt
fort a q fut nõcie et dit la prinse de pstan en ce point q ces choses furẽt nõmees au cõte estoit
vng cheualier anglois q felletõ
hayoit pource que aultresfois lauoit tenu prisonnier et luy vouloit faire la teste copper. Le cõte fut moult doulẽt de bertrãd
qui ainsi sen estoit ale. Le cheualier anglois nomme messire
guauttier huet dist au cõte que
felleton auoit eu de B. grant fi
nance pour le laisser aler et aul
tremẽt ne sen fust pas ale. ces
choses furent rapportees a B. q
dolẽt en fut. et tãtost ẽuoya par
deuers le cõte et luy manda par
vng escuyer q se saucõduit luy

vouloit enuoyer il yroit par deuers luy et getteroit son gaige
de bataille contre messire gaultier huet q mauuaisemẽt auoit
p felleton accuse. et prouueroit
par son corps sans ayde dõme
viuant quil sestoit loyaulment
party des prisons du conte
et de la maisõ felletõ et sans sa
seue et sãs ce q en riẽs touchast
le deshõneur ne de lũg ne de laultre. Au cõte furẽt ces chos par
lescuyer denõcees en faisant son
messaige. et briefuemẽt fut p fel
letõ deliure q pour celle occasiõ
auoit este arreste. A lescuyer dit
le cote. amy vo' dires a B. q qlq
part ql soit ie le tiẽs mõ prison
nier. Atãt se leua messire felletõ
et dist a lescuyer. amy vo' dires
a B. q ẽuers moy a moult mes-
prins. car a fiãce de sa loyaulte
le laissoye aler a sõ plaisir et aisi sẽ est party et de ce ne cuydoye
pas ql se deust cõbatre. car par
droit ie le pẽse faire aprouchier
au parlement de france et bien
brief. ne nest pas bel a vng ho-
stellier de sen partir de son host
sans son congie. veu q a sa-
aulte luy laissoye si large prisõ
Au cõgie du cõte sen partit lescuyer et retourna au siege ou e-
stoit. B. et fit son messaige de ce
q felletõ luy manda et luy despleust moult pource que de sa

deſloyaulte luy faiſoit reprouche. mais grãs parolles ne lãgaiges nẽ tint a celle fois aincoys fit engins dreſſier et le chaſtel aſſaillir de telle vertu q̃ brief uemẽt il fut cõq̃s et prins daſſault et toꝰ ceulx q̃ dedẽs eſtoyẽt priſõniers. Apꝰs la priſe de ces chaſteaulx ſẽ ala .b. par deuers le duc charles de bloys q̃ de la pꝰſon eſtoit deliure et sur le cõte de mõtfort cõq̃ſt puis ſa deliurãce.

Adignant vint le duc charles q̃ le mariage de ber. et de thiephaine fiſt et en guerdon de ses ſuices luy donna le chaſtel de la roche darië a ſa vie. ceſte fut de hault lignaige et de grãt ſēs et moult ſētreaymerẽt pour lõneur de la dãe q̃ de grãt loyaulte fut pleine laiſſa vng peu. ber. a ſuyr les guerres au cõmẽcement de ſon mariage. Quãt la dame vit q̃ aiſi les laiſſoit elle le blaſma. et luy diſt. Sire par voꝰ ont eſte beaulx faiz commenciez et par voꝰ ſeulemẽt en voz iours doit eſtre frãce recouuree. or eſt aiſi q̃ pour mamour voules perdre hõneur q̃ en voꝰ cõmence. certes ſire ceſte choſe ne pourroye endurer. car par voꝰ ſeroye trop abaiſſee q̃ par voꝰ dois eſtre honnoree. Et ſaiches ſe guerre ne pourſuyues de vaillãce ne pourres auoir hõneur. Et en droit moy q̃ ſuis vne pouure fẽme le cueur de moy ne ſe pourroit adõner a ce q̃ ie euſſe amour a vous ſi en vaillãce eſtes ainſi recreãt en normãdie eſtoyent en ce tẽps pluſieurs anglois. nauarroys et gaſcons q̃ de par le roy de nauarre gaſtoyent le royaulme de frãce. la trouua meſſire guillaume felleton q̃ maintenoit que a tort auoit .b. ſes priſõs briſees Et sur ce fit adiourner ber. en parlemẽt. De ce offroit .b. a ſoy excuſer. et q̃ le cõtraire prouueroit en chãp de bataille. mais par bataille iamais ne ce voult accorder mais le vouloit ſuiuir par pꝛoces en court de parlemẽt. Et en la fin fut iugie en la cauſe q̃ biẽ et loyaulmẽt .b. q̃ au cõte ne a felletõ nauoit foy ne pꝛiſon commẽcee ſen eſtoit deuemẽt party. et q̃ mauluaiſemẽt ſãs droicture auoit eſte detenu. Adoncques eſtoit a mellũg ſur ſene la royne blanche ſeur du roy de nauarre q̃ a ſon frere le chaſtel liura. auec le roy de nauarre eſtoit le baſtõ de marnel auec grãt ſeignorie. Quãt charles le ainſne filz du roy iehan duc de normandie et regent du royaulme ſceut les nouuelles il

sen partit de paris a grās gēs
et en sa cōpaignie.B.du guescli.

D Euāt mellun vit char
les de frāce duc de nor-
mādie. Et tātost prīt
la premiere ville. mais briefuemēt luy māda la royne blanche
q̄ dela separtist et q̄ a elle estoit
leritaige et luy chalēgeroit. De
ce fut doulēt le duc. et dit q̄ riēs
ny auoit la royne blāche fors sō
douaire. Lendemain fit assaillir saint marclo q̄ est plus fort
de la ville. tāt fut lassault merueilleux et fort q̄ mōlt y furēt
de cheualiers et descuyers mors
et bleciez. et en cest assault fut
ber. gecte de dessus les murs de
mellun en la douue. Ceste chose
apparceut le duc de normandie
q̄ a force fit traire.B. de la douue
et cuydoit que.B. fut mort dont
grant dueil demenoit le duc.
mais guieres ne demoura q̄ la
parolle luy cōmēca a reuenir.
et demāda se nauarrois auoyent rēdu le chastel. En ce poīt
enuoya la royne par deuers le
duc et luy rendit le chastel. A-
donc retourna le duc a paris. et
donna a bertrād le pōt torchon.

E N ce tēps estoit a eure
ux le roy de nauarre q̄
contre le duc de normā
die guerroyoit. et a sō aide estoy
ent venuz le casteau de buz mes
sire rehā ionel. le baston de mareul. pierre de saquuille et aultres cheualiers de normādie q̄
tenoiēt le pais denuiron despuis
eureux iusques a vernō sur say
ne. Et daultre part en la marche de limosin estoiēt anglois. et
se tenoiēt anglois sur la riuie
re de sayne. Creil et aultres vil
les et chasteaulx. Et de par le
roy de nauarre guerreoient. A-
mēte estoient nauarrois et pres
de la a rouleboise q̄ tellemēt gar
doyēt les pors et les destrois de
la riuiere de sayne q̄ par la riuie
re ne descēdoiēt nulles marchā
dises. Pource esmeurent ceulx
de rouan et entrerēt en la riuiere de sayne a grant nauire et e-
stoiēt nōbres plus de dix Mille
q̄ deuāt rouleboise vindrent et y
misdrēt le siege et souuent las-
sailloiēt. mais fort se deffendirēt nauarrois. pour ces nouuel
les vit hastiuemēt.B. au siege.
En sa compaignie estoit guil
laume de lannoy et aultres che
ualiers et escuyers de grāt renō
ceulx de rouā furent moult ioyeux et lies de la venue de ber.
qui de nuit et de iour sans ces
ser faisoit dresser engins et as
saillir le chastel de rouleboise.

Le siege durãt bertrãd
et guillaume lãnoy fu
rẽt au cõseil par quelle
voye ilz pourroiẽt cõqster mãte
q̃ ville fut forte et bien seant et
mõlt hoit frãcoys. si aduit que
en vne nuyt partirent du siege
ber. et guillaume de lãnoy et aul
tres frãcoys en estat de vignerõs
Et enuirõ soleil leuãt approu
cherẽt mãte ou grant vignoble
si est. ceulx de mãte q̃ pẽserẽt q̃
cestoiẽt vignerõs q̃ en la place
se venissẽt louer ilz ouurirẽt les
portes et dedẽs entrerẽt guillau
me de lãnoy q̃ sur le pont fit les
portiers occire et lembuche ou e
stoit. b. et le conte dauseurre a
grãt gẽs saillirẽt et entrerẽt en
la ville criãt guesclin et auseur
re. Adõc leua le cry par la ville. en lesglise de nr̃edame se retrahirẽt plusieurs bourgoys et
auãt qlz eussẽt cõmẽce a rãfor-
cer lesglise vindrẽt guillaume
de lãnoy et ses cõpaignõs q̃ en-
cõmẽcerẽt lassault. mais tous
sacorderẽt eulx rẽdre a ber. la
vint bertrand q̃ aux bourgois
parla et dist. Si au duc de
normandie vo9 voulez rendre ie
suis prest de vous receptuoir voz
vies saulues. Lors respondi-
rẽt les bourgoys que le plus de
leurs heritages auoiẽt a meulãt
q̃ tendoiẽt nauarrois. mais sire
vr̃e seigneur le duc de normãdie nous rẽdrõs. mais q̃ pmie-
re nous vueillez faire assaillir ceulx de meulant ou aultremẽt ne pourroit estre mãte tenue q̃ de iour en iour ne les eus
siõs a noz portes. et no9 q̃ en sõ
mes serõs assiegez. Et tãt y ex
ploicterõs noz corps et noz che
uãces que mõseigneur le duc et
vous ne no9 en saurez q̃ demã
der. Ce leur accorda ber. Lors
mist. b. guarnison a mãte puis
sen retourna a roulleboise et lors
fit lassault cõmencier grant et
merueilleux. et briefuemẽt fut
le chastel pris ou forte tour a-
uoit. et tous les nauarrois qui
leãs estoiẽt furẽt mors et pris
et en celle nuyt coucha. b. a rouleboise et lẽdemai fit le chastel
raser. et puis sen retourna auec
le cõte dausseurre. Et briefuemẽt firẽt grant appareil pour
meulent assaillir et assiegier.

Deuãt meulent vit. b.
en grãt arroy et se loga
en la prairie sur say-
ne. et lendemain au matin fit
la ville assaillir. la furẽt ceulx
de meulẽt en grãt deffence. mais
tant duremẽt les assaillirẽt frã
coys de traict et de mine q̃ plus
ne pouoiẽt souffrir lestour. ais

laisserent la ville et en la basse
court se retrahirẽt plusieurs et
aultres sur le pōt q̃ ampares e-
stoit. dedẽs meulant entra .B. et
au chastellain manda q̃ la tour
rẽdist dōt il fut reffusāt car for
te tour y auoit et biẽ garnie de
viures. Adōc cōmẽca .B. a faire miner pour la tour auoir et
tellement fut minee quelle ne se
peut plus tenir q̃ sur estayes de
boys. q̃ .B. fit oidre de gresses et
y fit le feu bouter. Quant vne
partie du bois fut ars la tour
se cōmẽca a ẽcliner dung coste.
adōc se rendirẽt ceulx de dedens
et tout le chastel. Et brief uemẽt fit la tour .B. abatre et raser et tous les murs de la ville
Quāt ceulx q̃ cestoient retrait
au pōt apparceurẽt q̃ la tour e-
stoit rēdue ilz se rēdirēt. le pont
fit .B. rāforcer et gardes y mist
adōc prindrēt ceulx de rouē cōgie de .B. qui moult les honnora
et sen retournerent tous a leurs
cōtrees.

SUr la normādie se tit
ber. dillec en auant en
frōtiere sur les āglois
et nauarrois qui le royaulme
guerroyēt. et pour le roy de na
uarre y estoit le chastal iehā to-
nel saqueuille le baston de mareul et plusieurs grans cheualiers dāgleterre. mais en ce con
temple vindrent nouuelles en
frāce q̃ moult furēt griefz et des
plaisant pour le bō roy de frāce
q̃ a londres estoit trespasse. En
lan de nostre seigneur Mille
ccclxiiii. dōt anglois furēt tres-
doulēs. car oncq̃s de mere ne fut
price de plus grāt vaillāce. Le
roy iehā de frāce fut le pl⁹ hault
cheualier de tout son royau me
ne de luy ne peut on trouuer pl⁹
fort ne plus puissant en sa vie
car gros et biē taille et aduenāt
fut. En son viuāt ne fut cheualier qui tāt de fais fist darmes
pour sō corps. mais fortune et
tristour q̃ maintes personnes et
mais preudōmes mectēt a bas
luy furēt duremēt cōtraires.

APres le trespas du
roy iehan de france es-
cheut le royaulme de
frāce a charles son ainsne filz
duc de normādie q̃ a rains fut co
rōne en lan de la resurrectiō nostre seigneur Mille. ccclxiiii. le
iour de la trinite. Et a son co-
rōnemēt furēt les ducz dorleās
et de brebāt ses oncles et les ducz
dāiou de berry et de bourgoigne
ses freres et grāt nōbre de cōtes
et de barōs. Cōme ap̄s le tres

passemēt du bō roy iehan char
les son aisne filz fut corōne. et
en ce tēps le roy de nauarre assē
bla le castau de buz et plusieurs aultres cappitaynes dess⁹
nōmez q̄ pour le roy au lieu guer
royer partirēt deureux et en deuāt droit a paris au mōt de co
cherel trouuerēt .B. q̄ illec batail
le leur liura et les desconfit le
roy estāt en son sacre.

D V tēps q̄ le roy char-
les estoit en sō sacre se
assēblerēt en la cite de-
ureux grāt nōbre dāglois et de
nauarrois q̄ cōduisoit le castau
de buz de par le roy de nauarre.
Et leur intēciō estoit daller de
uāt paris. de ce ouyt .B. nouuelles
q̄ biē hastiuemēt sē ala a rouen
et la fit sa semonce de gēs darmes. En pou de tēps vindrēt
a rouēle cōte dausseurre le vicō
te de beaumont. messire goude-
froy dānequin maistre des arbe
lestriers de frāce. le begue de villē
nes. messire guy de boyeux. la ce-
prestre q̄ estoit de cheualerie renōme. Carlonet escuyer de grāt
vaillāce. messire iehā de sennar-
pont messire thierry de bonne
mieulle. messire iehan cahieu
guillaume trāchāt. messire en-
gorrāt de hedin q̄ sur sō corcier
arme le bassinet a son harson
passa la riuyere de sayne a noe
au dessoubz de vernō pour estre
a la iournee. car la royne blāche
suer du roy de nauarre q̄ dedēs
vernō se tenoit le iour de la bataille fit fermer les pōtz q̄ nul
ne peut secourir bertrand. et si y
eust plusieurs aultres cheualiers et escuyers et se trouuerēt
en nombre. vi. Mille cōbatās

A Dōc partit .B. de rouē et
print sō chemī droit au
mont de cocherel en ar-
dāt et expillāt la terre q̄ tenoit
le roy de nauarre. Ces nouuel
les sceut le castau q̄ son host cō
duysoit au plus seuremēt quil
peut pour frāçoys surprendre.
Tāt cheuaucha .B. quil vint a
cocherel et se logea en la prai
rie sur la riuiere dure. Par illec deuoit le captal de buz pas
ser. de la venue de bertrand riēs
ne sauoit. Tantost q̄ bertrand
fut arriue luy fut rapporte que
le captal venoit droit a cocherel
Lors fit bertrand armer frācoys et ordonner en bataille et
le pōt de la riuiere garder. la fut
la ceepstre q̄ requist a .B. q̄l passast
oultre a tout ses gens pour les
anglois visiter et cheuaucher.

Et ce faisoit seulement pour
ce q̃ armer ne se vouloit point
cõtre le captal de q̃ hõme de foy
pour sa terre devoit estre. a ce
fut. B. accordãt. et ainsi se partit
larceprestre q̃ depuis en fut dolẽt

D Epuis q̃ larceprestre
se partit des francoys
ne demoura guieres q̃
sur le pont didrẽt angloys q̃ de
lez. securẽt les nouuelles. la se
desploya la banniere du captal et sur le mont dont veoient
lez. le tidrẽt. Et dillec a plain
pouoiẽt veoir. B. et tout sõ arroy
de son ost en la prairie ou logie
estoit. Sur ce assembla le cap
tal la cheualerie de son host et
dit. Seigneurs frãcoys sont
cy a petit nõbre. Je voy q̃ cy dess⁹
ne no⁹ viendrõt point reqrir. et
ne voy point q̃ bataille puissõs
auoir se aual ne descendons. et
daultre part ie voy et appar-
coy frãcoys q̃ le doubtent. La
fut pres saqueuille q̃ va dire.

Sire a mõ endroit ie ne loue
point la descẽdre car le mõt est
grãt et au descẽdre se trauaille
rõt mõlt voz armez tellemẽt q̃
a lassembler vng de ceulx de
par dela en vauldroit trois de
voz gens. mais bien pourrez le
mõt garder et attẽdre la dventu-
re sãs aultre place. a ce cõseil se
tint le captal a celle fois. et puis
dit q̃ voulẽtiers se departissent
sans bataille francoys. Toute
iour ce tidrẽt francoys en arroy
pour anglois recepuoir quãt se
roiẽt la descẽdue. Du mont de
cocherel quãt vint sur la vesp-
pree q̃. B. se appareceust q̃ ãglois
doubtoiẽt la descẽdue il enuoya
vng herault en lost des ãglois
q̃ au captal dit. Sire a vous
mẽuoye. B. du guesclin q̃ deuãt
vo⁹ desliurera place ca dessoubz
a vre vouloir a trois dartz oul
tre la riuiere pour bataille liurer. et ẽcores plus vo⁹ mãde q̃
se ainsi ne voulez faire q̃ le ung de
vous sire captal ou vous iehan
ionel ou saqueuille voulez de
main iouster ca dessoubz il acõ
plira au q̃l q̃l vous plaira de vo⁹
trois en tel conuenãt et en telle
maniere q̃ celluy q̃ abatra lautre de son cheual prendra celle place et a sõ choix cõme il luy
plaira pour la bataille liurer
ou seuremẽt se partira luy et ses
gẽs pour retourner en sa cõtree

Beaulx amis vo⁹ direz a. B. q̃
quãt ie verray mõ poit ie descen
dray et luy liureray bataille. ce
ste respõce rapporta le herault
a. B. q̃ celluy soir fit son host bien
guetier et. ii. iours et. ii. nuys
fut en ce poit. Si pẽsa moult

par quelle voye il pourroit anglois cõbatre et les chevaliers
de son host manda pour avoir
advis avecq̃s eulx. et dist. seigneurs q̃ cy estes vo⁹ scaves q̃ de
nulle part natteidons secours
ains vont noz vivres en abaissant vo⁹ veez voz ennemis devant vous en la montaigne qui
bien vouldroient q̃ les comba-
tissiez ce que iamais ne le vouldroye. Et cy pouvez asses ap-
parcevoir quilz ne descendront
point aincoys actendrõt a no⁹
affamer cy bas en ceste vallee.
Et de vernon qui pres est dicy
et plusieurs aultres lieux leur
viẽnẽt les vivres. Jay regarde
q̃ cy oultre la riviere faisõs passer nostre sommaige. et apres
no⁹ mõterõs sur noz chevaulx
et la riviere nous passerons en
faisãt sẽblant de nous en fouyr
anglois pourrõt descendre. Et
lors pourrõs retourner sur eulx
A ce saccorderẽ les chevaliers
et lors fut fait savoir par les
chãbres q̃ le lẽdemain au point
du iour tout le sõmaige fust as-
sẽble et chascun mõta a cheval.

AU poit du iour furẽt
francoys armes sur
leurs cheuaulx et de-
uant eulx firent leur sõmaige
passer la riuiere en faisãt sem-
blãt deulx enfouyr. et tantost a
pres fut dit au captal de buz
q̃.B. sen fuyoit. quant le captal
dit frãcoys fouyr appertemẽt
fit anglois descẽdre de la mõtai
gne en faisãt grant huee. et.B.q̃
tousiours faisoit sẽblãt de sen
fouyr en p̃nant garde q̃ ãglois
fussẽt toꝰ de la mõtaigne descẽ-
dus. Et quãt il apparceut q̃l
fut temps il retourna a cheual
hastiuemẽt. Et se mist entre ã
glois q̃ biẽ apparceurẽt q̃ soub
tillemẽt les auoit fait.B. descen
dre. Tãtost enuoya le captal sõ
herault a.B. et luy manda q̃ se
sãs bataille sẽ vouloit partir il
les laisseroit aller seuremẽt. au
herault dõna.B. vng courcier et
cẽt floris. et puis luy dit herault
vous direz au captal de par le
cõte dausseurre et les aultres q̃
cy sõt q̃ se briefuemẽt ne noꝰ as
sault noꝰ le assauldrõs. Ceste
responce dit le herault au captal q̃ mõlt doulent en fut et biẽ
apparceuoit q̃ fouir ne sẽ pouoit
sans bataille. Et plus furẽt ã
glois q̃ frãcoys nestoyent trois
foys. mais la bataille redoub
toit. B. ordõna ses batailles
et du couste de la riuiere mist le
cõte dausseurre et ordõna tres-
tous les frãcoys. et ensẽble se
misdrẽt tous les varles et les
paiges frãcoys et aux varles et
paiges des ãglois sassẽblerẽt. et
tãt se cõbatirẽt q̃ les varles des
anglois furent desconfiz dont
bertrand et la cheualerie de frãce sen hardierent et plus eurent
espoir de bien.

POur bataille liurer
partirẽt les deux hostz
Et a lassẽbler sassem
bla vng cheualier ãglois q̃ premier et deuãt toꝰ voult assaillir
rolant du boys q̃ des francoys
estoit q̃ sẽ partit et de fer de glai
ue occist langlois cheualier. Tã
tost sassẽblerẽt ãglois cõtre frã
coys. Et la fut naure le conte
dausseurre. et y furẽt mors le vi
cõte de beaumont le maistre ar
balestrier de france. messire robert de bournenuille. messire iehã de cayeu. pierre de lespine et
plusieurs aultres cheualiers de
frãce. Quãt.B. vit la mortalite
des frãcoys tãtost ala auant et
sassẽbla a la bataille du captal
la fut le baston de mareul qui
la iournee greua mõlt les fran
coys et tant fit de son corps q̃

merueilles fut a veoir. de la bataille sen partit messire eustache
de la houssoye q a deux cens lances
vint contre anglois en la montaigne par devers les anglois au der
riere. et dedens eulx entra tres as
prement. Car anglois et nauarrois se deffendoyent contre francoys
q par devant le combatoyent messire
eustache et ses gens q par derriere
estoyent entrez les enserrerent sy par
derriere qlz ne pouuoyent eulx re
tourner et aussi par devant auoy
ent leurs ennemis. Contre le baston assembla ung escuyer de lost
bertrand nomme oliuier ferron q de
moult grant prouesse fut renomme
longuement se combatit au baston
et tant fit oliuier q le baston oc
cist sur le champ. En pou deure
tourna la descofiture sur anglois
et nauarroys. La furent prins
le captal pierre desaquemulle et
guillaume de graille q de messi
re guy de bayeulx fut prisonnier.
et son compere estoit de son enfant.
et tantost le deliura en payant. x.
mille floris. dont contre ledit messi
re guy et ses enfans print le roy
charles telle maluueillance ql con
uint ql sen allast hors de france.
et depuis fut ledit messire guy
enuers le roy rapaisie q moult
de biens luy fit. ceste desplaisance
print le roy pource q son intencion estoit de faire a guillaume de
graille le chief trenchier. car du
royaulme de france estoit ne et
luy tenoit sa terre comme duc de
normandie. Sur la descofiture de la bataille arriua le capitai
ne de nouuencourt a deux cens lances qui pour le captal secourir y
estoit venu. Et tant firent francoys q appertement fut deux le
capitaine de nouencourt et ses gens
assailliz. et incontinent furent anglois et nauarroys et ceulx de
nouencourt tous prins et mors et
fut ceste bataille auant la trinite
en lan de lincarnacion nostre sei
gneur. Mil. ccclxiiii.

De la descofiture escrip
uit. B. au roy charles q
a son sacre a rains estoit dont moult
loua meseigneur de la victoyre q en oye luy auoit par. B. et a
son commencement. Adonc qlz sesioy
rent les princes et cheualiers de fra
ce. Et plus hault feste en fut de
menee en son sacre et du captal
q prisonnier estoit et des autres
furent tous moult ioyeulx.

Au pont de larche se retra
hyt. B. apres la bataille
et illec fit ses prisonniers mener
La trespassa messire iehan to
nel q tant durement auoit este na
ure. et la le fit. B. honnorablement
enterrer. puis ala a rouen ou il fut
des bourgoys honnorablement
receu.

De la cite de raiss se partit le roy charles aps son sacre ou mõlt fut honnoure. puis alla a rouen et manda a bertrãd q̃ ses prisonniers illec amenast. Au mãdement du roy alla bertrãd a rouen et sa cõpaignie mena toute la cheualerie que en la bataille auoit este. Et mena chascun ses prisonniers. de la venue de bertrand fut le roy treslies et de la cheualerie et moult les hõnora en les merciant de la victoyre. Mais apres de saquemulle qui prisonnier estoit fit le roy la teste trãchier pource que son traictre auoit este. La dõna le roy a bertrand la conte de longueuille et mareschal de normãdie le fist. Au chastel de longueuille estoyẽt nauarroys qui le reffuserent a bertrãd. Tantost fit le chastel assaillir et luy fut rendu.

En ce tẽps estoyent en constãtin ãglois et nauarroys en plusieurs villes et chasteaux et moult endommagoient la basse normandie. Adõcques prit bertrãd congie du roy qui de rouen se partit pour aller a paris et bertrãd alla a cahen et illec assẽbla gẽs Et en sa cõpaignie fut vng cheualier de grãt hõneur et de grãt vaillance q̃ messire guillaume boitel estoit nõme. Et au partir de cahẽ prit sõ chemin droit a valongues. de ce seurent anglois nouuelles q̃ sur le chemin firent vne embusche pour francoys surprẽdre. Adonc faisoit messire guillaume boitel lauãgarde. et sur eulx frappa lembusche des anglois. et grandemẽt les receurent francoys. Et tãt asprement se cõbatirent que sur le champ furẽt vii.xx. anglois mors. Et le demourant sen fouyrẽt dedens valongues.

Tant cheuaucha. b. q̃ deuãt valõgues ou fort chastel auoit arriua. dedens la ville se logerent frãcoys et le chastel assiegerẽt. Par plusieurs foys fit. b. le chastel assaillir et grãdemẽt se deffẽdirẽt anglois et nauarroys. adõc. b. fit dresser engins q̃ grosses pierres gectoyẽt cõtre la muraille. Et au dedẽs du chastel sur les tours et logemeux auoyent fait mectre ãglois et nauarroys freus qui les coups des pierres receuoyent. et au chastel auoit vne grosse tour qui moult fut haulte et forte. sur la tour misdrẽt anglois vne cloche et vne guecte qui tous les traitz des ẽgins des fracoys Bdoit. Et quat la guette Bdoit mectre les engins en arroy pour pierres gecter il sonnoit la clochecte. et lors ilz se mectoiet tous a sauluete iusques a ce q la pierre fut cheue. Et quant la pierre frappoit cotre la muraille. adoncqs sailloient anglois qui au droit du cop essuyoiet dune toille. Adoncques ordonna. B. que le chastel fut mine. Mais pource q sur rochier estoit ne le pouuoyent francois miner. et pource iura. Ber. le siege deuat Salongues. Et le chastel fit fort assaillir. Quant anglois et nauarroys sceurent que. B. auoit le siege iurc ilz prindrent iour de traictier La prindrent et accorderent a certain iour bailler et liurer le chastel a. B. A ce iour vint. B. et les francoys armez en arroy pour dedens le chastel entrer. Et du chastel hyssiret anglois et nauarroys. lors comencerent fracoys la huee sur les anglois et nauarrois en les mocquant. Et quant les anglois apparceuret la huee et mocquerie que faisoient francois ilz se repentirent dauoir fait traictie. ¶ Et se retrahyrent aucuns dedens le donio et a eulx tiraret la planche. de ce fut. B. courrousse et lassault fit recomencer. Et grandement se deffendirent ceulx q se furent retrais mais en la fin ne peurent lestour endurer car ilz nestoient nobrez que a. viii. vingtz homes darmes. et a celluy assault fut le donion prins et ceulx qui dedens estoiet. La seiourna. B. viii. iours ¶ Et cependant enuoya deuant carenta messire oliuier de mamy qui cheualier fut de grant reno auql la ville fut rendue.

Au partir de Salogues cheuaucha Ber. a tout son ostz deuant le pot donne ou ville auoit fermee et lesglise aparee. dedens le pot done estoit messire hue de cauurelay cheualier anglois a grat cheualerie dagloys et de nauarrois La fit. B. ses engins drecier et la ville assaillir q les anglois et nauarrois deffendoiet. souuentesfois lassaillirent francois mais pou y exploiteret. Adoncques fit. B. vne mine encomencer mais anglois qui ce doubterent cotreminerent et tat ouurerent iour et nuyt q les mines sentrecotrerent. de ce sceust tost nouuelles. B. q dedens la mine entra soy septiesme pour la mine congnoistre. De lautre part vindret anglois et nauarrois alen contre des francoys de la mine. la cõbatirẽt lõguemẽt frãcoys aux ãglois et nauarrois. mais en la fin furẽt anglois et nauarrois desconfiz.

Pendẽs le põt donne en tra messire. B. q̃ messire huet. de caurelay et les aultres anglois et nauarrois print a sa mercy. mais ceulx qui frãcois estoiẽt q̃ le parti de nauarre auoiẽt tenu eurẽt briefuement les testes trancheez en la place du marchie.

Apres la prinse du põt donne eust conseil. B. a uecq la cheualerie de frãce du chastel de saint sauueur La viconte aler assiegier, leq̃l tenoiẽt anglois et nauarrois. mais a ce temps au roy le cõte de monfort a grant cheualerie dangleterre. Et par sa force auoit la ville conquise et le chastel assiegie. Pour le siege leuer manda le duc charles secours et escripuy en plusieurs lieux. Et a guigant fit le duc charles sa semonce. la manda bertrãd qui le voyage de sainct sauueur delaissa pour le bon charles secourir. Et en brief tẽps vindrent de cheualerie le conte dausseurre bertrand du guesclin le vicōte de rouen. messire charles de dinan. messire oliuier de manny. le sire de beauuoir. messire eustache de la aussoye. le begue de villennes. guillaume de lannoy croulet. messire guillaume boitel. guillaume de suron. le cheualier vert conte de tounayrre frere du cōte dausseurre nomme loys de chalon phelippe loys de beauieu. garnier de fontenay. le moyne de betaue. henry de perrefort emart de poitiers. et plusieurs aultres cheualiers et escuyers de bourgoigne et de bretaigne. De guigā partit charles en grant arroy. puis cheuaucha atout ses hostz iusques au chastel iossellin qui de sa part se tenoit la se retrayt charles le duc et toute son assemblee. et tantost en sceut nouuelles le cōte de montfort. En lost du conte estoiēt messire iehan candoz cheualier anglois de renō le sire de clisson robert cānolle et grāt cheualerie anglesse q̄ pour lassēblee du duc charles furent a cōseil et ordōnerent q̄ par deuers le duc charles seroiēt de part le conte ambassadeurs ēuoyez pour traictier. Et au duc offrirent que se la moitie de la duchie vouloit laissier au conte de montfort. et q̄ chascun deulx portast nom de duc. en telle maniere q̄ si le cōte en loyal mariage nauoit hoir masle. Et que par le traictie luy auoit este baille si retournast apres son trespas aux hoirs de charles le duc. et si ces choses reffusoit adoncq̄s auroit plus grant hardement de combatre et plus grant cause de le faire. Ces choses si mād a le cōte au duc charles affin q̄ a sa fēme la duchesse le fit assauoir pour ce q̄ de par elle mouuoit la duchie. La duchesse qui de grant couraige fut contredist ces offres et les reffusa du tout en tout. Adōcq̄s le fit scauoir le duc charles au conte. et par le conseil de ses barōs luy manda que dauroy se partit q̄ son heritage estoit. Et bien sceut que si briefuemēt ne sen partoit il le combatroit. Au conte de montfort furent les nouuelles apportees q̄ le chastel dauroy fit biē gueytier. tāt tindrent ceulx du chastel en grant destresse q̄ fort sabaissoiēt leurs viures ne par deuers le duc charles ne peurēt auoir secours ne enuoier pour ce traicterēt auec le conte. et ac-

corderent que si dedens le iour
sainct michiel nauoiēt secours
du duc ilz liureroiēt le chastel.
Et hostaiges en baillerent. de
ce sceust nouuelles charles qui
au conte manda iour de batail
le et partit luy et ses hostz de
iossellin. ¶ Tant cheuaucha q̃
le iour deuāt la bataille il vint
a la vallee de louueaux qui de
la venue de charles sesioyrent
ceulx du chastel et leurs trompettes firent sonner. ¶ Quant
le conte de montfort et ses an
glois sceurent que charles e-
stoit arriue ilz laisserent la vil
le daulroy et aux champs yſ-
sirent et en ordonnance se mis
drent. ¶ Et de laultre part e-
stoit charles luy et ses hostz
sur la prairie en vng parc cloz
et furent les deux hostz si pres
lung de laultre que veoir len-
tre pouuoient. ¶ Et entre eulx
nauoit que la prairie et vng
ruyssel. ¶ Tant fut le conte de
sirant dassembler que a la des
cendue de charles voult les
hostz des anglois faire depar
tir pour aler a lencontre des
francois. Mais a ce ne voult
le sire de clysson consentir. ai
cois luy dit que sans chaleur
deuoit faire ses choses et par
mesure. ¶ Et q̃l pouuoit veoir
que francoys estoient encloz
dedens leur parc dont sans
grant perte ne seroient mis
hors. ¶ Sire dit clisson au
conte vous scauez que pour
bataille liurer demain est pro-
mise. Et croy que qui voul-
dra demain attendre que char
les ystra hors auec toutes ses
batailles du parc pour assem
bler a nous. ¶ Et si croy que
plus a aise assemblerons cōtre ces gens et a maindre perte. ¶ Et daultre part qui main
tenant assembleroit a ce que
demain auons accorde nous
pourroit estre en reproche. si
loue endroit moy que demain
attendons. La fut robert canole qui au conte dit. ¶ Sire loyaulment vous conseille
le sire de clisson et non pourtant si francoys qui ores sont
trauaillez fussēt hors du parc
Je conseilleroye que on les
assaillist. car bien sont deux
contre vng de nous. A ce res
pondit clisson a mō aduis ce
no⁹ seroit villennie si trauaillez les p̄nions et moins en au
riōs donneur que de les comba

tre au iour acorde. et quant
au grāt nombre ilz sont plus
que nous de ce ie nen dōne riēs
aincois voul droye que ilz fus
sent encores autāt car en trop
grant assemblee de gens en bataille a souuēt et voulentiers
effray. Et mieulx vauldroit
a vng prince darmes q̇ en bataille vouldroit assēbler auoir
v. c. cens hōmes darmes de sa
cognoissance q̄ sa voulente feis
sent et plus aisemēt se tiēdroi
ent en ordonnāce que ne feroient trois mille. mais pour noz
parolles nē soit ne pl⁹ ne moins
car ce que a la cheualerie plaira ie suys prest a moy ēployer
et les ensuyr. Au cōseil du sire
de clisson se tint le conte de mōt
fort. Et quāt se vint sur la ves
pree au gue qui sur le ruyssel e-
stoit commenca lescarmouche
pour les cheuaulx gaigner a
la breuuer. Adonc cōmēcerēt
les varles a crier a larmee. a
celle fois cuyda le duc charles
q̄ le cōte et les āglois le venissēt
cōbatre. Adonc mist ses gens
en ordonnance et yssit du parc
atout ses batailles et ses bānieres desploiees. mais tost
vint a charles vng herault qui
luy dist de par le cōte q̄ demain
il fut seur de la bataille auoir.
Lors fit charles retraire ses
gens. quant vint a la nuytee le
duc charles ordōna de ses gēs
pour le guet de la nuyt faire. et
y fut guillaume de lannoy q̇ la
riuiere passa et toute nuyt cheuaucha lost du cōte a fallōz et
a brādōs. au poīt du iour se re
trahyt le guet. de lost du conte
saillirent plusieurs archiers
pour la riuiere gaigner. cōtre
les archiers vīdrēt frācois q̄ les
firēt reboter en leur host. et aus
si se retrahirēt par le conseil de
chādoz. Adonc fit crier le cōte en son host q̄ sur peine de perdre la teste hōme ne partit de
lost. En ce point aussi ordon
na ses batailles charles. ¶ Et
daultre part se ordōnerēt anglois. adonc dit chādoz au cōte. sire ne vueillez voz ēnemis
p̄mierement assaillir. aincois
souffrez q̄lz viēnēt p̄mier cōtre
vo⁹. Et a ce cōseil se tīt le cōte
q̇ sur les chāps se tint. Et dist
en bataille no⁹ ordonnōs et at
tendons laventure.

En lauiron soleil leuant
voult le duc charles ys
sir du parc atout ses
hostz et a ce ne sacorda point. b.
aincois luy dit. mōseigneur se

attendre voulez en ce parc qui
cloz est q̄ anglois no⁹ venissent
courir sus et en ordōnāce nous
tenir selon mō aduis vo⁹ aures
sur eulx lauātaige. Et a briefz
motz ie ne cōseille poīt q̄ les ba
tailles de vostre ost passent oul
tre la riuiere. A ce cōseil māda
le cōte dausseurre le begue de vil
lenne messire oliuier de manny
le vicōte de rouē. messire guy de
ureulx et aultres plusieurs che
ualiers de frāce q̄ to⁹ desiroient
la bataille q̄ audit charles loue
rēt q̄ ses ennemis il alast assail
lir. par le cōseil de charles partit le duc de sō parc auec toutes
ses batailles. bānieres et penōs
desploiez et passa la riuiere.
En la premiere bataille voulut estre le duc charles oultre le
plaisir de toute la cheualerie. et
pres de luy furent en bataille. b.
le conte dausseurre. le begue de
villennes. messire iehan de viē
nes. messire oliuier et plusieurs
aultres cheualiers de france et
daultres contrees. Et les aultres batailles conduysoit le vi
conte de rouē et aultres barons
de frāce q̄ au duc se tenoient.

Quant le conte de mõt
fort et les anglois vi-
rẽt charles le duc qui
la riuiere eut passee.
Et tous ensemble venoient
sarres les lãces abaissees pour
bataille liurer. appertement
partit le conte atoutes ses ba
tailles et mist ses archiers de
uant qui a traire commencerent mais pou dura le trait.
Et apres les archiers fut la
premiere bataille que condui
soit messire iehan chandoz q̃
contre la bataille du duc vindrent en grant arroy lances
abaissees qui lors ouyst mene
striers et trompettes sonner
dune part et daultre merueilles estoit a escouter.

En la premiere batail
le du conte estoit vng
cheualier qui son cou-
sin estoit a celluy bailla sa thu
nicle couuerte toute des armes de bretaigne. Et la luy
fit vestir le conte pource que
es sors merlin auoit trouue q̃
entre deux seigneurs q̃ de bretaigne contendroiẽt poit grief
ue la bataille .et en laquelle se
roient les armes de bretaigne
desconfites. le cheualier qui ses
armes porta oultre la bataille des anglois. et premier assẽ
bla la bataille du duc charles. ¶ Et briefuement assemblerent les batailles et combatirent francoys et anglois
tresasprement. moult desira
le duc charles trouuer le cheualier qui portoit les armes
de bretaigne. et se pensoit que
ce fut le conte de montfort.
Et tant alla les rans serchãt
que le cheualier trouua et a luy
assembla de telle puissance que
a terre labatit et occist dont
francoys qui cuydoient le con
te estre mort prindrẽt en eulx
plus grant hardemẽt et fierement entrerent en la bataille
du conte .et tant furẽt anglois
pourmenes q̃ en voye de descon
fiture estoiẽt. de la partie des ã
glois partit a .cccc. cent lances
messire hue de courtelay q̃ par
derriere tout a cheual vint sur
lost du duc. Et daultre part
sur les esles furent archiers q̃
moult frãcois greuerẽt. et en ce
point sentrapprouchẽrent bãnie
res. la firent tant de cheualerie
le conte dausseurre le cheualier
vert sõ frere nõme messire loys
de chalon et messire oliuier de
manny q̃ en leur biẽ faire se de
lictoyẽt la cheualerie de frãce.
Et en ce poit se voult partir le

46.

conte de montfort qui a desconfiture cuyda estre ¶ Mais
par le sire de clisson fut rame
nee et sa bataille enforcee par
luy et messire iehan chandos.
Tant ala le conte daussseur-
re que loeil senestre y eust cre
ue et naure fut en plusieurs
lieux ¶ Et par anglois fut
a terre gecte et cōme mort de
moura sur le chāp dont grāt
dueil eust le duc charles qui
adonc se mist au front des
batailles ¶ Et asprement se
prindrent a combatre francois contre anglois qui a cel
le heure furent greuez ¶ Adōc
fit courlay sa bataille de gens
a cheual descendre pour eulx
desarmer de leurs arnois et
refreschier pour mieulx combatre a cheual. Puis les fit
remonter sur leurs cheuaulx
Et a chascun bailla haches
Et par force de haches par
tirent les batailles du duc
dont anglois contre francois
combatirent plus asprement.
Et en grant deffence se tindrent francoys ¶ Adonc sauā
cā tant le cheualier dert que
la bataille du conte de mont
fort abatit. mais pour layde de gaultier huet de courre
lay et canole fut tost rescuee
contre la bataille du conte se
assemblerent messire. B. le be-
gues de villennes messire eustache de la houssoye messire
guy de baieulx et aultres qui
soubz la banniere du duc se
misdrent. Et anglois assem
blerent tresasprement. mais
aux francoys ne se peurent re
traire les aultres batailles
qui rompues et departies e-
stoient et desia tournoient a
desroy et rassembler ne se pou
uoient ¶ A celle fois mort fut
messire thomas de cantorbiere
cheualier anglois ¶ Et tost
sassemblerēt les batailles du
conte et des anglois contre
les batailles du duc ¶ Et en
pou de heure cōmenca la desco
fiture es batailles du duc qui
merueilles faisoit darmes. et
dune hache quil tenoit abatoit
quant quil ataignoit ¶ En telle
maniere que forment le doub-
toient anglois a rencontrer.
mais tāt et tel nombre assem
blerent a luy armes de lances que a terre fut porte le duc
et naure en plusieurs lieux.
Et briefuemēt cōme mort fut
laisse sur le chāp. Quant ber.
sceut q̄ a terre fut porte le duc

ne demandes mie le dueil quil fit. a celle heure furent francois encloz des batailles du conte ¶ La se deffendit grandement bertrand. mais par force fut prins et naure en mais lieux. ¶ Et briefuement y moururent grant nombre de barōs de france et de bretaigne de la partie du duc charles qui mis fut a descōfiture au iour de la sainct michiel lan de lincarnacion nostre seigneur ¶ Mille trois cens soixante et quatre.

Apres la bataille Sint Sng escuyer qui en serchant les mors trouua le duc charles en vie et prisonnier le retint et serment luy fit le duc auquel serment luy fit de luy sauuer la vie Mais en ce point fut rencontre le duc par le sire de clysson qui de par le conte aloit serchant le duc charles par les champs. ¶ A lescuyer tollit le duc le sire de clisson Et au conte de monfort le mena qui en ceste maniere luy dist ¶ Sire charles de blois bien as sceu et seez que en la duchie de bretaigne nas aulcun droit ne de armes ne de lignaige nes extrait aulcunement. Pourquoy ie te requier que du tout renonces a la duchie. et les villes et chasteaulx qui en ton obeissance sont me vueillez rendre et mettre a deliure sans iamais y riens demander. et bien scaichez que par aultre voye ne peulz eschapper aincois morras en bien prochaynement. car tu peuz veoir et cognoistre que tu es au dessoubz

Quant le duc charles eust ouy parler le côte bien appertement luy respondit ces paroles. Conte de môfort bien scay

que du duc hartus yssirent en son premier mariage le bô duc iehan et messire guy de bretaigne son frere pere de ma fème et aps le trespas de la duchesse se amoura ledit hart⁹ de la royne descosse femme du roy qui oultre mer estoit ale visiter le sainct sepulcre. Et tant ala le dit hartus enuiron la royne descosse quil engêdra ton pere. et pour leur pechie couurir vray est que quât la royne se vit grosse elle fit publier par tout le royaulme descosse q̃ mort estoit son seigneur en la terre doultre mer dont tost apres la prît et espousa le duc hartus toute grosse. mais guieres ne demoura que le roy descosse repassa la mer et briefuement sceut les nouuelles que sa femme estoit mariee au duc de bretaigne ¶ Si parla le roy sur ce fait a ses princes qui luy côseillerent que sur ces choses procedast par la iustice de lesglise sans pour achoison de femme mener guerre ne son pais mettre en griefuete. A ce sacorda le roy descosse. Et pour voir print sa voye en auignon ou moult fut honnourablement receu du pape et du college

Par deuant lesquelz il mõstra
comme de sa femme luy estoit
prins durant son pelerinage
Et tant alla la chose que par
la court de romme fut ordõne
et par bulles q̃ par deuãt le roy
de frãce seroyẽt mãdes le roy et
la royne descosse a certain iour
auquel le roy descosse ses faiz
proposeroit et toute la cause
cognoistroit le roy de frãce phe
lippe le bel cõme vicaire du sait
siege fut ordonne. Et pour ce
faire luy enuoya le sainct pere
ses bulles. lequel a certain iour
mãda le duc hartus et la royne descosse. et pour soy cõseiller
mãda le roy les prises et ses p̃-
latz de son royaulme. Et ce pẽ
dant le roy descosse vit a court
ou moult honnore du roy fut.
Au iour assigne vindrẽt le duc
de bretaigne et la royne descos
se. et par deuãt le roy fut la cau
se debatue en plusieurs manie
res et par plusieurs iournees.
Et finablemẽt le roy hartus
fut cõdamne a rendre la royne au roy descosse son mari q̃
grosse estoit. Le duc par de
uant to⁹ la print par la main
et au roy descosse la liura. A
donc la print le roy descosse en
la p̃sence du roy. et dist. ¶ Sei
gneurs bien vueil que chascun
scaiche que pour ceste dame a
uoir nay ie pas ce proces fait
faire. Car par voye de guerre eusse ie bien mis le duc a des
confiture. mais pour achoise
de femme ie ne quiers ma che
ualerie ne mes ssubietz mectre
en dangier. Et daultre part
grant desplaisir seroit se au
temps aduenir estoit reprou-
chie a la coronne descosse que
par nulle voye le duc de bretaigne eust au roy descosse sa
femme tollue et sa terre. Et
de la dame ay ie a present ce
que ien vueil. puis appella
le duc hartus qui a luy vint
et par la main destre le print
et daultre part tenoit la roy
ne descosse. puis dit. ¶ Si
re duc de bretaigne grant pi
tie seroit si femme nauiez.
¶ Si aures la putain descos
se qui plus conuenable vous
sera que au roy descosse ne
seroit dauoir la putain de bre
taigne. ¶ En ces parolles di
sant le roy descosse luy liura
et ensemble les laissa. Puis
se partit le cõseil et fut le roy de
scosse mõlt loue de sa maniere

De court se partit le duc qui la royne descosse enmena en bretaigne. Et tost apres print cōgie le roy descosse du roy de frāce qui moult le honnoura. puis retourna en son pays honnourablement et a grant ioye fut receu. Et puis gueres ne demoura que la dame enfanta et eust ung filz qui ton pere est. Si peulz veoir par q̄lle raisō tu as droit en la duchie. Et biē scez que tu me quiers oultraige qui me requiers de quicter ce q̄ nest pas mien. Car bien sces que a ma femme et a ses enfans appartiēt. Et ce qui a aultruy est ne puis riens donner. A ces parolles appella le cōte de mōfort bertrand lazenat auquel il cōmāda que le duc occit. Lequel en acomplissant le vouloir du cōte frappa le duc dune dague par la gorge et le occit.

Et briefuement fut le duc despoille des hardes et fut trouue que dessoubz sa chemise auoit vne haire vestue. la vint vng frere mineur nomme frere raoul de cargaignolles qui vng des plus fors hommes que lon sceust estoit qui le corps du duc saisit tout nud. Et le mist sur son col et plus dune lieue le porta. puis recouura vne charrette et a guingnāt le fist porter et enterrer en leglise des freres mineurs. En .xviii. batailles fut le duc charles en son viuant. dōt les .xvi. il obtit a la .xvii. il fut pris a la roche darien par la desloyaulte de messire thomas de gornay anglois. Et a la .xviii. fut mort. ce duc charles fut le plus beau cheualier de france et le mieulx enrichie de vaillance. car de cheualerie faisoit ce quil appartenoit a prince. Et neust oncques bataille que a la premiere ne voult estre Et souuētesfois sassembloit le premier a ses ennemys Jolys fut plus que nul aultre toute sa vie. et de faire chansons et lays sesbatoit souuent. mais saincte vie menoit secretemēt et maintient on q̄ en sa vie nostre seigneur faisoit pour luy maintz miracles.

QVāt messire.b. sceut
la mort du duc en luy
neut q̄ courroux. Et
de ceste descōfiture ala briefuement nouuelles au roy charles
qui tant grant dueil en demena
pour lamour du duc q̄ sō cousi
germain estoit que nul ne le pou
oit conforter. Et apres les re-
gres que il faisoit de son cousin
regretoit messire bertrand et la
cheualerie de france. Apres la
bataille se rendirent ceulx de la
ville et chastel au cōte qui dedēs
entra. Et illec festoya la cheua
lerie āglesche qui en brief terme
prindrēt cōgie de luy. Et en gui
enne alarent par deuers le pri.
ce de galles. Et leurs prisōniers
francoys et bretons enmenerēt
auec eulx.

DEpuis que āglois eu
rent laissie le conte de
mōtfort dedēs aulroy
apres la bataille enuoya deuers
le roy six cheualiers de ses gens
qui tant allerent que par leurs
iournees vindrent au roy. Et
en ceste maniere parlerent.
SIre a vous nous enuo
ye le conte iehan qui de
e

la duchie de bretaigne se attent a uoir lonneur et de son pere qui cōtre charles de bloys la contenue toute sa vie bien scet le conte et recongnoit que de vous la duchie de bretaigne doit estre tenue. Or est ainsi que par les guerres que entre charles de bloys et le pere du cōte en son viuant et depuis ont estez la cheualerie et le pays moult greues. Si en est aduenu que en plusieurs batailles q̄ entreux ont este sont mors de grans seigneurs et aultres cheualiers de grant vaillance dont mōlt sont abaissiez leurs lignaiges dont cest dommaige et de la iournee daulroy. Sire scaues vous bien cōme il en va. Grant desir a le conte sil vous plaist vostre grace auoir enuers vous et de vo⁹ faire ce a quoy il est tenu. et se en vostre grace et hommaige de la duchie de bretaigne le vous plaist receuoir appareille est de venir deuers vous. Pource le vous requiert le pais que a ce faire le vueilliez recepuoir et nous aussi de par le conte que par vostre conseil soit voye aduisee par laq̄lle soubz vostre obeissance le peuple de la duchie puisse viure en paix et les guerres escheuer qui trop longuement ont dure.

En la parolle des cheualiers pensa moult le roy charles de frāce Et puis leur dist. Amis tout le cours de ma vie ay desire et desire mectre mes subgetz en paix Et vostre messaige auons bien entēdu en bretaigne retournerez Et le saluerés de par nous. Et luy dires q̄ no⁹ ne voulons riēs faire sans conseil mais pource quil offre manderons bien prochainement noz princes. Et ce que nous trouuerons en leur conseil qui soit bon de faire mādérons au conte. Et atant sen retournerent les messagiers.

Pour auoir conseil sur les offres du conte de mōtfort manda le roy les ducz dāiou de berry et de bourgoigne ses freres et plusieurs aultres princes prelatz et barons. Le roy ēuoya en bretaigne messire Jehan de chraon arceuesque de rains qui noble homs fut et le mieulx en parler qui en france fust adoncq̄s Et auecques luy messire pierre le maugre de boci grant mareschal de france qui de grant cheualerie fut renōme et par especial eust mieulx renōmee en ses iours de mieulx trouuer voye de traictier q̄ nul aultre dont en commun langaige lon disoit en son vivant asses plus vault en ung assault faire que ne fait boucicquault mais trop mieulx vault en ung traictie boucicquault que ne fait saintre A eulx donna le roy pleine puissāce de recevoir le conte en traictie daccort.

Du congie du roy partirēt de paris larcevesque et boucicquault et tant allerent par leurs iournees q̄lz arriverent en bretaigne. Et premier se retrahirent par devers la duchesse de bretaigne femme du feu duc charles. Et a elle et a son cōseil exposerent les afaires du roy quil avoit a supporter pour les angloys qui en france grant guerre faisoiēt et appareil den plꝰ faire en luy monstrāt que du roy pouoit avoir peu de secours et que asses avoit a faire a son fait et a son pays garder. et finablemēt tant parlerent q̄ sur les debatz de la duchie cheurent leurs parolles. et lors la duchesse leur dōna pleine puissance de traictier avec le conte de mōtfort son oncle. Et en ce faisant iurarēt larcevesque de rains et le mareschal par devāt la duchesse sur les sainctes evangiles q̄ en nul accors quilz fissent pour elle ne se delaisseroit la duchie de bretaigne aīcoys demoureroit perpetuellement a elle et a ses enfans. Sur la conscience de larcevesque et du mareschal la duchesse bailla lettres du pouoir quelle leur donnoit et briefment sen alerent par devers le cōte de mōtfort qui en bretaigne estoit acompaigne de grant nombre dangloys qui avec luy estoient.

HVe nte de mōtfort en la presence de son cōseil monstrerēt les ābassadeurs les afaires du roy. Et apres les fais de la duchesse. Et daultre part cōtre les droiz de la duchesse monstra le cōte de mōtfort ses raisons. Et sur ces debatz assemblerēt plusieurs iournees les ambassadeurs et le cōte qui moult les honnora et leur fit de tresgrans dons. Tant fut la question demenee q̄ finablement les ambassadeurs receurent le conte en la duchie en lobeissance du roy. Et accorderent sur le debat de la duchesse en ceste maniere. Cestassavoir que ou nom de la duchesse et par vertu du pouoir par elle donne aux ambassadeurs delaisserent au conte de montfort la duchie de bretaigne et du tout ilz renoncerēt. Non

obstant le serment que fait auoyent Sauf toutesuoyes q̄ se le
cōte nauoit hoirs masles en ses
to urs pcrees de son corps en loy
al mariage la duchie si retourneroit a laine filz de la duchesse ie
hāne ou aultre prochai hoir mas
le delle sans ce que la duchie escheut en branche feminine Et
porteroit le nom de duchesse toute sa vie et parmy ce cesseroit et
demoureroit a la duchesse iehāne
les cōtez et les terres de poitieure
et de greslo auec la vicōte de limo
ges. Et en oultre icelles terres
seroit tenu le conte de montfort
bailler et delivrer a la duchesse
xii. mille liures en la duchie
de bretaigne par assiete de cheua
liers preudommes et loyaulx de
dēs troys moys apr̄s q̄ la duchie
luy seroit rendue a ses fraiz
coustz et missiōs poiēt les cōtes
deliurees des mais des anglois
a iehā et a guy de bretaigne ēfās
dudit charles de bloys et de la du
chesse sa fēme lesquelz pour la
ranson que deuoit feu duc charles leur pere de la roche darien e-
stoyent en hostaiges en angleter
re. Et diceulx accordz baille
rent larceuesque et le mareschal
bonnes lectres tant pour le roy
cōme pour la duchesse au conte
qui les accords promist tenir et
aussi ses lectres en bailla.

Les accords furent
enuoyez a la duchesse
qui grant dueil en de
mena. Et en brief temps vindrent en france larceuesque et le
mareschal qui au roy racomp-
terent les traictiez que fait auo
yent dont fort luy despleust. Et
dillec en auant eut en eulx mois
de france. Et de bretaigne par
tit le conte qui en grāt arroy vit
a paris par deuers le roy Et de
la duchie luy presenta lomma
ge. Toutesuoyes pource que en
ses lectres auoit promis tenir le
roy ce quilz accordoient Il voult
les accords tenir et les receut
et a la priere de ses amis luy par
donna toutes ses offenses.
Et dillec en auant iura et pro
mist destre bon et loyal francois
mais gueres ne demoura quil
se pariura Et pou tit la duchie
a celle foiz Car pour ses mes-
faiz en fut mis hors et chasse par
ses barons si comme lystoire ra
compte ca en auant.

Quant le duc danjou
frere du roy sceut le
traictie en luy neust q̄
courroucier. car la fille du duc
charles et de la duchesse auoit

espousee. En bretaigne vouloit mener guerre le duc danjou pour les droiz de la duchie chalengier Mais celluy deffēdit le roy son frere q̃ sa loyaulte vouloit tenir. Ainsi demoura la chose a celle foys et mōlt doubta le duc de bretaigne le duc dãiou pource q̃l sauoit biē et cognoissoit q̃ des pricēs de frãce nauoit nul q̃ tãt greuer le peust ne qui fust de telle cheualerie plein ne de tel hardement Et mesmement que a luy estoit la cheualerie de france plus obeissant que a nul aultre. Et plus estoit redoubte en frãce et en toutes terres q̃ nestoit le roy son frere. Mais depuis ca en auãt ne se ouserent trouuer en sa presence leuesque ne le mareschal Bociquault.

Apres le traictie de bretaigne furent deliurez par ledit traictie le cōte dausseurre Bertrãd et la cheualerie qui prinse auoit este en la bataille daulroy. Et par deuers le roy sen vindrent q̃ mōlt les honnoura. Et en ce contemple deliura le roy de ses prisonniers le captal qui prins auoit este en la bataille de cocherel. Et luy quicta le roy sa ranson et luy dōna terre. et si le retint de son conseil car moult estoit saige cheualier.

Apres la deliurãce du captal de buz tint le roy charles son parlement a Vernon sur sayne et pour auoir aduis sur la guerre q̃ luy menoit le roy de nauarre Mais a Vernon vint ledit roy de nauarre par deuant le roy charles soy rendre a sa mercy du tout. Et tant se soubmist en sa mercy q̃ le roy luy pardonna.

En Aguienne durant ces faiz se tenoit le pnce de gales q̃ la duchie tenoit par le traictie fait ētre le roy iehã de france et le roy edoard dãgleterre. Et combien que par ledit traictie paix eust este criee entre les roys et sur le sacre eust iure le roy edoard deliurer a ses propres fraiz dedens quarãte iours apres ledit traictie tous les chasteaulx villes et forteresses qui par luy auoient estez et estoient tenues en france hors viēne ponthieu et beaumont le roy edoard nen faisoit en riens son deuoir Aincoys estoient en france gēs de plusieurs contrees qui durãt les guerres auoient tenu le party des anglois et encoures le

plus des villes et chasteaulx de
france. et le royaulme mectoyent a destruction ¶ Cestes gens
se faisoient appeller les grãs cõpaignies. et iceulx faisoit le roy e
douard secretemẽt tenir et le price
sõ filz et de iour en iour ne faiso
yẽt q̃ trouuer achoison de normã
die tollir au roy charles.

Pour les griefues paines
et plaites q̃ de iour en iour
venoient au roy charles
des grãdes destructiõs q̃ faisoiẽt
au peuple les grãs cõpaignies q̃
par le royaulme de frãce bouto-
yẽt feuz et aux poures coppoyẽt
les bras et creuoiẽt les yeulx mã
da le roy messire. b. et aultres de
ses pnces pour auoir aduis sur
la maniere de faire ceste gẽt vuy-
dier. la respõdit messire. b. ¶ Si
re vray est q̃ le pnce de gales q̃ o-
res regne en plꝰ grãt orgueil q̃ ne
fit oncq̃s nabugodonosor q̃ trop
pẽse et ymagine nuyt et iour de
trouuer voie par laq̃lle il voꝰ puis
se normãdie tollir et tant faire q̃
de luy tenez vostre terre que ia na
uiendra se dieu plaist. bien scauez sire que de pmesse que le roy
edouard son pere et luy fissent au
bon roy Jehan vostre pere que
dieu pardoit ne luy en õt riẽs tenu. mais puez se sõt faulcemẽt
ce q̃ ãglois õt biẽ acoustũe. tenez
voꝰ seur q̃ par eulx sõt depardeca
ceste gẽt. et biẽ en fussẽt partis sil
leur eust pleu des piecca. et voꝰ de les
vuider demãde cõseil aussi quilz
sont fors et en grant nõbre. et a
brief motz sire ie ne voꝰ conseille
point en mõ ẽdroit les guerroyer
car par ce point pourroiẽt plꝰ grãt
guerre ẽtretenir dõt trop porriez
estre ẽpechiez. mais sire si pour
nostre foy essaucier voꝰ plaisoit
faire vne armee pour aler sur sar
razins q̃ les royaulmes de grenade
et de belle marine tiẽnẽt et de noꝰ
sõt biẽ pchains il me sẽble q̃ a ceste gẽt de vostre auoir deuez dõner
les faictes absoubdre du pape q̃
sur eulx a gecte sẽtẽce biẽ pourroiẽt lors laisser leurs forteresses
et se hors de ce royaulme estoient
vne fois ne pourroiẽt iamais par
leur puissãce ne du roy edouard
ne de sõ filz rassẽbler ne recouurer
les chasteaulx q̃lz tiẽnẽt. a ce cõ
seil se tit le roy et fut ordõne que
pour traictier aueccq̃s les grans
cõpaignies messire. b. ira deuers
eulx. et q̃ pour aler sur les sarra
zins se faisoit vne grãt armee q̃
le roy mectoit suz dõt seroit chief
et cõduiseur messire. b. de par le
roy dõt il fut mõlt liez. et tãtost
le fist assauoir a toutes gens dar
mes par my le royaulme de fran
ce. et en brief tẽps vĩdrẽt par de
uers luy plusieurs cheualiers et es
cuiers q̃ le voiage desiroiẽt mais
retarde fut si comme oyr pourres

Cōmēt .b. ala cōtre les sarrazins

VOir est q̄ messire .b. sappa
reilla pour aler cōtre sarra
zins mais au tēps ql faisoit
faire sō armee pour aler en grena
de cōtre sarrazins regnoit en espai
gne Pietre le roy filz dalphonce
roy despaigne q̄ puissāmēt regna
en ses iours icelluy pietre eut espou
see blāche seur du duc de bourbon
et de la royne de frāce. celle royne
blāche despaigne fut mōlt vaillā
te dame et de saicte vie mais cōpte
nē tint le roy pietre q̄ pou la voit
aicois tenoit iuifues et sarrazines
ses concubines et de mauuaise cre
ance fut en la foy. et tāt se gouuer
na par iuifz et sarrazis q̄ par aul
cuns de son hostel et de plusieurs
de son pays fut prins en hayne et
mesmement de ses faiz le blasme
rent bien. Et prindrent henry son
frere conte de triteinart qui cheua
lier fut de grant emprinse preudō
me et plein de grant vaillance et
de pietre estoit ainsne mais a pie
tre fut la coronne donnee comme
vous orres cy apres.

ALphōce le puissant roy
despaigne qui tāt valut
en ses iours et qui le roy
de grenade mist en seruage et luy
fit treu payer par an par le traic
tie qui entre luy et les grenadins
fut fait apres la bataille dargezil
le q̄ fit en grenade le roy alphōce
que sarrazins desconfit et print le
roy de belle marine et le roy de gre
nade y fut mort. Et au temps de
la bataille le pape qui lors regnoit
estoit en auignō. Et a leure de sa
desconfiture en sa messe chantāt
vint aux cardinaulx et leur dit
la maniere de la descōfiture. et en
brief tēps rescripuit le roy alphō
ce audit pape et aux princes de la
p̄sente sa ioyeuse victoire. Et
pour venir a ma matiere du tēps
de sa ieunesse il fiença vne dame
de honneur qui de france estoit ex
traicte pleine de grant beaulte nō
mee la riche dame despaigne Et
les fiensailles entre eulx durant
il engendra henry et trois filles. et
depuis la voult le roy espouser cō
me raison estoit. Mais aulcuns
de ses pīces luy desloerēt et firēt
ql se maria aultre part a vne da
me ql espousa de la q̄lle pietre hys
sit. Et pource fut henry nomme
bastard et moult sentrāmerent
longuemēt les freres iusq̄s a tāt
q̄ pietre print mal a soy gouuerner
Vng iour aduint que le roy pietre
et henry estoient en leur palais. et
audit henry dit pietre que vne ieu
ne damoyselle fille dūg prince des
paigne qui son parent estoit luy
alast q̄rir pour en faire a sa voulē
te. de ceste chose fut hēry mōlt cour
rouce et dit a pietre Mōseigneur
vous scauez q̄ apres ceulx qui de

monseigneur mō pere alphonce dōt dieu ait lame sont descēduz ceste damoiselle est nostre plus pchaine en lignaige et qui apꝰs vous deuroit heritter a la coronne. Ceste response print pietre a grant desdaing et dit a henry orguilleusemēt filz de putain si la damoiselle ne vas querre sachez que ie te courrouceray. adōc henry plein de grant destresse dit au pere de la damoyselle et luy compta toute la mauuaistie de pietre. Et humblemēt dit a henry. Sire ie suis vostre poure parent et biē voy q̄ a la puissance de pietre ne puis resister. Mais si a moy ayder vous plaist sachez q̄ vous seres roy despaigne car pl' y auez droit et raison q̄ pietre le desloyal. Adonc luy demanda henry quil vouloit quil fit auq̄l il dit. sire ie vous prie q̄ ma fille q̄ la plus gentil est en espaigne vo' prenes en mariage. Et tous hōmes auec les aultres barons de la terre nous alierōs auec vo' Et saichez que se pietre vous est contraire nous serons en vostre aide. Et se dauenture pietre vo' vouloit courir sus a present no' retrairons bien seurement en arragon et dillec au pays de frāce Et sur ce que tout vous diray ie fus a tollecte au temps de mō enfance et souuent repairoye auec vng maistre qui des choses aduenir racontoit plus vrayement que nul qui fust en vie ne oncques ne fut trouue mensongier Saiches sire que maites iournees Jay ouy au maistre racompter que vous mourries roy despaigne. Et apres vo' regneroit vostre lignee. de ces nouuelles se print hēry a esiouir. Et guieres ne demoura que la damoiselle espousa puis sen retourna a burgues par deuers le roy son frere pietre Et luy dit q̄ la damoyselle auoit espousee. Adōc voulut pietre sō frere occire mais hastiuement sen fouyt en arragon. Adonc fit pietre saisir sa terre et de son royaulme le bannit Et en arragō demoura longuemēt henry auecques le roy qui le blanc chastel luy dōna puis vit en france et pour le roy charles sarma en ses guerres.

Apres ce que pietre eust son frere banny il regna en grāt orgueil. Et en lā de lincarnaciō mil. ccclxiiii. Il enuoya ambassadeurs par deuers le roy darragō lu signifier que de la coronne despaigne et en dependence estoit tenu le royaul me daragon et celluy de maillor grie et luy faisoit commãdemẽt que au.xv. iour il fut au palais royal de burgues pour les hommaiges diceulx royaulmes darragon et de maillorgrie faire audit roy pietre. Et biẽ sceut q̃ si en deffault en estoit il entreroit en sa terre en brief temps Pour ces nouuelles fut le roy darragõ en grant esmay mais semblent nen fit aincoys debonnairement recent les ãbassadeurs et leur dit q̃ se pietre guerreoit a nul prince viuant quil yroit a son secours Mais quant a lommaige il ne trouuoit point en son cõseil que de son royaulme eussent oncq̃s fait ses p̃decesseurs aux roys despaigne hõmage et quãt endroit soy toute aultre chose estoit prest de faire pour pietre le roy son hõneur gardãt et sãs la seignourie de sa coronne abaissant.

DV roy darragõ se partirent les ãbassadeurs et par deuers le roy pietre leur seigneur retournerent a burgues auquel ilz raconterẽt la responce laquelle pietre print en grand desdaing et briefment enuoya sa deffiẽce au roy darragõ q̃ en la cite de barcelõne estoit.

GRans gens assembla pietre et en arragon entra en grant effort en ardant et exillant le pays. et tant fit que a luy se rendirent plusieurs villes et chasteaulx iusques aux mons de catheloigne.

QVãt pietre approcha les montaignes qui arragon encloyent ne habitees nauoyent este tant fit grãt assemblee de peuple que les mõs et roches fit trãchier pour auoir passaige.

EN lost de pietre auoit vng iuif auq̃l il creoit plus q̃ en homme du monde qui fut en vie et le chief de son conseil estoit. icelluy iuif vne fille auoit qui moult belle estoit Et de iour en iour ymaginoit voye trouuer que pietre la p̃nt a fẽme. Si aduint que vne iournee le iuif dit au roy. Sire merueilles est de vous que fẽme auez et nen auez point denfans et iamais nulz naura. Et voir est q̃ se vous trespasses de ce siecle le royaulme viendra es mains de hẽry le bastard q̃ vostre ennemy mortel est. pource sire pietre vous cõseille q̃ vo⁹ facies vostre fẽme mourir. Et en vostre royaulme en prenes vne aultre qui puisse porter lignee. a ce saccorda le roy et biẽ hastiuement enuoya vng

de ses sergēs darmes au chastel
ou la royne estoit qui tātost quāt
elle le vit elle mua sa couleur cō
me celle qui sa mort scauoit. Et
bien hūblemēt luy dit. Beaulx
amis bien scay q̄ du commandement de monseigneur es cy venu pour moy deliurer de ce mōde
Mais ie te pry que en la chapelle ceans auant ma mort me
laissez aourer mō createur pour
luy demander pardon de mes pe
chiez et ie prieray dieu pour toy
puis fais de moy a ton plaisir
puis que ma voulu mōseigneur
mectre entre tes mains. Rude
ment luy respondit le sergent vo
stre oroyson pouez biē abregier
sil vous plaist car icy ne puis je
longuement seiourner.

Hastiuement sen entra
la royne blanche en sa
chappelle pour faire
ses oroysons. Et se mist deuote
ment a nudz genoulx disant mō
createur treshumblemēt ie te cry
mercy de tous meffaiz que te fis
oncques. Et en haulte voix mōlt
daultres belles parolles piteuses
dit la dicte dame que ledit sergēt
ouyt et depuis les relata et tāt lō
guement y demoura que audit
sergent moult ennuya et dit. Da
me ycy ne pouez plus estre mais
ailleurs vous conuiēt venir puis
amena la royne en sa chābre qui
de grāt douleur estoit pleine. Et
en celle douleur se laissa cheoir
sur son coissin.

Asprement vint le sergēt
darmes qui vng cois-
sin print et sur le visai
ge de la dame le mist. et tātost en
pou de heure fit q̄ la dame estai
gnit et fina de ce siecle. Pour la
q̄lle nostre seigneur pour lamour
delle fit de iour en iour moult de
miracles et au pays despaigne
la reputent pour saincte et deuo
temēt y va le cōmun peuple et de
biē grās seignerus pour la saic
te royne blāche adourer.

Le second iour apres q̄
le roy pietre eust enuoie
son sergent darmes la
royne occire Il māda le iuif q̄ ce
cōseil luy auoit dōne. iay mal ou
ure de ma fēme faire ainsi occire
et murtrir qui de la plus noble
lignee du mōde est extraicte. Et
toute ma vie lay veue de bōne vi
e et moult suis en doubte q̄ mal
ne men viēgne. Vne fois estoie
en grenade et deuant fis amener
vne femme de grant eage qui des
choses aduenir scauoit parler
trop certainement de mon afai
re luy enquis. Et apres ce q̄l
le meut bien auise elle me dit

q̃ riens elle ne me descouureroit mais moy q̃ mõlt desiroie de mõ estre scauoir la priay tant quen la fin me dit. Sire encores sera le temps que du lignaige dune saincte femme laq̃lle piteusemẽt et sans achoisõ feras mourir et murtrir. Si en auiẽdra q̃ le royaulme en perdras et en la fin fineras piteusement. de ces parolles me recorde souuẽtesfois Et en ma pensee disoie. Pour ce que souuent me trouuay triste et doulent de ma femme ie vueil que hastiuemẽt soient enuoyees mes lettres a mon sergent par lesquelles ie luy escrips que ma femme il noccie point. A ces parolles sen partit vng cheualier de lost du roy pietre. Et tãt ala par ses iournees q̃ a deux lieues pres du chastel ou la royne fut occise encõtra le sergẽt darmes q̃ le meurtre auoit fait et les lettres du roy pietre luy bailla. Quant le sergẽt vit ce q̃ le roy pietre luy mãdoit esbay fut. et par deuers le roy ne sen osa aler aincois sen fouyt en Seuille la grãt dont ne estoit. iusq̃s au chastel ala le cheualier qui la royne cuydoit deliurer de mort la trouua vne dame de grant eage qui la royne auoit seruie et de sa mort plouroit cy tendrement et tout le peuple dentour que piteuse chose estoit a veoir Ainsi fut la pouure royne occise et en poure estat enterree.

Et aduint que en portant la royne en terre accoururẽt les poures que en la ville elle soustenoit qui grant dueil demenoient disans. Las or nous est le soustenemẽt de noz poures vies deffailly Et luy baisoyent les piez La auoit vng aueugle et deux ladres qui tantost que la royne eurent baisee es piez furẽt garis par la voulente nostre seigneur. de ces miracles fut tãtost nouuelles par tout le pais despaigne. Et de toutes pars se faisoyent les malades apporter a la sepulture et illec retournoyent en sante.

Du chastel partit le cheualier qui tant erra quil tourna en lost de pietre auq̃l il raconta loccisiõ de la royne. Et comme son sergẽt darmes sen estoit fouy en ciuile. Et cõment enterree auoit este pouurement et aussi le grãt dueil q̃ le peuple en demenoit. Apres luy compta le miracle des troys hõmes q̃ luy vindrẽt baisier les piez quant on la portoit en terre et cõme sante recouurerent tous trois. Et comme plusieurs gens accouroyent a sa se

pulture pour sante recouurer et
la grant plainte que lon faisoit
delle. Quāt pierre le roy ouyt ces
nouuelles il cheit pasme. Et au
releuer cōmēça tel dueil a mener
que reconforter on ne le pouoit
Et en son grant dueil disoit ha
blanche royne saincte et extrai
te de la saincte et plus haulte lignee qui au monde soit et par
qui estoye tant honnoure que digne nestoie point de telle fēme a
uoir. Las doulent comme mau
uaisement et piteusement vous
ay fait murtrir. Et dieu cōme
ce qui me fut dit en grenade me
aduient et aduiendra. Sy cōmen
ca tantost merueilleux dueil de
tous pour la royne qui de petis et
de grās estoit aimee En ce grāt
dueil fit pierre le Juif saisir q̄ ce
conseil luy auoit dōne de la roy
ne faire occire.

AU tēps que pierre guer
roya arragō cōqueroit
de iour en iour plusieurs
villes et chasteaulx et destruyoit
le pays en plusieurs lieux assem
bla messire. B. grāt cheualerie
pour grenade et belle marine cō
querre et roy sen vouloit faire coronner. Et estoit son intencion
que de grenade entreroit en chip
pres pour le bō roy secourir. qui
satalie auoit cōqs car le souldā
auoit conquis et occcis. Et de
nouuel auoit prinse et cōquise la
cite dalexandrie. Et de iour en
iour conqueroit terre sur sarrazins en tenant le chemi vers Jhe
rusalem car le roy sen faisoit nō
mer. Et illec sur le sainct sepul
cre de nostre seigneur se pensoit
faire coronner. Mais durement
luy fut fortune dure et contraire
Car de nuyt et appenseemēt en
son lit fut occis par son frere dōt
grant dueil fut demene par to⁹
les royaulmes xp̄iens. Car de
sa grant cheualerie fut renōme
Et auoit tāt sarrazins greuez
que en son viuāt fut tenu le pl⁹
vaillant roy xp̄ien q̄ pour lors
en vie fust. Et en ce contemple
de loccision de la royne blanche
despaigne vint nouuelles en frā
ce laquelle estoit seur du duc de
bourbon et de la royne de france
qui grant dueil en demenerent.
et mesmement le noble roy char
les de france en fut moult dolēt

POur les grans compai
gnies mectre hors de frā
ce se partit de paris mes
sire. B. Et a saufconduit alla de
uers les capitaines qui pres de
chalō sur sone se tenoiēt diceulx
capitaines se tenoit messire hu.
et de courrelay et plusieurs aul
tres capitaines messire Jehā de

ureux messire mathieu de gour-
nay et aultres dãgleterre iusq̃s
au nõbre de .xxv. qui de la venue
de messeigneurs furent mõlt liez
et grãdemẽt le hõnorarẽt et apres
ce q̃ lõguemẽt se furent esbatuz
ensemble voult messire .b. traic
tier avecques eulx en leur affaire et en ceste maniere leur dit. sei
gneurs a vous menuoye le roy
charles q̃ pour nostre loy exaul
cier sur sarrazis veult faire une
armee. Et en chippres pour le
bon roy secourir vouloit son armee adresser. Mais mort est le
bon roy piteusement par son fre
re qui occis la. dont fut grãt dõ
maige a toute xpiente. et moult
en est le roy de france doulent et
daultre part sont venus de par de
ca nouvelles qui moult sont des
plaisans cest de dame blanche de
bourbon seur de la royne de frãce et de monseigneur de bourbon
laquelle avoit a femme pietre le
roy despaigne q̃ murtrir la faicte sans achoison pour ceste chose
est le roy conseille de adresser son
armee droit en grenade sur sarrazins et illec pourra lon descẽ
dre en chippres et bien peut estre
que parmy espaigne passera lar
mee pour le roy pietre greuer qui
de mauvaise creance est. de Juifz
et sarrazins est toute sa fiance
et tout son royaulme gouverne
de ceste armee a pleu au roy de me
donner la charge qui de tel honneur ne suis pas digne. et a vo9
qui de chevalerie estes tant renõ
mez comme chascun scet ie ma
dresse. En vous suppliant que
pour nostre foy exaulcier et mai
tenir vous plaise estre de larmee
mes freres et compaignons que
certes a mon advis bien devons
a present faire service a dieu et le
servir. Considere comme avõs
noz vies usees iusques cy. Car
vous scavez que en france sont
les guerres affinees ou tant de
maulx avons faiz que pires sõ
mes que larrõs car les guerres
durans avec ce que au peuple a-
vons peu tollir nous avons fem
mes ravies occis hommes bou
te feuz en villes et en esglises et
lesdictes esglises destrompues et
violees. Par moy mesmes le
puis scavoir q̃ de maulx ay tãt
faiz et fait faire. Et bien vous
en povez nommer mes compai
gnons et vous en venter.

Vous scavez seigneurs
que loy navez ne aver
de prince du peuple ain
si greuer et de iour en iour mectre
a destruction sans loyal tiltre.
Pour noz ames sauver ne pou

nons trouver mieulx q̃les ene-
mis de la foy greuer et guerroier
Saichez seigneurs se a com
paignõ me voules prẽdre et croi
re me voules ie vous feray tous
riches et acquerir honneur et biẽ
vous diray la voye. sur les parol
les de messire. b. se mirent a con
seil les capitaines a part. puis
appellerent messire bertrand et
de par les capitaines parla mes
sire hue de correlay et dit. b. beau
frere et cõpaignõ pour la loiaul
te et vaillance de vous qui estes
aujourduy miroir de cheualerie
de vous suis et vueil estre auecques vous en tous cas prest et
tous mes compaignons Et si
vous respondz de par tous les
compaignons que de par vo⁹ re
querons que vostre compaignõ
darmes vo⁹ me vueillez retenir
de ceste respõce mercya messire. b
les capitaines biẽ hũblemẽt et
mõlt se humilia enuers eulx qui
mõlt le hõnourerẽt et sur tous se
mist courelay en pouoir de plus
le hõnourer. et illecques sacõpai
gnerent messire. b. et luy freres
darmes et to⁹ les aultres capi
taines ãglois q̇ cõtre to⁹ le pmi
rent seruir excepte cõtre le roy e-
douard et son filz le prĩce de gales
et tãt fit messire. b. q̃ les capitai
nes soubz la fiãce de sa loyaulte
seulemẽt vindrent a paris sans
saufcõduit deuers le roy q̇ pour
lõneur de messire. b. les receut a
grant ioye. au chastel du temple
fit le roy les capitaines logier
mais par sa cheualerie les fit fe
stoier. La traicta messire. b. q̃ a
iceulx capitaines dõna le roy. ii.
mille florins et deliurerẽt les cha
steaulx quilz tenoiẽt. Et de la se
misdrent auec messire. b. q̇ bien
tost se trouua a grans gẽs assẽ-
blez En lassamblee furẽt le cõte de la marche messire. B. du
guesclin chief de la cõpaignie. le
mareschal dẽtrehã le sire de beau
ieu le begue de villẽnes messire
oliuier de manny et ses deux fre
res messire hue de courelay messi
re iehã deureux messire robert le
cot cheualier ãglois messire gui
laume boitel et plusieurs aul
tres cheualiers et escuiers francois et anglois et aultres de plu
sieurs nacions et cõtrees et leur
chemĩ tindrẽt droit en auignon
Tant cheuaucherẽt q̃ deuãt auignon vindrent et a ville neufue
se logerẽt ausq̃lz enuoya le pape
vrban. v. vng cardinal scauoir
q̃ faire vouloyent. a ville neufue
vint le cardinal et par le mares
chal dãtrehã q̇ preudons estoit
saige et biẽ parlãt fut dit. sire a
nostre sainct pere sadressẽt mes-

sire hue de courelay le vert cheua
lier secot ichã deureux guillaume huet et aultres de ceste gẽt q̃
en france ont guerroye et les esglises et femmes violees boute
feu et fait occision et pilleries
dont na guieres par la voulente
du roy de france geeta le pape sẽ
tence sur eulx. Et toutes offen
ses pardõnees leur a le roy et sõt
cy ven⁹ a la compaignie de messire. b. du guesclin et du conte de
la marche qui ceste armee cõdui
sent en grenade sur sarrazins
pour la xp̃iente exaulcier. Et
par cy õt pris leur passaige pour
leur absolucion obtenir pource
de par eulx vous dis leur con-
fession et requeste si pourres cecy
dire au pape Et en oultre de par
toute larmee vous dires que cõme pour nostre seigneur seruir et
exaulcier sa foy le tresor de lesgli
se aye este aucunement ordonne
estre ẽploie en telz vsaiges com
me ceste dont au plaisir nostre
seigneur grãt bien sen ensuiura
Nostre saict pere auecq̃s son ab
solució de peine et de coulpe enuo
ye cy du tresor de lesglise. ii. mille
florins. Ceste responce rapporta le cardinal au sainct pere qui
des fenestres de son palais regar
doit les varles courir sur leurs
cheuaulx qui le pays forragoiẽt
et pilloient deuãt auignon. dieux
bien se trauaillent dit le pape ce
ste gent pour enfer acq̃rre Puis
dit au cardinal quant la respon
ce eut oye. Merueille est de ceste
gent qui absolucion et argent de
mãdẽt et on a acoustume quãt
on prent absolucion de deniers
donner. Adõc manda le pape
ceulx dauignõ qui moytie de la
composicion promirent paier et
sur eulx lassirẽt puis fut largẽt
apporte auec absolucion a messire. B. auquel fut rapporte q̃
de ceste assiete se complaignoiẽt
ceulx dauignon dont il luy despleust et mãda le preuost et puis
luy dit. Amis vous dires au pa
pe que de lesglise et non du peuple soit cest argent venir et les de
niers qui sont venus du peuple
et qui deulx ont este receuz veult
estre restituez. Et bien luy dires
que dicy ne partirons Jusques
a ce que de lesglise ayons este
paiez. Quant le pape dit que
aultrement ne pouoit estre Il en
uoya largent du sien et a ceulx
dauignon fut largẽt rendu dõt
moult prierent pour messire bertrand.

LA estoit le duc dãiou
qui de par le roy char
les son frere gouuer-

noit le pais de languedoc. Et
en appart parla a messire. B. en
ceste maniere. B. beau amis vous
scauez la desloyaulte du roy
pietre despaigne q̃ sa fẽme a fait
murtrir. et son frere bannir hors
de son royaulme par sa cruaulte
Et par raisõ doit estre hẽry roy
Vray est que en arragon est pie
tre qui le royaulme guerroye et
au secours du roy est henry en
arragon. Adresses vostre chemĩ
et vostre armee contre pietre qui
contre nous a voulu terre conq̃r
re. Et nostre cousine blanche
de bourbon a fait mourir villainement Moult honnoura le
duc la cheualerie puis prindrent
cõgie et entierẽt en leur chemin.

¶ Cõmẽt le roy darragon re
ceut. B. a parpignan et sa compaignie.

Tant cheuaucha Ber
trans atout ses ostz
que darragon approu
cha. a parpignã fut le roy darra
gon q̃ secours demandoit de tou
tes pars pour aler contre pietre
q̃ par le royaulme cheuauchoit
en ardant et excillant le pays et

prenoit villes et chasteaulx. de la venue de bertrand fut moult esiouy le roy darragon. Et envoya au devant de luy pour le haster. au chastel blanc estoit henry le conte despaigne sa femme et ses enfans et grant compaignie despaignoux tantost quil sceut la venue de bertrand de son chastel se partit et devers luy vint et moult le honnoura. Et luy mostra les desloyaultes de son frere pietre le roy qui si mal regnoit et qui de sa terre sestoit saisi et banny lavoit. mölt doulcemët möstra a bertrand et a la chevalerie ausqlz ses faiz doulcement dit et ausquelz grät pitie en prit Et bien dirent que a luy apartenoit le royaulme despaigne et mölt le reconforterent. Tät parlerent ensemble henri et la chevalerie que entre eulx fut faicte une aliance et entreprindrent le roy pietre guerroier et conquerir le royaulme au nom de henry q̃ mölt hüblement les mercya et en son chastel les mena ou mölt hönourablement furët receuz de la dame. Au partir du chastel bläc chevaulcherët au chastel de parpignan ou fut le roy qui pour leur venue tit court planiere et mölt les honnoura puis fit son conseil assembler avec la chevalerie

Et parla le roy darragon en ceste maniere qui de tout fut voulëtiers ouy et escoute. seigneurs dit le roy ia y entendu que pour aler en grenade estes cy venuz pour sarrazins guerroyer Je vous iure que pres de vous avez les ennemis de la foy et belle terre a cöquerre se faire le voules et il na en ce monde plus mescreant que pietre qui a sa femme murtrie si villainement qui du sainct et hault lignaige de france estoit descendue et qui estoit de si saincte vie. vous vez aussi comme il a chassie henry et banny de son pays et sa terre tollue q̃ par raison devroit estre roy comme premier filz du roy alphonce et ses troys seurs fit mectre devant les leons pour les devourer qui doulcemët se coucherent avec elles et les lecherent. Par iuifz et sarrazins se gouverne entieremët pietre et tous princes veult mectre en son servaige. Et certes cötre si tresdeloyal prince devries vous biẽ mener guerre. Bien vueil q̃ saichiez que si contre luy voules guerre mener et maintenir cötre luy mon pouoir vous feray et du tout vous feray secours de gës darmes et de chevaulx. Appertement respondit bertrand. Sire nous avons ouy racon

ter toute la geste des enfans alphonce. Et bien scauōs certai-
nemēt que le roy despaigne doit
estre henry si sachiez sire roy que
iamais en noz contrees ne re-
tournerons iusques a tant que
henry soit corōne. Et du mur
trier desloyal q̄ du sang de bourbon a fait telle occision et si vil
lainement en soit prinse van-
gēce. Et en briefz iours ētrerōs
au pays despaigne pour le pays
conquerre. Ceste emprinse iura
rent le cōte de la marche nepueu
de la royne blanche despaigne le
mareschal dandrehan et toute
la cheualerie qui auec messire. B
furent dont le roy darragon fut
moult esiouy et plus que deuant
les honnoura. Et gueres ne de
moura que bertrād print de luy
congie. Et son chemin adressa
parmi arragō en alāt droit en es
paigne. pour la venue de bertrād
sē partit biē hastiuement pietre
darragō et en la cite de burgues
se retrahyt luy et ses ostz. et brief
mēt fit les chasteaulx garnir.

TAntost que pietre fut
a burgues il manda
le iuif deuant soy qui
conseille luy auoit la mort de la
royne sa femme. Et luy dit que
ses dens luy failloyt recouurer
chascune de cent mille florins
ou se non il les feroit toutes arra
chier. La rancon accorda le Ju
if qui moult fut riche mais en
grant pourete chait. ¶ Quant
pietre sceut quil eut tout la che-
uance du iuif il luy fit traire les
yeulx et a tenailles de fer ardant
luy fit la langue coupper et
puis escarteler le fit et puis pendre. ¶ Apres lexecucion du iuif
vint pietre visiter la sepulture
de la royne moult piteusement.
Et mōlt noblemēt et richemēt
aporter en la sepulture des roys.

EN ce contemple che-
uaucha tant bertrand
atout ses ostz que des-
paigne approucha. Et par le
conseil de henry adressa ses ostz
B. deuant montguillon ou ville
et chastel a mōlt fors sur lentree
du royaulme et illec en la terre
chalengant print henry nom de
roy. Et la ville assiega. lēdemai
fit la ville et chastel de tel effort
assaillir que prins furent en pou
deure. plusieurs riches Juifz fit
emprisonner bertrād pour leurs
richesses auoir et dedens mont
guillon seiourna bertrand par
deux iours entiers au tiers iour
vindrēt a burgues ou chastel et
forte ville eust bien seans. Asp̄
mēt fit le chastel assaillir et cou
rageusemēt se deffendirēt ceulx

qui dedens estoiẽt. Mais en la
fin se rendirent a henry et a bertrand. Et la furẽt occis tous les
iuifz et sarrazins q̃ dedens estoyẽt En burgues seiournerẽt hẽ
ry et.b. et la cheualerie et prirẽt
leur chemĩ a breuesq̃ ou ville for
te et biẽ seãt estoit et close de dou
ble muraille.et si auoit a vng des
boutz vng fort chastel pour la vil
le assaillir ordõna mess.b.q̃ hue
de courelay et la cheualerie ãglesse
dung couste assauldroient. Et le
roy hẽry et les espaignoulx daul
tre part et les francoys daultre
part.la commenca lassault fort
et merueilleux et daultre part
grandement se deffendirẽt ceulx
de breuesq̃ et aduĩt q̃ lassault du
rãt dit.b.aux frãcoys que dedẽs
breuesque estoient anglois entrez
et ilz nestoyent ẽcores descenduz
aux fossez. Quant ces motz en
tendirent francois en eulx neust
q̃ courrousser et biẽ creurent mes
sire.b. Adonc efforcerẽt lassault
et de tel vertu q̃ dedẽs breuesq̃ en
trerent iusq̃s au millieu de la vil
le auãt q̃ anglois fussent au pie
des murs ¶ Ainsi fut prinse bre
uesque ou mõlt de richesse auoit
Et tous les iuifz et sarrazins q̃
dedens estoiẽt fit.b. occire mais
xp̃iens furent receuz a mercy.
Quant ceulx du chastel virent
que la ville estoit prinse ilz rendi
rent le chastel a.b.et leurs corps
et cheuances a sa mercy lesquelz
il receut moult debonnairemẽt
et le chastel fit bien garnir. de la
prinse de breuesque sceut bien pie
tre nouuelles qui en burgues fut
Et deuant luy manda les bour
gois de la ville et leur dit que en
tre les bourgois de toulette esto
yent aduenus de bien grãs dis
cors pour lesquelz aler luy cõue
noit et reqs len auoiẽt par leurs
lettres. Bien se apparceurent
ceulx de burgues que pour doub
te des francois se vouloit pietre
retraire.la parla vng bourgois
a pietre moult haultemẽt qui de
tous fut bien ouy. Et dit en ce
ste maniere. Sire roy a grant
perdicion et en grãt douleur mec
tez vostre royaulme et voz subgetz q̃ scauez la puissãce des frã
cois q̃ hẽri et.b. doiuẽt cy amenee
pour la ville assieger.et sans pa
stour sire voꝰ plaist laisser vostre
ville de burgues q̃ est vostre ville
royalle et le chief de vostre royaul
me. biẽ scet on q̃ depuis charles
mainsne le grãt roy puissãt qui
tãt valut et q̃ ap̃s la mort rolãt
et les aultres pers de frãce q̃ occis
furẽt en la desconfiture de roche
uaulx coronna le roy despaigne
dedens burgues ains depuis ne

furent coronnez roys despaigne
ailleurs. pour dieu sire q̄ ne nous
laissiez aisi Car seulemēt pour
vostre presēce vng de nous vaul
dra mieulx q̄ dix q̄ si aultre vo⁹
estiez Sur ses parolles songea
le roy pietre puis dit aux bour
gois. Amis besoig est que nous
soyons briefment a toulette. Et
bien sommes asseurez de nostre
ville de burgues qui bien est gar
nie de bonnes gens pour fran
cois courroucier. et daultre part
a toulette ferons telle assemblee
que si dedens nostre regne henry
et bertrand font long seiour no⁹
les combatrons. Ainsi depar
tit pietre de burgues et sen ala a
toulette ou biē fut receu. Le par
tement de pietre sceut bertrand
qui par deuers le roy henry et le
conte de la marche vint et leur
dit q̄ plus ny auoit de larrester
fors q̄ daler appertemēt deuāt
burgues dōt pietre sē estoit fouy
¶ Lendemain bien matin par
tirent de breuesque henry le conte
de la marche et Bertrād le ma
reschal dantrehan et tous les
aultres capitaines francoys et
anglois. Pource tant cheuau
cherent atout leurs hostz q̄ bur
gues apparceurent. En grant
esmay furent ceulx de burgues
pour la venue des francois pour
ce sassemblerent les bourgois.
Et par deuant leuesque sen ale
rent requerir conseil lequel eues
que parla aux bourgois en ceste
maniere. Mes enfans voir est
que ie suis vostre spirituel pere
Et a vous conseiller selon mon
sens suis ie tenu le faire loyaul
ment. Bien scay que a la riche
dame qui dame fut de grāt vail
lance le roy alphonce qui sa fian
cee estoit il engendra hēry qui cy
vient pour nous assiegier puis
par la cruaulte daulcūs barōs
la laissa et en print vne aultre et
vrayement puis que le roy si a
uoit sa foy baillee a la riche da
me et a elle auoit eu atouchemēt
rien ne pouoit deffaire le maria
ge et en mariage loyal fut engen
dre henry par ceste voye. et bien
scet on q̄ en laultre dame il engē
dra pietre q̄ ores regne q̄ par les
raisons que vo⁹ ay cōptees deust
estre bastard mieulx que henry
qui de droit deust regner.

¶ Cōment ceulx de burgues
apporterent le clefz a messire ber
trand du guesclin.

Vous scauez mes en
fans comme pierre est
mescreãt en dieu et cõ
me mauuaisement a fait mur
trir sa fẽme qui du hault et saĩct
lignaige de frãce estoit et la meil
leur qui fust en vie et plus saĩcte
dame et bien y appert. car pour
elle nostre seigneur fait miracles
tresevidens. A briefz motz Je
conseilleroye que hẽry nostre sei
gneur et doit estre nous receuõs
Et mesmemẽt veyez cõme pie
tre vous a cy laissez Et sur tout
scaues assez comme il est hay de
tous par le royaulme car oncq̃s
ne maitĩt iustice ne de luy ne pou

ons auoir secours. Et biẽ pou
ez scauoir que pour lamour de
la bõne royne iamais guerre ne
nous fauldra pour son hault li
gnaige tãt comme pierre soit vi
uãt Et par son lignaige nous
est ceste guerre suruenue. Si en
pouez faire ce q̃ dieu vo⁹ en don
ra en voulente et en conseil. Au
cõseil de leuesq̃ se tindrent to⁹ les
bourgois mais le cõtredirẽt les
iuifz. adõc la ville sarma et les
iuifz et sarrazĩs occirẽt. apres loc
cisiõ des iuifz leuesq̃ et les bourgois de burgues vestuz to⁹ de liuree
deuant eulx faisoient porter. viii.
lãces en chascune desq̃lles lances

estoiēt pendues vne des clefz des viii. portes de burgues rancōtrerent hēry le cōte de la marche et messire. B. et la cheualerie q̄ descēdirēt cōtre la croix et reuerēmēt aporterēt ceulx de burgues les clefz de la ville a hēry q̄ debōnairemēt les receut. et a lētree de la cite iura les maintenir en leurs frāchises et libertez tout aīsi q̄ fit en sō tēps le bō roy oliuier filz du roy leō despaigne. aīsi ētrerēt dedens burgues henry le roy despaigne le cōte de la marche messire. B. et la cheualerie q̄ hōnorablemēt y furent receuz.

¶ Cōment le roy henry fu corōne roy despaigne.

EN ce tēps estoit la fēme hēry en arragō au chastel blāc pres de lentree despaigne pour tousiours ouyr nouuelles de son seigneur. a vng soir dit. B. a henry en la presence du conte de la marche du sire de beaulieu du mareschal dantrehan et de toute la cheualerie sire dedēs burgues estes la mercy nostre seigneur et la cheualerie q̄ cy est tousiours vous auoye pmis q̄ roy despaigne corōner vous feroie

Et biē auez le lieu a p̄sēt sil voꝰ
plaist car de vēs burgues ou estes
ont este et sōt tousiours les rois
despaigne couronnes et daultre
part de iour en iour se rendent a
vous villes et chasteaulx tellemēt
que dieu mercy la plꝰ grant par
tie est au iourduy a vostre cōmā
dement et obeissāce. Et au plai
sir nostre seigneur aures briefmēt le surplus a vostre cōmande
ment ¶ Pource et pour ma pro
messe acquiter vous vueil req̄
rir que corōner vous faciez voꝰ
et madame vostre fēme qui biē
y doit auoir partie. deuant tous
parla le conte de la marche q̇ plꝰ
noble hōs fut et de soy estoit che
ualier appert et de grāt hardemēt
et dit a hēry ¶ Sire loyaulmēt
vous cōseille. b. Si loueroye q̄
la dame mādissiez. a ce saccorda
hēry q̇ sa fēme manda et vint a
grant arroy. Et de burgues his
sirent pour aler alencōtre delle
Le conte de la marche messire
b. le sire de beaulieu le mareschal
dantrehā huet de la houssoye thi
bault du pōt Et plusieurs aul
tres qui bien estoyēt nombres a
mille cheualiers de renō et a deux
lieues rēcōtrerēt la royne q̇ tātost
cōme elle les vit fut mōlt esiouie
et a laprochier sēclina mōlt vers
eulx et mōlt les hōnoura et mer
cya hūblemēt. Et deuant tous
dit a. b. amis et frere biē puis di
re q̄ de vous est la coronne despai
gne tenue. A lentree de burgues
descēdit la royne pour aler a pie
iusques en lesglise nostre dame
q̇ est la maistresse esglise La des
cendirēt le cōte de la marche et le
mareschal dantrehan q̇ par les
mains menarēt la royne a lesgli
se et dillec en son palais ou grāt
feste fut tenue Lendemain fut
toute la ville tēdue et le dimēche
ensuiuāt. En lā mille. ccclxv.
furent sacrez et coronnez henry
roy despaigne et sa femme q̇ dame estoit de grant vaillance. la
eust feste grande et merueilleuse
Et nobles ioustes y furent faic
tes. Apres le sacre donna henry
a. b. la duchie de moulins et sō
royaulme luy abandonna et au
begue de villennes donna la con
te de ribedea.

C Commēt le roy depuis
son coronnement a la
deuāt toulette ēt auāt
sō partemēt tīt vng estroit cō seil
ou furēt le cōte de a marche. b. le
begue de villēnes messire oliuier
de manny le mareschal dātrehā
le sire de beaulieu et aulcuns aultres sans ce quon q̄s āglois y fus
sēt appellez car on ne se fioit poīt
trop en eulx pour la desloyaulte

qui tousiours est en ãglois trou
uee. La requist le roy henry conseil de ses guerres acheuer et affi
ner et le demourãt du royaulme
conquerre. Par la voulente du
roy henry parla premier. B. et dit
Seigneurs vray est que a tolle-
te est pietre ou cite a moult grant
force puissante et riche et bien de
saiges hommes q̃ de pietre voul
droient bien estre deliures et secours na pietre de nulle part. si
loueroye q̃ tost et briefment fust
la cite assiegee en esperance que
au roy henry soit rendue et se dil
lec ne se part prins soit. car bien
verront briefment les bourgois
que le siege ne pourroient longue
ment endurer. ne cõtre vostre che
ualerie contreter. a ce saccorderẽt
tous. Et le lendemain partit le
roy et toute la cheualerie pour a
ler deuant tolecte.

De ce sceut tãtost nou
uelles pietre par ses
espies adonc en regre
tant la royne sa fẽme dist mauuaisement me conseilla le Juif
tres desloyal par quoy la bonne
royne de saincte vie fiz si villaine
ment murtrir car par mon mes
fait suis bien en voye par son
grant lignaige estre destruit. Et
certes nul nest qui plaindre men
doye. en la presence du roy pietre
auoit a celle heure plusieurs iuifz
Et pietre qui de grant douleur
fut a dõcques espris osta a vng
sien sergent darmes sa masse et
en frappa vng iuif tellement q̃l
lescceruella et loccist. Et hastiue
mẽt sen fouyrẽt les aultres iuifz
Et depuis a celle heure ne voult
pietre nulz iuifz tenir enuirõ luy
aincois en fit plusieurs mourir
pour auoir conseil sur la venue
de henry et de. B. mãda pietre ses
princes et barons a tolette. La
fut vng clerc qui des choses ad
uenir scauoit parler si ẽtieremẽt
que nul plus et dit a pietre Si
re vray est q̃ par le sgle aux deux
testes qui de france en espaigne
doit venir deues estre tout desherite Jay ouy racompter que. B. qui
henry cõduit porte telles armes
pour quoy ie tiens que ce soit cel
luy aigle aux deux testes. Mais
vray est sire que par le premier
faon des trois liepars sera vostre
terre recouuree et le sgle emprisõ
nee. Et vostre frere henry sen yra
fuiãt par deuers les grãs lyõs de
frãce car filz chãpiõ au chief dor
qui au tẽps de sa vie fut prisonnier dudit faon et lors sera henri
fuytif sans terre. Mais quant
de vo⁹ sera party et vostre vie na
manderes le sgle q̃ de prison sera
gecte hors si retournera et volera

en vostre terre acompaignie de plusieurs oyseaux de sa partie par quoy vous et vostre terre perdres. Quāt pietre entendit que ores devoit sa terre recou-urer il se reconforta et dit que se une foys recouuroit sa terre ia mais ne la perdroit. La print cōclusion pietre que assiegier ne se laisseroit point. Et lende-main partit de tolecte et a car-donne se retrahit.

DE la venue de henry et de bertrād au plat pais la nouuelle en fut tan-tost sceue et par especial enuirō tolecte. et de six lieuez entour se retrahirent tous a tolecte dont lost des frācoys eust grāt souf fraicte de viures. Quant ber. sceut q̄ les viures abaissoiēt il fit les ostz haster pour la ville assieger. Adonc sassemblerent les bourgois auec leur euesque pour eulx cōseiller. Et fut leur conclusion et conseil q̄ a henry et bertrand se rendroiēt. et par lordonnāce de leuesque et bour-gois se partit de tolecte ung bourgois q̄ deuant le roy vint et humblement le salua de par le-uesque et bourgois de tolecte et dist de par eulx. sire a vo⁹ se rēt ta cite de tolecte et le pais den-tour q̄ hūblemēt vous requierēt que demain y vueillez entrer et de vostre grace leur liberte iurer tenir maītenir et garder. si leur octroya henry par le conseil de bertrād ētra hēry le lendemain a tolecte luy et toute sa cheuale rie. la fut receu noblemēt et des bourgois receut les feaultez.

DE la prinse de tolec-te sceut pietre briefmēt dont en luy nauoit que courroucier. adōc partit de car dōne et sen ala a ciuile la grāt qui est la meilleure ville despai gne et iller fut biē receu des bour gois. et biē scauoit le roy hēry q̄ a cardōne estoit pietre retrait. mais rapporte luy fut dedens tolecte que a ciuile sen aloit. et tantost vint a bertrand cōpter ces nouuelles. Pource con-seilla bertrand a henry que tā-tost fussent menez de tolecte a cardonne. et pource le roy henry ber. le conte de la marche le be-gue de villennes oliuier de mā gny huet de correlay et la cheua-lerie q̄ la estoiēt tindrent leur che min droit a cardōne. entre car-donne et tolecte si est une forest qui. xv. lieuez a de large et bien cent de lōg ne en tout le chemin na ville ne herberge. mais est ha bitee dours lieparts lions et de tresmauuaises serpens moult diuerses et mōlt daultres bestes sauuaiges y a. de ces esmerueillerent mōlt les gens de lost et le plus qlz pouuoiēt ēsemble se tīdrēt. et pour sept iours y furent viures portez. dedens la forest entrerēt frācois et āglois et le plus fort qlz pouuoiēt se guectoient des bestes sauuaiges. mais ne peurēt guectier q̄ la ne perdissent plus de trois cēs hōmes dōt les vngz furēt deuorez et les aultres moururent pour le venin des bestes. tāt cheuaucherēt q̄ de la forest hissirēt et cardōne apparceurēt. au deuant du roy hēry vindrēt a lissue de la forest leuesque de cardonne le clergie et les bourgois en pcessiō et la ville rēdirēt au roy hēry. En laq̄lle il ētra et en leurs libertez les promist tenir et moult y fut chascū hōnoure. A cardōne vindrēt deuers le roy hēry plusieurs cheualiers et bourgois des cites et villes despaigne q̄ leurs cites et villes mirēt en obeissāce dōt il receut en la p̄sence de bertrād et plusieurs aultres les hōmaiges et feaultez.

Rapporte fut a pietre q̄ en ciuile estoit cōme cardonne les villes et chasteaulx dentour estoient es mains du roy henry qui les hōmaiges auoit receuz. et moult merueille uy dueil encōmēca a demener et en son grāt dueil disoit. ha ha. b. par ta grāt prouesse a laq̄lle nul ne se cōpare au iourduy moy biē q̄ de mon royaulme hay desherite. Et apres son dueil manda ses princes pour soy cōseiller. par laduis de son cōseil enuoya pietre a hēry deux cheualiers et vng clerc en loys en ābassade a cardonne. Et de par pietre le roy saluerēt le roy hēry. b. et toute la cheualerie. et en ceste maniere parlerēt. Messeigneurs no⁹ enuoye pietre roy despaigne qui par mal cōseil a mal ouure au tēps passe dont sur luy auez prinse grāde vēgēce. Biē voulδroit sa vie amender et mectre le peuple de sō royaulme en trāq̄lite de paix q̄ par son meffait a souffert maintes durtes. se a vo⁹ et a mōseigneur hēry plaisoit q̄ le royaulme fut parti et q̄ le nom de roy ne portast poit pietre et que la guerre cessast voulētiers saccorderoit. et pour. b. et a la cheualerie satiffaire paier vng million de doubles mais q̄ le pais leur pleust laissier et iurer q̄ iamais ne le guerroyeroiēt. sur ces offres se misdrēt a conseil le roy hēry. b. le conte de la marche et les aultres dessus nōmes. La fut ordōne par la voulente du conte

de la marche q̃ premier parle-
roient angloys q̃ pour eulx firēt
parler huet de courelay q̃ en la
p̄sence de to⁹ les chevaliers par
la et dit. sire grās offres vous
fait pietre qui la moitie de son
royaulme vous offre prendre.
et oultre daultre part pour les
estrangiers payer vous offre
grāt fināce dont il vo⁹ doit bien
souffire. et tāt q̃l touche les anglois en moy baillāt la moitie
du milliō q̃ pietre offre. Sire
pour eulx ie me charge les mec
tre hors de ce royaulme sans ia
mais luy mener guerre se le roy
edoard ou le prince son ainsne
filz ne le guerroyēt en leur nom
aux parolles des ãglois sacorderent robert canole. gaultier
huet. robert scot et les aultres
capitaines anglois qui largent
vouloissent avoir et ilz fussēt en
leurs pais. Apres parla messire iehan de bourbon conte de la
marche et au roy henry dit. sire
pour lamour de la royne blāche
ma belle hāte vengier q̃ par pie
tre le desloyal a este murtrie sās
achoison ie suis venu en ces par
ties par lordonnāce de monseigneur charles de france et non
point pour le royaulme cōquer
re car nul droit ie ny actēs. bien
scaiches sire se a luy traictier
voules contredit ie ny mectz.
mais iusques a ce que de luy le
hault lignaige de france ait eu
vēgēce despaigne ie ne partiray
Et biē scaiche pietre q̃ se tenir
ie le puis mourir ie le feray cōme tresfaulx murtrier desloyal
et mescreāt a dieu. Et sur to⁹
suis esmerveille que de traictier
sur ces offres luy tenez parolles q̃ bien deussiez cōsiderer que
sa pensee nest que pour trouver
traictie envers vo⁹ pour lequel
nous puissons yssir de sa terre.
mais dieu scet ce que en sa pen
see il vous garde. car bien vueil
que vous scaichez que se du roy
aulme estoions partis iamais
ne cesseroit de vo⁹ guerroyer et
a destruction vous mectroit. et
toutesvoyes ce que bon vous en
semblera en faictes. la fut le si
re de beaujeu q̃ haultement dit
devāt tous q̃ se tous departoiēt
si demourrōt le cōte de la marche et luy pour pietre guerroyer
et du tout destruire. Et puis
parla. B. au roy et dit ¶ Sire
au departemēt de frāce me com
māda le roy que de la mort ma
dame la royne blāche fut p̄nse
vēgence sur pietre le desloyal a
uāt mon retour. et mesmemēt
pour avoir iuste tiltre de ceste
guerre mener a pardeca ēvoye
le conte qui nepveu est de la da
me et moyen sa compaignie.

Biẽ peut estre se de pietre peut estre prinse vengence le roy ma chargie de adresser sõ armee sur sarrazïs. mais biẽ vueil q̃ vo⁹ seachiez quen place ne seray ou pietre soit receu en accord ne despaigne ne partiray iusq̃s il soit tout desherite. et vne fois le feray mourir quoy q̃l demeure. La destruction iurerẽt de pietre tous dung accord le conte de la marche. B. le sire de beauieu. le mareschal dãdrehã le begue de villenes. oliuier de many et to⁹ les cheualiers de frãce q̃ la furẽt dõt anglois furẽt mõlt espouẽtes et esbays de la responce que fait auoiẽt. et doulẽs furẽt aussi de la finãce q̃ biẽ apparceurẽt q̃ poit nauroiẽt. mais sẽblant nẽ firẽt. Adõcques adressa au roy henry ses parolles le conte de la marche et dit. sire se en mõ obeissance estoit toute espaigne si vo⁹ vouldroye fuir par tout et en especial vous iure q̃ tout mon temps vo⁹ seruiray en la poursuite de ceste vẽgẽce. adõcques furẽt les parolles finees. puis mãda le roy henry vng de ses cõseilliers qui aux ambassadeurs de pietre dit ce qui sensuyt. ¶ Seigneurs a pietre dires q̃ enuers le roy hẽry le cõte de la marche. le sire de beauieu. ne les cheualiers q̃. B. a cy amenez paix naura tãt que du tout soit desherite. et la vie perdra et que bien a desseruy comme traictre et desloyal murtrier et mescreant en dieu q̃ a fait mourir sans occasion la noble dame blanche de bourbon. Ceste responce rapporterent les ambassadeurs a pietre en son palais a ciuile qui moult grãt dueil en eust en son cueur. Pource manda les bourgois de ciuile et en leur mõstrãt grãt signe damour leur dit. seigneurs pour bataille iurer au bastard hẽry qui pour la puissance des frãcoys me cõtralye mõlt fort vueil aller au roy fagon de portingal q̃ mon parent est querir secours. et seicy viennẽt hẽry et les frãcoys loyaulx vous pẽ que me soyez. si luy accorderẽt les bourgoys. Et ap̃s leur requist pietre q̃ oultre ciuile le voulsissent cõuoyer iusques au nombre de vingt telz comme il les nommera. debonnairement luy accorderent. et de ciuile se partit pietre le roy.

Tant voyaga pietre q̃ a lile bonne arriua ou estoit le roy de portingal pource q̃ sa maistre cite fut Et pour la venue de pietre fit le roy de portingal grant appareil et mõlt le honnoura. au roy de portingal requist pietre secours. mais le roy de portingal q̃ petit royaulme a se excusa et debōnairemēt offrit a pietre dōner terre en sō pais et estāt mais de guerre mener ne se voult entremectre. Quāt pietre apparceut q̃ tout luy estoit failly briefuemēt se partit de lisle bōne. et tout desespere print son chemin droit a nauarre. mais atāt laisse lystoire a parler de pietre et de son partemēt q̃ bien sera remētu quāt temps sera pour la cheualerie de france racompter.

Lystoire dit que du partemēt de pietre q̃ de ciuile se partit le roy hēry sceut tantost nouuelles q̃ les ostz et la cheualerie conduysoit celle part pour la ville assieger. Longuemēt furent au siege le roy hēry. b. du guesclin. le conte de la marche et la cheualerie de frāce et dāgleterre q̃ la cite tindrēt si a destroit q̃ enuirō trois moys aps leur venue leur fut rendue. Et aduint q̃ durāt le siege ceulx de ciuile firent vne saillie sur lost. la eust vng fier assault et merueilleux. Et en celle saillie fut prins le sergent darmes q̃ la royne auoit murtrie. Et tantost fut amene au roy hēry. leq̃l il cogneust tātost car aultres fois lauoit souuēt veu. a leure q̃l fut amene au roy henry estoit p̃sent le conte de la marche qui estoit venu veoir le roy henry. et tost sceut le cōte q̃ cestoit le sergēt darmes qui la royne auoit murtrie qui au roy henry le demāda q̃ tātost le luy bailla. Quāt le conte tint le sergēt murtrier tantost et diligenmēt enq̃st de loccision de la royne lequel incontinēt confessa le fait. Et dehors lost le fit le cōte pēdre. dōt blasme fut daulcūs cheualiers dōneur q̃ maintindrēt q̃ pour obeir a son prince qui cōmāde luy auoit et reffuser ne leust ose il nauoit pas mort deseruie.

Apres que ciuile fut au roy rendue et les richesses q̃ au palais estoiēt telles que neuf moys auenir en paya et de tout le tēps quilz lauoient seruy par auant lequel tresor fut trouue en lespargne es tresors des roys despaigne illec au roy hēry se rēdirent villes et chasteaulx deuiron. et en pou de temps tout le regne fut en son obeissance. et en telle maniere fut le roy pietre chassie de son pais et du tout desherite. apres la prinse de ciuile ou les cheualiers de frāce furent hōnoures par le roy henry par la . b.

qui en grenade voult aler et requist au roy henry et a la cheualerie secours. mais tant furent desiras le conte de la marche et le sire de beauieu deulx en aler et retourner en leur pais q̄ au voyage ne vouluret entendre. ne eulx accorder dy aler. aincois prindrēt congie du roy henry et en france retournerēt dōt grāt dueil en demena bertrand et retourner ne sen voult en france pource q̄ encores doubtoit le fait de henry que quelque part fut alle pietre querir secours. ¶ Tant pria bertrand a la cheualerie q̄ encores auec luy demourerēt et villes et chasteaulx leur fit departir par le roy henry pour leurs estaz maintenir.

Avec le roy de nauarre se tint pietre le roy vne saison et nestoit en espaigne qui nouuelles en sceut. Et tant fit le roy de nauarre q̄ pietre le roy luy donna par lettres selees la ville et chastel du groing qui a lentree despaigne est. Dillec se partit pietre pour aler en guienne deuers le prince querir secours. Et auec soy mena pietre vne fille bastarde quil auoit et tout son tresor qui mōlt fut grāt et tāt ala par ses iournees que a angolesme vint ou ce tint le prince en grāt estat et a dela princesse sa femme.

Dedens le chastel dangolesme vint pietre pour le price de galles honnourer. lequel pour la venue de pietre yssit de sa chambre et mist son chapperō sur son espaule pource q̄ dit ne fust q̄ cōtre luy ne daignast son chapperon oster. a lissir de la chambre du prince ou tāt auoit dorgueil sentrecontrerent luy et pietre le roy qui son chapperon osta cōtre le prince et enuers luy se humilia mōlt. par vne main prit le prince pietre et en sa chambre le mena. la mōstra pietre cōme chasse de sō royaulme estoit et humblement luy requist secours en luy pmectāt de paier tous ceulx qui en son aide viendroiēt et de luy et de ses hoirs tiēdroit sō royaulme. En ce poit fit pietre apporter vne table dor et les tresteaux q̄ en son tresor estoiēt et mōlt estoit la table de grans richesses aournee tāt dor que de pierres precieuses. au prince presenta la table qui mōlt la prisa. pour auoir conseil sur la requeste de pietre sen tira le prince a bourdeaulx. La traicta tant auec pietre q̄ son royaulme acorda. et la coronne a messire iehan dangleterre son frere duc de naclastre apres sa mort en

telle maniere que sa fille bastarde qͥl avoit amenee prendroit a
femme le duc de lanclastre. Et
a ses fraiz seroient demourans
le duc et sa femme et du prince
et de ses hoirs seroit le royaulme tenu et au prince en feroit le
roy pietre hõmaige.

POur ces aliãces iura
le prince au roy pietre
faire secours. Et de-
dẽs bourdeaulx fit a sõ frere espouser la fille de pietre. A celle
feste tint le prince grant court
planiere. et maintient on q̃ au
tẽps de lors on ne vit feste plus
plãtureuse tenir. a laq̃lle estoiẽt
tous les grãs seigneurs de guiẽne. et vng iour apres mẽgã ala le
prince tous les seigneurs et grãs
barons de guienne qui en vne sa-
le vindrẽt par devers luy. Et
aux seigneurs et barons de guienne parla le prince en maniere de predication.

¶ Commẽt le prince de galles
tint grãt court a bourdeaulx et
comment il prescha a tous les
nobles de sa court.

SEigneurs qui tous
estes nobles et de no-
bles lignees yssus. et par con-
sequent estes tenuz tous nobles

soustenir pour le grāt desir que
iay de nobles ayder et garder a
mō pouuoir vueil faire vng se
cours q̄ bīe est raisonnable leq̄l
sans ayde de vous q̄ mes hom
mes estes ie ne pourroye faire.
Vray est q̄ par la puissance du
roy de frāce et le pr̄ice .B. du gues
clin pietre le roy despaigne est
de son regne desherite et chassie
hors par hēry son frere bastard
q̄ courōne en est nouuellement
par la puissāce de .B. Bīe scay que
pietre est lūg des vaillās prince
de chrestiēte. mais resister na
peu cōtre la puissāce de frāce. et
se ainsy a ce bastard la chose de
mouroit tous aultres bastars
exēple y prēdroient et les drois
hoirs desheriteroiēt. et moy q̄ p
mis ay a pietre de luy faire secours vueil scauoir de voꝰ se a
cecy me serez aidās. la fut le cō
te darmignac q̄ le plus grāt sei
gneur de guiēne fut et pour toꝰ
respōdit et dit. sire sur cecy noꝰ
cōseillerōs sil vous plaist. et demain vous en responderons.

AU cōseil et pour faire
respōce au pr̄ice se re-
trairent les barons de
guienne et en lostel du cōte darmignac allerēt pour leur cōseil
tenir. Et p̄mierement parla le
conte darmignac et dit. Seigneurs auāt q̄ du cōseil parlōs
sil vous plaist de ce q̄ au conseil
sera dit riēs nē sera rapporte.
A ce sacorderēt toꝰ les barōs et
iurerēt. et apres les sermens cō
mēca le cōte darmignac et dit.
Bīe auez ouy seigneurs ce que le
pr̄ice voꝰ reqert. Et bīe macor
de q̄ a tel et a tel nōbre de gēs q̄
assēbler pourrōs soyōs auec luy
en ceste guerre. car cōme duc de
guiēne il est nostre sire. et depuis
q̄l le fut ne noꝰ requist de riens q̄
a p̄sēt. et mōlt suis toutesuoyes
esmerueille de luy q̄ la desloyaul
te de pietre ne cōgnoit q̄ bīe scet
locciſion q̄l a fait de ma dame
blāche de bourbō sa fēme q̄ seur
de la royne dangleterre sa mere
fut. pourquoy deust estre en vou
lente q̄ sil ny eust aultre de son li
gnaige q̄ luy si en deust il auoir
vēgēce prise sur pietre. mais il
fait bīe le cōtraire quāt secours
luy veult dōner. et sur tout que
bīe scet le pr̄ice q̄ a henry appar
tient la couronne despaigne. et
moymesme le scay. car premier
fut filz au roy alphonce despaigne. car au temps des fiensailles de luy et de la riche dame hēry fut ne et au fort a hōme de foy
nappartient poīt a discuter des
drois et tiltre q̄ sō sire doit auoir
quāt guerroyer veult ains le doit

fuir quāt il le regert et doit pē
ser q̄ son sire cest loyaulmēt cō
seille. Pourcequāt a moy con
seille q̄ aueceq̄s luy allons. Et
esprouuer en ceste armee daultre chose le pourrōs et si appar
ceurōs si nostre pāce prēdra en
gre. Pource le dy q̄ desia a mō
stre que pou no⁹ ayme. car plus
grāt cōpte fait dūg varlet anglois ql ne fait du plus grant
barō de guienne. Au conseil du
cōte sacorderent les barōs q̄ au
pāce retournerent et luy dirent
par la bouche du conte darmignac. sire en mō endroit vo⁹ ser
uiray vostre voyage durāt a. v.
cens hōmes darmes le conte de
perregort a. iii. cēs. le cōte de mō
talesu. le conte de asterat. le sire
de partenay. le sire de pons. et le
sire de neussidēt chascū a cēt cō
batans. Aueceq̄s les barons ne
fut point le captal pource que de
lestroit conseil du prince estoit
De ces offres mercya le pāce
les barōs. et en āgleterre ēuoya
querir secours au roy son pere
q̄ le conte de pannebroch luy en
uoya atout mille hommes dar
mes et mille archiers paiez pour
demy an tous prestz pour passaige auoir. Premier a nauar
re enuoya le pāce ses ambassa
deurs par deuers le roy de nauarre q̄ au prince se allia pour
le roy henry greuer.

Deux cheualiers en-
uoya le pāce deuers le
roy hēry le deffier et a
messire hue de courrelay rescript
unes lectres q̄ il venist a luy. et
tous les āglois et guienois qui
du roy hēry prindrēt cōgie et en
tieremēt les satisffia. et a courre
lay dit et aux aultres capitaines q̄ la furent seigneurs seruy
maues dōt moult vo⁹ mercie.
et par deuers le prince de galles
alez q̄ guerre me veult mener. biē
vous pouuez a mon aduis deuers luy excuser destre aueceq̄s
luy et moy guerroyer cōbiē que
ses hōmes estes de foy. car hōme de foy nest point tenu de soy ar
mer en pais estrange sil ne luy
plaist si nest cōtre celluy q̄ son
heritaige luy auroit tollu ou
vouldroit tollir. Onceq̄s au pāi
ce ne messis riē. bien est vray q̄
se ung seigneur en pais estrāge
maine guerre a ung aultre sei
gneur qui en guerre est tenu des
gēs du pais dicelluy qui a dōc le
guerroye. quant leur seigneur
cōmēce la guerre contre celluy
qlz ont seruy laisser le doiuent
ne pour luy ne se doiuent armer
contre celluy quilz ont serui. au
roy henry respondit courrelay et dit. Sire pour vous
ferons nostre hōneur sauf ce q̄

pourrons. Apres ces parolles dit le roy hēry aux āglois. seigneurs mes hommes estes des chasteaulx q̄ dōne vo⁹ ay pour ce vo⁹ prie q̄ en yssant de mon pais ne me dōmagez aulcunement. car vous scauez q̄ loyaulmēt vo⁹ ay payez. Et daultre part se vo⁹ aues intecion de vo⁹ armer cōtre moy q̄ en acquitāt voz loyaultez me rendes cy appart mes villes et chasteaulx q̄ dōne vo⁹ ay q̄ endōmaigez nen puissēt estre ne vo⁹ blasmez. ceste chose asseurerēt āglois et iurerēt q̄ briefuemēt sen pariurerēt car quāt sur lissue despaigne furēt ilz pillerent. roberent. rāsonnerēt et brulerēt. et violerēt fēmes et firēt moult de durtes au peuple. dōt tost ouyt hēry nouuelles q̄ a. b. dit. ha beaulx amis courrelay et ses compaignōs mōt dōne vng tour danglois q̄ oncq̄s loyaulte ne tindrēt. aisi se partirēt āglois despaigne q̄ oncq̄s au roy hēry ne rēdirent villes ne chasteaulx. mais les garnirēt de gens qui moult le royaulme greuerēt. et quāt de dēs nauarre furēt courrelay et les aultres retraitz māderēt au roy henry que ses chasteaulx et villes luy q̄ctoiēt. Adōcq̄s ēuoya le roy henry de ses gens pour les villes et chasteaulx saisir. mais de dēs furēt āglois traictres et desloyaulx q̄ mis y auoiēt. et depuis q̄ vng hōs recoit en sō ville ou chastel dung seigneur et apres il le veult guerroyer. il luy doit son fief tout rendre et sa foy qcter. xl. iours ais q̄ armer se puisse contre luy affin que garnir puisse sa ville ou chastel.

TAnt cheuaucha le prince de galles atout ses hostz et le roy pietre auecq̄s luy q̄ de dēs nauarre furēt dōt hēry et. b. sceurent tost nouuelles et pour lentree despaigne garder du couste deuers nauarre ēuoya hēry messire oliuier de māny auec trois cēs lāces. En ce cōtēple ēuoya le roy charles de nauarre deffier le roy hēry et deuāt le groig q̄ le roy pietre luy auoit donne par ces lettres tenoit siege. et durāt le siege manda le roy de nauarre les bourgois du groig lesq̄lz eurēt cōseil q̄ au roy de nauarre se rēdroient et lēdemai luy ouurirēt les portes. aisi print le roy de nauarre le groig ou ville et chastel eust fort

APres la prise du groig se partit le roy de nauarre a. iii. cēs lances pour vng chastel prendre qui au roy henry se tenoit. Et de sa venue sceut messire oliuier de manny nouuelles qui contre luy dit et bataille luy liura. En celle bataille fut le roy de nauarre pris et desconfit par messire oliuier de mãny. mais tant se humilia ledit roy enuers oliuier de manny que merueille fut a veoir et mõlt hũblemẽt luy requist que aler le laissast sur sa foy ou aultremẽt sõ pais seroit destruit par le prince et le roy pietre q̃ en son royaulme estoient enarmes.

Tãt traicta le roy de nauarre a messire oliuier de mãny par belles parolles q̃ sur sa foy le laissa aler parmy ce q̃ charles son ainsne filz luy baillast en hostages au groig se traicte le roy de nauarre. Et vng iour mãda messire oliuier de mãny a saufconduyt q̃ a luy alast soy douziesme pour traictier a luy de sa rãsõ par deuers luy alerẽt messire oliuier et ses freres dont il fut mal cõseille car rãtost cõme au chastel fut on larresta et vint vng nauarrois qui a luy mist la main. quãt messire eustache de manny vit son frere arreste appertemẽt vint ferir celluy qui a luy auoit mis la main. Adonc saillirẽt nauarrois qui messire eustache occirẽt dont dommaige fut car bon cheualier estoit.

Ainsi fut messire oliuier de manny retenu par le roy de nauarre qui luy fit dire que se dedẽs p̃me ne luy rẽdoit son filz la teste luy feroit trancher et aussi a ses freres. la deliurance acorda messire oliuier de mãny au roy de nauarre parmy ce que le roy luy p̃mist et fit sermẽt q̃ en luy rẽdant son filz que sans fraude et sãs barat le feroit mener a seurete luy et ses compaignõs et freres. Adonc enuoya messire oliuier de mãny q̃rir le filz du roy et luy deliura et p̃senta. et en ce faisant le roy le desliura ses freres et ses cõpaignõs. mais auãt fut messire eustache enterre hõnourablemẽt et a sõ seruice fut le roy de nauarre q̃ sẽblãt den estre courroucie fit. Et apres le seruice se departirẽt messire oliuier ses freres et cõpaignõs. et guieres ne demoura q̃ messire oliuier entra au royaulme de nauarre et le guerroya et par tout boutoit feu et moult le destruisoit. mais pource traicta le roy de nauarre que de son royaulme yssist messire oliuier. Et pource fõda au groig vne chapelle sur la sepulture de messire eustache a laquelle il fõda .iiii. messes pour iour.

En ceste maniere yssit messire oliuier de mãny de nauarre et dedens espaigne entra

et par le pais ou devoit paſſer
loſt du prince fit ardoir les vi
ures qui retraitz neſtoiēt es bō
nes villes. tant cheuaucherent
le prince et le roy pierre atout
leur hoſt que le pais de ronche-
uaulx et de nauarre paſſerent
par le cōſentemēt du roy de na
uarre q̇ paſſaige leur liura et de
dens le pais rencontra le prince hue de courelay q̇ grant ioye
luy fit. dedēs eſpaigne entra le
p̄ice et pietre q̇ le royaulme p̄i
drēt a greuer moult aſp̄emēt.

Pour le prince comba
tre manda le roy hen-
ry ſa cheualerie et au
roy darragō pour ſecours auoir
qui le conte dayne luy enuoya
a cīq cens lances. Tant fit hen
ry que en pou de temps aſſem-
bla grans gens pource manda
ſon cōſeil pour auoir aduis ſur
la maniere de ſon pais deffēdre
A ce conſeil furent meſſire ber.
oliuier de māny le begue de villē
nes. le mareſchal darrehā. Tibault du pont le cōte dayne lad
miral deſpaigne cheualier de re
non et pluſieurs aultres cheua
liers par deuant leſquelz parla
meſſire. b. q̇ voulentiers fut ouy
et au roy henry dit. ſire grāt che
ualerie a le prince en ſa cōpaignie. et forte choſe ſeroit que tāt
grāt compaignie peut eſtre lon
guemēt enſēble a tāt de gēs. biē
ſcay q̄ plus grant nōbre de gēs
pourrez auoir. mais il a gens q̇
touſiours ont guerres ſuyuies
plus q̄ ceulx de ceſte cōtree nul
lemēt ne cōſeilleroye le prince a
combatre. mais le paſſaige luy
peut on bien garder et tenir ſi a
deſtroit de viures q̄ eſpādre les
cōuiēdra pour aler en fourrage
pour viures recouurer. et no⁹ q̇
deſia auons le pais apris trou-
uerōs bien ſur eulx noſtre auan
taige. Et de fois a aultre pour
rons ſur eulx gaigner dont leur
hoſt ſe pourroit abaiſſer et le p̄i
ce deſcōfire ſans iournee ne bataille liurer. combiē q̄ quant les
verrez affoiblir de cheualerie vo⁹
les pourres biē cōbatre. A ce cō
ſeil ſacorda la cheualerie q̇ a na
dres vindrent pour le paſſaige
garder.

A Nadres enuoya vng
iour le prince en four-
raige meſſire guillau-
me felletō. de ce ſceut toſt nouuel
les. b. q̄ felletō atout. v. cens lan
ces dāglois eſtoit ale en four-
raige. Et de loſt du roy hēry ſe
partit. b. ſecretement et mena le
cōte dayne q̇ anglois rencōtre-
rent q̇ menoient p̄iſonniers et
viures chargies ſur muletz et

tout le pais auoiēt pille contre angloys sassemblerēt et le conte dayne et a terre emporterēt plusieurs. quāt ces choses vit feletō appertemēt descēdit a pie et en ordōnance mist ses gens pour bataille receuoir. adonc se mist. b. et le conte dayne a pie, et cōtre anglois sassēblerēt q̄ fierement se deffendirent. mais en la fin furēt angloys descōfis et les prisōniers et fourrages to⁹ recoustz. a ceste rēcontre fut occiz messire guillaume feletō q̄ pieca contre ber. auoit plaidoie au parlemēt du roy de france. de ceste desconfiture vindrent nouuelles au prince q̄ moult en fut dolent. et ses hostz fit cheuaucher tāt q̄ pres du pōt de nardre vindrēt. et en la praierie q̄ sur la riuiere estoit fit ses trez et pauillons tēdre. et au roy hēry māda bataille. pour soy cōseiller manda henry la cheualerie pour bataille liurer. Et premierement parla. b. qui a son pouoir descōseilla la bataille. la fut le conte dayne q̄ ieune cheualier fut et desirant darmes. En la p̄sence du roy hēry dit sire. b. en la cōpaignie du roy nestes q̄. xii. cheualiers et escuyers de frāce qui plus eulx deues valoir q̄ tout lost du roy q̄ plus de gēs a q̄ le prince. bien vueil que vo⁹ sceachez q̄ en bataille valent bien espaignoulx frācois et sembleroit a la cheualerie despaigne q̄ si lōguemēt maitenes ces parolles q̄ paour eussiez. sur pie se leua ber, q̄ de paour ouyt soy accuser. et dit cōte dayne biē vueil q̄ vo⁹ staichez q̄ se bataille ya cōtre le prince il y sera autāt nouuelles des frācois q̄ de vo⁹. les parolles deffēdit le roy hēry et tāt fut p̄e du cōte dayne et de la cheualerie despaigne et darragon q̄ la bataille luy louerēt. q̄l accorda au prince. et au pricē le fit scauoir que luy et les anglois eurent grant ioye.

De toutes pars vidrēt espaignolz au roy hēri q̄ ses batailles ordōna. Biē estoiēt nōbrez espaignolz lx. mille hōmes dont henry fit deux batailles a cheual chascūe de vingt mille montez sur destriers armez pour les batailles du pṙice rōpre. et les aultres vingt mille ordōna auec les batailles de pie. ēsemble se tindrēt les francoys auec eulx se tint le conte dayne darragon.

De laultre part fut le pricē de galles qui ses batailles ordōna en sa compaignie estoit le roy pietre le cõte de salebriquí p̃mier mari fut de la princesse le duc de lãclastre le cõte darmignac le cõte pẽnebroh messire barat messire lucas dallebret le conte de perregort le cõte de mõtalefeu le sire de partenay le cõte dastarat le sire de mussidẽt le sire de lesparre le cõte de castillon et plusieurs grãs seigneurs dãgleterre et de la duchie de guiẽne ¶ Et brief fut larmee du p̃nce nombree a .xvii. mille hõmes darmes. vi. mille archiers et .xx. mille hões darles armes q̃ plus estoient excercitez de guerre q̃ espaignolz

Le samedy veille de pasques partit le roy heri de la cite de nadres. Et lã de la resurrectiõ nr̃eseigneur. m ccclxvi auec luy. b. du guesclin le cõte daine et les aultres dess᷒ nõmez biẽ furẽt les espaignolz et arragõnois nõbrez a plus de .lx. mille hõmes auec les frãcois q̃ estoient .vii. cẽs hõmes darmes. oultre la riuiere passerẽt les gẽs du roy hery Et tãtost approcherent les gẽs du prince q̃ ses archiers mist deuãt deuers les batailles de cheual du roy henry. la se deffendirẽt anglois asprement mais moult les greuerẽt espaignolz de leurs destriers. Ap pertement cōmenceerēt archiers a traire et soubz les ventres des destriers se bouterēt plusieurs anglois q̄ despees et de dagues occirēt les destriers. et a assembler perdirēt espaignolz. vii. destriers Et destoc en y eust plusieurs frappes q̄ au destraier se prindrēt et tellemēt que espaignolz emporterent parmy les chāps. pou tindrēt place les gēs de cheual mais sen fouirēt. quāt b. vit le desroy des espaignolz de cheual appertemēt entra a tout les francois et arragōnois Auec luy le cōte dayne dedens les batailles du prince ou estoit le duc de lanclastre q̄ par francois fut prins et sa bataille mise a desconfiture Et tournerēt anglois en fuyte. Quant le captal q̄ la secōde bataille cōduisoit vit anglois fouir appertement les escria et ralia. Et de lost se partit atout sa bataille et aux frācois assēbla deuāt to⁹ voult le conte dayne auec ses cōpaignies entrer es batailles. et tāt fit q̄ la bataille du captal persa et a la bataille du prince assēbla. moult greua le cōte dayne anglois et contre luy fit le prīce ses batailles assembler. La se deffendit le conte daine qui fut plein de grāt hardement. mais en la fin fut occiz et to⁹ ceulx q̄ auec luy estoiēt. sur les esles des batailles du prince se tint messire iehā chandoz q̄ a la bataille de ladmiral despaigne assēbla preudons fut ladmiral et cheualier de grant renō et contre anglois se cōbatit vigoreusemēt mais pou souffrirēt lestour les espaignolz q̄ auec luy furēt aincois senfouyrēt et fut ladmiral prins. Quant henri et. b. apperceurēt la faulte des espaignolz en eulx q̄ courroucer neust. et a tout sa bataille entra henry en la bataille et reculer fit anglois iusques a la bataille du prince Adonc frappa hēry asprement es batailles du prīce et anglois abatoit en son venir. et tant fit darmes de soy q̄ merueilles estoit de son biē faire. mais pou souffrirēt espaignolz lestour et to⁹ sēfouirēt et de la bataille du prince sen retourna henri luy disiesme seulemēt. Adoncques se retrahit es batailles des frācois q̄ cōtre le cōte de pambroh et le cōte de salbry maintenoit lestour. Quant. b. apperceust le roy henri a luy vint et luy dit. sire cōtre vo⁹ est le prince dōt ceste guerre finera dont le royaulme perdres et vo⁹ aussi se prins y estes. pource vous requiers q̄

dicy partez et a monseigneur
le duc danion alez a refuy. car
bien scay certainemẽt q̃ par luy
seres conforte et vr̃e terre recou
urerez. a ce ne se vouloit accorder henry. aincois frappa dedens anglois plus fort q̃ deuãt
dont. B. si courut a luy. ha sire
par vr̃e fol hardemẽt voules
destruire vo⁹ et vostre cheuale
rie q̃ bien pouuez encores sauuer sil vo⁹ plaist. ha sire si pri
sonnier estes ou est celluy qui de
vous deliurer se pennera. Cer
tes moult mesprenes q̃ ainsi
vous voules destruire ¶ Tant
parla. B. a henri q̃ de la bataille
se partit luy septiesme seulemẽt
demenant grant dueil. sur vne
place biẽ haulte pres dũg mur
se furẽt retraiz. B. le mareschal
dentrehan le begue de villennes
oliuier de manny alain de beau
mont et la cheualerie de france q̃ tant asprement se deffendi
rent que en leur bataille ne pou
uoient anglois entrer ne pour
eulx assembler que enuiron. lx.
hõmes de front. et sur le front
de la bataille se tenoit tousiours
messire Ber. le mareschal le begue oliuier de manny alain de
beaumont qui tant cõbatirent
que biẽ pres tout le lõg du iour
furent que oncques anglois ne
peurent en leur bataille entrer
et tãt en occirẽt que merueilles
fut dont le prince se sceut q̃ tou
tes ses batailles assembla et ses
bannieres desploia et cõtre Ber.
vint et de grant vertu fit fran
cois assaillir. de grant deffence
furent francois et moult danglois occirent mais en la fin fu
rent francois desconfiz. Quant
Ber. apparceut la desconfiture
cõtre le mur se retrait et vne ha
che tenoit dõt tellemẽt se cõba
tit q̃ deuãt luy auoit plusieurs
anglois occiz ne deuant luy ne
stoit nul q̃ plus osast approucher ains ne faisoient que getter
dagues et espees encontre luy
les nouuelles furẽt rapportees
au prince q̃ moult desira veoir
Ber. Adonc sadressa sa bataille
vers Ber. qui tantost le cõgneut
et enuers luy senclina a vng
genoil et dit ¶ A vous monsei
gneur le prĩce de galles me rẽs
et non a aultre. car de pietre ne
seroye point prisõnier aincois
mourroye en moy deffendant
debonnairement receut le prince la foy de. B. et le bailla a garder au captal de buz qui sur sa
foy luy fit iurer prison et que de
luy ne partiroit sans la voulen
te du prince. Et la nuyt apres
la bataille finee se tindrent le
prince et pietre sur le chãp en signe de victoire. et moult furẽt

doulens de henry qui eschappe
leur estoit.

POur le roy henri pour-
suir et prendre furēt a cō
seil le prīce pietre et plusieurs aultres āglois et gascōs
Et rapporte fut que par arragon sen estoit ale henry au duc
daniou qui languedoc gouuer
noit de par le roy charles de frā
ce son frere. A ce conseil fut le
bourg de comminges. ce bourg
estoit hardy cheualier et grant
acointance en lenguedoc auoit
Et mesmemēt en tolosain dōt
il estoit nez et traicterent a luy
le prince et le roy pietre que hen
ry promist poursuir et iura que
se .xv. iours seiournoit en lenguedoc il le prendroit et a pietre le rendroit. pour ceste chose
faire promist pietre payer au
bourg de comminges .c. mille
doubles dor Et pleges en furēt
le conte darmignac le sire dale
bret le captal. et plusieurs barōs
promirent tenir et bailler dedēs
xv. iours ou il vouldroit apres
sa queste se son fait poursuiuoit
au cas que paye ne seroit cōtēs
Et a celle heure se partit de
lost le bourg prenant son chemin par arragon.

APres la bataille se rē-
dirent au prince et au
roy pietre ceulx de na-
dres et lendemain y entrerēt. la
furent appotees au prince les
clefz de plusieurs villes et cha
steaulx plus pour craite q pour
amour. Mais atant se taist
a parler du pnce et de pietre listoire q biē sera ramentue quāt
tēps et lieu sera et parle de hen
ry qui par lordonnance de ber.
estoit party.

EN ceste partie dit listoy
re q apres ce q le roy hē
ry fut party oultre son
gre de la bataille en demenant
grāt dueil de .b. et de la cheualerie de frāce si luy souuint de la
royne sa fēme et de ses enfans q
en espaigne estoiēt et pēsa biē q
pour le pouuoir du prīce la roy
ne se rendroit biē tost pource en
uoya hēry a sa fēme vng de ses
cheualiers et la descōfiture luy
fit scauoir dont grāt dueil deme
na la royne. auec elle estoit larce
uesque de tolecte q preudons e-
stoit et saige et par son cōseil se
retrait la royne et ses enfās en
arragon au chastel blanc.

PAr le royaulme de na-
uarre passa le roy henry
et sō chemī y prit pour
ce q bien pēsoit q plus tost pour
luy seroit par arragō q par na
uarre q cōtraire luy estoit et tāt
ala par ses iournees et sans
estre cōgneu ne destorne ql arri-

a toulouse et faillis luy esto ient
ses deniers et ses cheuaulx bas
ettr auaillez. en lostel des balle
ces descẽdit le roy hẽry. et illec
auoit enuoye le bourg de cõmi
ges vne espie q̇ le roy hẽry bien
cõgneut mais semblant nẽ fist
Dedẽs toulouse estoit demou
rãt vng cheualier nõme messire
guillaume gaillart q̇ en espai
gne auoit este auec le cõte de la
marche et le roy hẽry auoit serui
q̇ de grãs biẽs luy auoit fait. et
en lostel du cheualier se fit le roy
hẽri mener a celle heure estoit as
sis messire guillaume gaillart
a disner auec sa fẽme. Quãt le
roy fut leãs entre tãtost le con
gneut le cheualier q̇ de la table
se leua cõtre luy et sagenoilla. le
roy leua messire gaillart et en
loreille luy dit q̃ de luy ne fit sem
blant affin q̃ congneu ne fut de
nul hõme. tãtost mena messire
gaillart le roy en vne chãbre et
demoura loste dehors q̇ a mer
ueilles fut esbahy, que son hoste
pouuoit estre deuenu tantost re
tourna messire gaillart q̇ a lo
ste dit. amis en vostre hostel a
lez et les gens de ce gentilhõme
amenes cy q̇ ceans disnerõt a
uec leur maistre. Apres sen re
tourna messire gaillart au roy
henry q̇ la descõfiture et la ba
taille de nadres luy cõpta dont
il fut moult doulent et debõnai

rement reconforta le roy henry.
Pour acõpaigner le roy henry
vint messire gaillart q̃rir sa fẽ
me. et merueilles estoit du grãt
honneur q̃ a hẽry portoit le che
ualier. messire gaillart dit a sa
fẽme dame a la chãbre voꝰ en a
les et le cheualier honnoures de
tout ce q̃ voꝰ pourres car biẽ en
est digne et saichez q̃ cest vng
des plus grãs seigneurs de ce
monde et est roy courõne. mais
gardes q̃ de reueler ne soyez si
hardye. saige fut la dame q̇ biẽ
la chose sela et dedẽs la chãbre
entra et puis quãt elle appar
ceut le roy hẽry le genoil mist a
terre cõtre luy. et leans vindrẽt
les cheualiers q̇ au roy estoiẽt q̇
biẽ tost cõgneurẽt messire gail
lart lequel a sõ pouuoir les hõ
noura. et apres disner parlerẽt
le roy et ses cheualiers et messi
re gaillart pour eulx cõseiller q̃
faire pourroiẽt. au roy respõdit
messire gaillart. sire au duc dã
iou q̇ a villeneufue est q̇ est pres
dicy voꝰ en ires et moy en vo
stre cõpaignie. Ne de cheuaulx
ne de finãce ne voꝰ doubtez q̃ ia
default en ayez. car asses ay des
biẽs q̇ de dieu et de voꝰ sont ve
nuz. Et en droit moy iay fiãce
que enuers mon seigneur le duc
trouueres voye de recouurer vo
stre royaulme. Au lendemain au
point du iour se partirẽt le roy

henry messire gaillart et les aul tres cheualiers q leur chemin prindrēt droit a carcassonne et ne furēt q six en tout sans pa- ge mener et cōpta le roy henri du fait de la iournee et cōme es paignolz nauoient point vou- lu croyre messire bertrand.

Par my arragon auoyt fort cheuauche le bourg de cōminges ne du roy henry nauoit peu auoir nouuel les pource doubta q pour na- uarre fut passe et dedens cōmi ges fut retrait mais a toulou se en lostel des balences estoit son espie qui le roy henry cō gneut a sa venue et scauoir le fit par lectres ql enuoya a cōmin- ges ne de toulouse ne se partit lespie iusques a ce ql eut veu le roy partir ¶Tantost que le bourg sceut nouuelle du roy hē ry hastiuement sen vint a mon guysart q a trois lieuez de tou louse fut ¶Illec assembla .c. hō mes darmes et le iour q se par tit le roy henry de toulouse sen partit lespie du bourg q deuers luy ala a monguisart et le par temēt du roy henry luy dit et q a carcassonne sen aloit et en se cret luy dit. Lors vint le bourg aux cheualiers et escuiers q̄ assē ble auoit et leur dit q̄ hastiue mēt leur cōuenoit aler a carcas sōne en leur puiāt ql ny eut faul te q̄ ilz ne fussent deuers luy le soir car deuāt aloit. ainsi se par tit le bourg de mōtguisart mais tant cheuaucha le roy henry ql vint sans repaitre dedens le bourc en lostel de la pōme dor.

Dedēs la cite de carcassō ne fut adōc marie de bre taigne fēme du bō duc dāiou et fille de mōseigneur charles de blois et pour laler veoir y fust a le le roy hēry mais en ce tēps e stoit coustume q nulle pricesse ne veoit seigneur estrāge sās lec tres ou mādemēt de sō seigneur pour soy recōmāder a la duches se le roy hēry enuoya deuers elle messire gaillart et deux de ses cheualiers q de la descōfiture de nadres luy pridrēt a cōpter et cō me le roy hēry sen aloit par de uers son seigneur le duc a ref fuy pour le roy henry hōnourer enuoya la duchesse messire hēri de bretaigne son frere acompai gne ~~des deux filz au cōte de grā pre et plusieurs~~ cheualiers don neur ql le roy henry moult recon forterēt et auec luy mēgerēt. de grās dōs luy fit faire la duches se. et apres mēgier enuoia le roy messire gaillart pour cōuoyer le frere de la duchesse.

Au retour que fit messi re gaillart de cōuoyer le

frere de la duchesse apparceut le bourg de cõminges q̃ en carcassone estoit arriue et par les hostelleries secretemẽt enq̃roit du roy henry. de la põme dor vit yssir messire gaillart le bourg q̇ bien sceut q̃ a la desconfiture de nadres auoit este auecq̃s le prince pource fut en doubtance du roy henry et tant sauãca q̃ le bourg rencõtra. et rigoreusemẽt luy demãda q̇ lauoit la amene. a messire gaillart respondit lors le bourg q̃ de nouuel son frere le cõte de cõminges luy auoit dõne terre q̃ on luy ẽpeschoit et q̃ deuãt le seneschal de carcassone luy en failloit plaidoier et pour son droit garder luy deuoit venir du cõseil de toulouse et pource par les hostelleries enqueroit se encores estoit venu. en doubte fut messire gaillart q̃ le bourg ne assemblast gẽs pour le roy hẽry prẽdre pource vint a la porte de carcassõne du couste deuers toulouse scauoir se au bourg estoit de nouuel entre gẽs de cheual. a messire gaillart respõdirent les portiers q̃ na gueres estoiẽt entrez bien .c. hõmes a cheual armez q̇ par les hostelleries se logoient ¶ Tant fit messire gaillart q̃ aucuns en trouua et leur demãda quelle part ilz aloient. ilz luy respõdirẽt q̃ a la priere du bourg de cõminges estoient venuz et ne scauoient pourquoy faire Adonc se pẽsa messire gaillart la mauuaistie de bourg. et au roy hẽry vint et luy dit. Sire en vrẽ chãbre vo⁹ retraiez car en doubte suis q̃ pour luy soiez vray est q̃ en ce bourc de carcassõne sont gẽs logiez q̃ biẽ cõgnois et assemble les a le bourg de cõminges q̇ auec eulx est. et pource a la duchesse de ceste chose vueil parler. par deuers la duchesse ala messire gaillart et laffaire et lentree du bourg de cõmiges luy cõpta et de ses gẽs et biẽ luy dit q̃ le roy hẽry poursuiuoit pour le prẽdre. au bourg enuoya hastiuemẽt la duchesse messire hernoulx despaigne seneschal de carcassõne q̃rir et lui cõmãda q̃ retenu fut le bourg et to⁹ ceulx q̇ auec luy estoient. dedẽs le bourg de carcassõne ẽtra le seneschal q̇ les portes fit fermer puis assẽbla les bourgois en armes. et tãt fit q̃ le bourg de cõmiges et to⁹ ceulx q̇ auec luy furẽt venuz il prĩt et arresta et a la duchesse les mena q̇ emp̃soner les fit pource q̃ de lẽprise riẽs ceulx q̇ auec lui estoiẽt venu furẽt deliurez. mais garde fut le bourg estroictemẽt et pẽdre le voult faire la duchesse se par sõ seigneur neust este pour frere le cõte de cõminges qui luy en fit requerir moult humblement.

Il Ce soit que fut prins le bourg de cõmiges se partit le roy hẽry enuirõ my nuit de carcassõne et tãt cheuaucha q̃ en deux iours vint a villeneufue. de luy se partit messire gaillart q̃ sa venue ala dire au duc et la descõsiture de nadres luy cõpta et le grant dueil q̃ demenoit le roy hẽry de la cheualerie de frãce. de ce fut moult doulent le duc Et au deuãt du roy henri enuoya son cousin le cõte destãpes et to⁹ les cheualiers de sa court q̃ le roy henri encõtrerẽt et moult le recõforterẽt puis vindrẽt au chastel en sa cõpaignie Adonc issit le duc q̃ au deuãt du roy hẽry vint. et tantost q̃l le vit deuãt luy sagenoilla le roy hẽri dũg genoil et sõ chapperõ osta cõtre luy et biẽ hũblement luy dit. ha mõseigneur a vous mẽ viens a reffuy car le plus pouure cheualier suis q̃ soit en vie. et roy souloie estre mais or puis biẽ dire de si hault si bas appertemẽt le leua le duc en soy descouurãt cõtre luy et sõ chapperõ luy remist et dit le duc sire grandemẽt mesprenes q̃ cõtre moy tant vo⁹ humiliez q̃ roy estes corõne. hũblemẽt respondit le roy hẽry. sire biẽ vo⁹ puis appeller mõseigneur car par vo⁹tre couureray ma terre et mon royaulme despaigne que perdu ay par ma simplesse et par fol conseil croyre oultre le vouloir de. B. et la cheualerie de france. grant pitie print au duc dãiou du roy henri q̃ enuers luy tãt se humilia et en le recõfortãt luy dit de grãt couraige. Sire par vrẽ faulte naues pas perdu le royaulme despaigne biẽ croy q̃ par la cruaulte et faulte des gẽs du pais et de la cheualerie de vrẽ roiaulme auez perdu la iournee et sur vo⁹ est tournee la descõfiture de la bataille q̃ aues eue a nadres cõtre le prince q̃ a grant tort vo⁹ a guerroie et biẽ deut faire le cõtraire mais ie vueil bien q̃ chescũ saiche q̃ en brief tẽps baudray au prince tãt a besoingner q̃ grãt peine aura. en surque to⁹ saiche le prĩce veulle son pere et to⁹ ses aliez seres restitue de la corõne despaigne. De ce mercya le roy hẽri le duc daniou moult hũblement puis luy dit. Je plains plus. B. et la cheualerie de france que ie ne fais la perte que iay faicte car ie ne scay comment deux en est ale de la bataille qui tout estoit habandõnee de mes gens quãt bertrand men fit partir a force dudit bertrand et des fran-

cois qui le champ maintenoiẽt
si vigoureusemẽt que merueilles estoit a veoir. et plꝰ seroie di
gne destre la ou ilz sõt ou mors
ou vifz quilz ne sont et en espe
cial de ber. qui bien me aduer-
tit de tout ce. et se creu leusse sei
gneur fusse de mon royaulme
et pietre et le prince en eusse de
chasse. moult doulcement le re
cõforta le duc et biẽ luy dit ꝗl ne
se souffiast de riẽs. puis le mena en vne tour ou logie estoit et
ses paremẽs luy dõna a lentree
de la tour. a leure que arriua le
roy henri auoit le duc danion
pour le receuoir fait faire grant
appareil au disner. Apres dis
ner dõna le duc au roy henri tou
te la vaisselle en quoy il auoit e
ste serui au disner et tout estat
royal tant chambellains que au
tres officiers dedens villeneuf
ue festoya le duc danion le roy
henri moult longuemẽt puis le
mena par deuers le pape en aui
gnon qui de grãs dons et biẽs
luy donna.

Apres ce que le duc eust
festoye le roy henry luy
bailla deux mille hom
mes qui auec luy entrerent en
guienne et le pais du prince pri
drẽt a guerroyer et villes et cha
steaulx ilz conquirent. dedens
nadres se tint le prince auec ses
ostz en la saincte sepmaine. Et
vng iour vint pietre au prince
que ber. du guesclin et le mares
chal dantrehan luy requist Et
pour ber. offrit son pesant dor:
de ce fut le prince reffusant. et
apres la pasque fit le prince cheuaucher ses ostz droit a burgues
de sa venue sceurent tost ceulx
de burgues nouuelles qui pour
leuesque enuoierẽt querir sauf
conduit deuers le prince q̃ vou
lentiers leur enuoya. par deuers
le prince de galles vint leuesq̃ q̃
au p̃nce mõstra les griefz q̃ pie
tre leur auoit fait pourquoy ren
dus sestoient au roy henri et au
p̃ice se offrirẽt rẽdre en luy sup
pliãt q̃ sauf fussẽt de leurs corps
et de leurs cheuances et que de
sa grace a pietre les fit accorder. Et le prince leur promist
qui a pietre fit iurer laccord A
donc parla leuesque au prince.
Mon seigneur biẽ scauons q̃
de ceulx de burgues prẽdra pietre grãt vẽgẽce. Ne pour sermẽt ꝗl face ia ne lerra se par vꝰ
nest. mieulx le croiroye de iurer
par mahõ que par sa foy pour
quoy hũblemẽt vꝰ requerõs q̃
en seurete noꝰ vueillez mainte
nir. de ce se cõmẽca le p̃nce a sour
rire. Et le roy pietre ẽuoya q̃rir

auq̃l il cõpta les offres de ceulx
de burgues ausquelles il fut accordans.

Tant cheuaucherẽt le pri
ce et le roy pietre q̃ deuãt
burgues arriuerẽt q̃ ren
due leur fut. la fut pietre receu
En brief lui furẽt apportees les
clefz de ciuile de tolecte et de plu
sieurs autres villes et chasteaux
Et tãt fit le prince que de la
plus grant partie du royaulme
mist pietre en possession.

Le prince estant a bur-
gues vit a luy vng mes
sagier q̃ de hẽri le roy des
paigne luy aporta nouuelles q̃
dedẽs guiẽne estoit entre a grãs
gẽs et le pais gastoit moult. biẽ
sẽbla au prince q̃ le roy hẽry ne
faisoit pas guerre de soy q̃ destruit estoit. et en sõ couraige pẽ
sa q̃ du duc dãiou luy estoit me
nee ceste guerre car moult sẽtre-
heoiẽt le duc et le p̃nce et nuit et
iour ne faisoit le duc q̃ querir til
tre pour le prince guerroier qui
estoit a paix ẽuers le roy de frã
ce Si p̃int le p̃ice voye par la
quelle hõnourablemẽt du royaulme despaigne et au roy pie
tre vit et luy dit. sire quãt de mõ
pais partis hõmaige me p̃mi
stes faire du royaulme despaigne se recouurer le pouuoye et
les gẽs q̃ ie y ay amenez q̃ a vo⁹
soulsoyes sont p̃mistes satisfai
re entieremẽt. biẽ sauez q̃ du roy
aulme aues saisine et biẽ le põu
uez tenir paisiblement. se par
droit voules vrẽ peuple main
tenir pource q̃ en mõ pais me
vueil retraire ceste raison vou
vueil req̃rre q̃ de ce questes tenuz de faire faciez ẽuers nous.
Quãt pietre se vist a burgues
et plusieurs aultres villes et
chasteaulx estre en son obeissan
ce. bien voulsist le p̃ice et toute
sa cheualerie estre en angleterre
Et tant traicta que accord fit
auec le prince q̃ a cordelle luy et
sa cheualerie se retrahirẽt. La
yroit deuers luy pietre pour fai
re enuers luy ses deuoirs dedẽs
quinsaine. tant desira le prince
retourner en son pais q̃ acordel
le se retrahit actẽdãt pietre qui
au iour q̃ p̃mis auoit ne vint
ne enuoya dõt a deceu se tint le
prince et biẽ cõgnust sa desloy
aulte. lõguemẽt ne pouuoit se
iourner le p̃ice dedens cordelle
pour les viures qui abaissoient
et de iour en iour luy venoit nou
uelles du roy hẽry q̃ sa terre ga
stoit. pource se partit despaigne
et a bourdeaulx arriua en pou
ure estat La dõna cõgie a sa che
ualerie q̃ par son ordõnãce sãs

adiren de luy sassemblerēt et la
grant cõpaignie se nõmerent.
De celle assemblee fut
chief messire iehā chan-
doz q̄ au pais du roy de
frāce les fit ētrer et le pais mec
toiēt a destructiõ mais sur euls
getta le pape sentēce dont apres
chescũ se retrahit en sa cõtree.
Pour la venue du prin
ce escript le duc dāiou
au roy hēri et q̄ a luy vit
a villeneufue lequel y vint. la
ordõna le duc q̄ dedēs espaigne
retourneroit le roy hēry et en ce
cõtēple fut deliure le begue de
villennes qui par deuers le roy
se retraist. Et par laide du duc
dāiou assembla le roy hēri grās
gēs pour pietre guerroier, mais
tāt desira hēri veoir messire. b.
que au begue bailla ses gens a
cõduire en tenāt le chemin darragõ et en estat de peleri se mist
le roy hēry. Et tant chemina q̄
a bourdeauls vint et tāt fist q̄
a. b. parla a priue. et luy cõpta
les secours q̄ luy faisoit le duc
danjou dont. b. moult sesiouist
Puis se partit de bourdeauls
henri sans estre apparceu et en
arragõ vint ou le begue aconceust. Et tāt cheuaucha le roy
henri q̄ a parpignā vint deuers
le roy darragõ q̄ secours luy fist
de deux mille hommes payez
pour trois moys.
Depuis le departemēt
du prince le roy pietre a
la en la cite de tolecte et
en plusieurs aultres de ses vil
les et chasteauls cheuauchant
par my son royaulme. au partir
de burgues vint a tolecte ou re
ceu fut hõnourablemēt et dillec
a cordelle et a ciuille auq̄l lieu fit
plusieurs cheualiers et bourgois decoler dont moult fut le
peuple en grāt douleur mais en
brief tēps cheuaucha tāt le roy
hēri q̄ en espaigne entra et guer
re print a mener. deuāt saq̄mēte
fist adressier ses ostz et la cite fit
assaillir mais tātost se rēdit a
sa mercy. Au partir de saq̄mē
te vint deuāt madrie q̄ briefmēt
luy fut rēdu puis vint deuāt to
lecte q̄ lētree luy refuserēt. Et il
lecq̄s iura le roy hēri le siege. du
couste deuers la mer tint le siege le begue de villēnes oultre la
riuiere deuāt tolecte q̄ sõ siege fit
clorre de bois. En sa cõpaignie
furēt le bastard de bergue reg-
nault le limosin et thomas pi-
neul a grās gens Et de lautre
couste de la riuiere fut le roy hē
ri qui auec luy auoit le conte
daussourre de lisle gascon pietre consaille pietre ferrant.

larcheuesque de toulette. et au mil lieu du siege le roy henry fist mec tre la royne sa femme qui du cha stel blanc sarragō lauoit fait a mener. Lōguemēt dura le siege deuāt toulette et tāt a destroit les tit le roy hēri q̄ par famine mou rurēt en la cite pl⁹ de .xxx. m. hō mes tāt xpiēs sarrazis q̄ iuifz ne de pietre ne pouoient auoir se cours ais affoiblissoiēt de iour en iour et leurs cheuaulx mēgo yent. Mais cy endroit laisse du siege de toulette a parler ou bien saura retourner quāt tēps et lieu sera et viēt a parler de messire. B q̄ es prisons du prince est detenu ne de le mectre a ranson ne vou loit le prīce tenir parollee.

¶ Commēt le prince de gales tint conseil a bourdeaulx pour deliurer bertrand.

En bourdeaulx tint lō guement le prince. B. en ses prisons dont a la cheualerie moult desplent et a messire. B. ennuyoit pour sa prouesse et au prince nē osoit per sonne parler. Vng iour aduit q̄ bien grant court tint le prince de dens bourdeaulx la furent le cō te darmignac le sire dalebret et les seigneurs de gascoigne le sire de clisson messire iehā chandos

I

hue de courelay gaultier huet et
plusieurs aultres chꝛualiers dā
gleterre que honnourablement
festoia le prince. Et en maniere
desbatemēt cōmēcerent leurs pa
rolles damours darmes de batailles de prinses de forteresses de
iournees de rēcontres et de prison
niers racheter. en ces parolles se
delictoit le pͥnce q̄ darmes estoit
le mieulx parlāt q̄ en sō tēps fut
et deuant tous les barōs q̄ la fu
rēt parla et dit en telle maniere.

SEigneurs quāt en bataille
ou en assault est pͥns aulcū
chꝛualier vaillāt mōlt doit
estre hōnoure ne du siē ne luy doit
on poit tāt demāder q̄ vne aultre
fois ne se puisse armer mais sās
cōgie de sō maistre ne se doit par
tir. la fut le sire dalebret q̄ de. b. se
recorda et au pͥce dit. sire biē a
uez ces raisōs dictes mais se des
plaisir ny pͥnissiez dune parolle
vo⁹ recordasse q̄ de vo⁹ va courāt
maitenant q̄ est cōtraire a ce qua
uez maitenāt dit. a muer couleur
se pͥnt le pͥnce et dist pou mayme
roit le chꝛualier q̄ auec moy soit
se sur moy scoit ou oyoit dire cho
se q̄ faire ne deusse en mō hōneur
gardāt et il ne me le disoit pour
ce vo⁹ requers q̄ me vueilliez dire
ce quon maitient de moy. sire biē
scet toute cheualerie par toutes
cours de renōmee cōme bertrād
du guesclin tenes en voz prisons
prisōnier sās vouloir de luy nulle
fināce auoir pour doubte de sa
prouesse. Quāt le prince ouit ces
nouuelles au sire dalebret recor-
der et q̄ a ses parolles accordērēt
le sire de clisson et les aultres ba
rons en luy neust que courousser
si leur dit par grāt desdaig. bien
vueil seigneurs q̄ vo⁹ sachiez q̄
se tous les barōs q̄ ores sont esto
yent en mes prisons tant ne les
doubteroie q̄ deulx ne prinse ran
con et vo⁹ q̄ parles q̄. b. soit mis
a finance bien luy vueil mettre.
Pource alez le q̄rir et a moy ne
tiēdra pas q̄ deliure ne soit. De ce
se louerent tresgrādement tous
les barōs et seigneurs et pour la
vaillance de. b. mercyerēt le prin
ce puis alerēt. b. q̄rir et deuant le
prince le amenerent. Hūblemēt
sagenoilla. b. deuāt le prince qui
tantost le releua et luy demāda
cōme il luy estoit. au prince respō
dit. b. treshūblemēt mō seigneur
mieulx quāt il vous plaira long
temps a que le chant des ras
mauez fait ouir o gaiz quant il
vous plaira pour moy desduire
me donneres les champs pour
le chant des oyseaulx ouir. a rire
se print le pͥce et dit a. b. Amis
se voules iurer que contre mon-

seigneur le roy mõ pere ne contre ceulx de son sãg iamais ne vo' ar merez ne a hẽry ne ferez secours frãchemẽt vous quicteray de vo stre rancõ et pour vous remõter vous dõneray.x.m. floris Grãt dueil eust.b.en son cueur quãt de tel serment se veit requerre et dit Helas mõseigneur cõme se pour roit il faire que le roy de france et son sang qui nourry mõt ne ser uisse deuant tous et en tous lieux se il le me cõmãdoit si vrayemẽt cõme ie suis cy iaymeroie mieulx mourir en voz prisons que le ser mẽt faire. Et bien esmerueille ie suis q̃ tel cõseil vous dõne qui le pl' redoubte prince estes de toute ꝑpiente et tel serment me req̃res Mõseigneur biẽ vouldroye mai tenir par deuãt vous q̃ mal vous cõseille vostre hõneur q̃ tel conseil vo' dõne car mõseigneur quãt tel ꝑment me feries faire il sẽbleroit q̃ doubtãce eussiez de moy q̃ suis vng pouure cheualier. de ces pa rolles se print vng pou le prince a courroussier et en desdaig luy dit que hõme nestoit ql deust doubter Puis reprint.b.les parolles et a parler recõmẽca au prĩce en telle maniere. Mõseigneur maitenir vueil q̃ loy nauez de moy tenir en voz ꝑsons ou longuement ay este sans raison Vray est q̃ pour sar razins guerroier mauoit le roy char les baille gẽs et par espaigne me noye larmee Or aduint et bien le scauez q̃ mauuaisemẽt et sans achoison fit pietre le roy despai gne mourir ma dame blanche de bourbõ sa fẽme vostre cousine ger maine fille du frere ma dame vo stre. dõt biẽ deussiez auoir quis vẽ gẽce. biẽ scauez aussi cõme fut ne pietre q̃ bastard est par droicture et la corõne deust auoir henry son frere q̃ preudõs est et de mauuaise foy est pietre et mescreãt en dieu et biẽ vo' le scauez et par iuifz et par sarrazins cest tousiours gou uerne Pour quoy pour son mau uais gouuernemẽt le blasma hẽ ry et le chassa de son royaulme et bannit .toute sa terre luy tollit et pour le murtre desloyal me mãda le roy de frãce q̃ sur pietre fut prise vẽgẽce et guerre daultre part pl' ꝑs ne pouoye trouuer sarrazis q̃ en espaigne q̃ toute peuplee en est a vo' mõseigneur ne faisoie nulle guerre ne a vostre sãg et auec tout ce q̃ biẽ scauez monseigneur enco res q̃ au roy de frã ce auez paix et cause nauez de luy guerroier ne ses gẽs Mais bien scay que pour a uoir lomaige despaigne estez venu au secours despaigne et de pietre dont le saint voyage q̃ faire cuydo ye en grenade sur sarrazins auez

destourbe et aussi auez destruit
moy et mains aultres cheualiers
et mis a descõfiture dõt tel hõneur
en auez receu q̃ par pourete vous
en estez venꝰ ne de riẽs q̃ pietre vꝰ a
pmis ne vous a riẽs tenu ne tien
dra de cõuenãt ains par froidure
et famine auez perdu maitz bons
cheualiers dõt cest dommaige si
saichez biẽ monseigneur que de ce
estes biẽ pou plaingt.

POur les parolles de mes
se. B. dit le price biẽ scay
B. q̃ vrayes sõt les parolles et biẽ
vouldroie nõ auoir fait õcq̃s le vo
yage pour la desloyaulte q̃ trou
ue ay en pietre. pource q̃ le sermẽt
q̃ ie vꝰ requers me reffuses et de
parolles de soubtance me chargiez vꝰ meectray ie a finãce si que
nul naura cause de celles parolles
maĩtenir mais sãs rãcõ de moy
ne partires. debõnairemẽt respon
dit. B. au p̃nce et dit. mõseigneur
ne de hault lignaige ne suis pas tel
q̃ grãt finãce y puissies recouurer
pour quoy vꝰ supplie q̃ a rãcon
raisonnablement vueillez meectre.

APres q̃ le p̃nce eust messire. B. escoute luy dist. B.
de vostre rãcõ seres iuge
pour la loyaulte qui en vꝰ est ne
sur vostre parolle nẽ parleray Ja
mais si dictes ce q̃ paier vꝰ plai
ra car ia nen p̃les desdit. de ce mer
cya. B. le price mõlt hũblemẽt. et
puis dit mõ seigneur se riche fusse plꝰ q̃ ne feray vꝰ offrisse mais
sur la fiãce des seigneurs q̃ iay ser
ui me meectray a plꝰ q̃ mõ auoir
ne mõte amõ cuider par ma rãcõ
paieray si vous plaisoit. lxx. m.
florĩs quãt le price ouit parler de si
grãt sõme esmerueille fut et mes
sire. B. dit grãde est la sõme et biẽ
scay q̃ encõbres serez de la payer
ne pour vostre parolle ne vous
vueil surprẽdre. biẽ me plaist q̃ de
ce rabatez a vostre gre. de grãt cou
raige fut messire. B. ne riẽ ne voulut
rabatre et dit au price que tel paie
roit lescot q̃ riẽs ny auoit acreu et
vray disoit sicõme listoire racõp
te ca en auãt. Par my la ville de
bourdeaulx courut tost la nou
uelle que a. lx. m. florins cestoit a
rãcõne. B. de son vouloir dõt tant
le desiroiẽt veoir ceulx de la ville de
bourdeaulx q̃ a la court du prince
accoururẽt. et tãt fut lostel plein
de gẽs q̃ luy mesme sen prit a mer
ueiller pource demãda q̃ ce peuple
amenoit. adõc luy fut dit q̃ pour
B. veoir estoiẽt la venuz dõt le pri
ce se print a sourrire et messire. B.
fit venir deuant le peuple.

EN angoulesme estoit
adonc la princesse q̃ de
la grãt somme a quoy
cestoit messire. B. arançonne ouyt

parler dōt grāt desir eust de le veoir pource le fit amener a Bourdeaulx et deuāt māda messire .B
q̄ par messire iehan chādoz luy fut
amene et par le mādemēt du prin
ce mōlt le hōnoura la p̄ncesse e
a sa table le fit asseoir ap̄s le disner se retrahit la p̄icesse en sa chā
bre et illec fut seruy de vin et despi
ces et deuāt toute la cheualerie les
ēuoia a .B. q̄ ēuers elle se humilia
mōlt et ap̄s vi et espices lappella
la p̄icesse q̄ cheualerie mōlt aima
et doulcemēt luy dit. Amis de vo
stre rācō auez este iuge et a haulte
sōme vo⁹ estes q̄ de grāt couraige
vo⁹ meust. Mais alegier vo⁹ en
vouldroie pour les grā̄s biēs qui
sōt en vo⁹ Saichez q̄ de vostre rā
cō vo⁹ feray rabatre .x. m. florins
ou de mō tresor les paieray. cōtre
la p̄icesse fut a genoulz messire .B
q̄ hūblemēt la mercya et en esba-
tāt luy dit. ma dame biē cuidoie
estre le pl⁹ let cheualier q̄ fut en vie
mais or voy ie biē q̄ bel suis puis
q̄ des dames suis ayme dōt a rire
se p̄it la p̄icesse q̄ cōgie donna a
messire .B. leq̄l retourna mercyer
le prince qui moult fut ioyeux de
lonneur de la p̄icesse.

T Ant traicta messire .B. a
uec le p̄ice q̄ sur sa foy le
deliura pour sa finance faire et re
tourner p̄mist de dēs certain iour
venir deuers luy et iusq̄s a la paye
de sa rācō ne se pouoit armer. ain
si fut messire .B. a rancon et a luy
vint messire chādoz q̄ .x. m. florīs
luy offrit a p̄ster dōt mōlt le mer
cya .B. Par deuers luy vint messi
re hue de courclay q̄ courtoisemēt
luy dit. Sire .B. longuement a-
uōs este cōpaignōs la vostre mer
cy. ¶ Bien scay q̄ du vostre auez
assez despēdu et a grāt finā ce vo⁹
estes mis pōniers et plusieurs
aultres cheualiers et escuyers de
nom. de leur venue demena grant
ioye messire .B. et leur chemin prin
drent en espaigne par le pays de
rouceuaux Tant exploita messi
re .B. q̄ en nauarre entra et le roy
aulme passa oultre le gre du roy
de nauarre qui lors estoit en espai
gne si p̄it .B. a guerroier et a luy
se rēdirēt plusieurs villes et cha
steaulx et tāt fit que en la duchie
de moulins se bouta celle duchie
luy auoit donne le roy hēry mais
contraires luy estoient ceulx du
pays et briefment tant les guer-
roia messire .B. que en la fin se ren
dirent.

A U temps q̄ deuāt tolet-
te estoit le siege q̄ y tenoit
le roy henry le begue de villennes q̄
grant hōneur y acquist vindrent
nouuelles de messire .B. au roy hē
ry qui la duchie de moulins con-

queroit et de par luy atout grãs gẽs menoit guerre en espaigne. de la venue de luy fut henri moult esiouy et plus fit assaillir toulette mais pou y exploita, combiẽ q̃ a luy se fussent voulentiers rẽduz mais au chastel estoit ung cappitaine de par le roy pietre q̃ moult les confortoit q̃ au chastel tenoit iiii. des pl⁹ grãs bourgois de tolette pour la ville tenir en obeissance et baille auoit la ville au gouuernemẽt desditz quatre bourgois en signe de vouloir a pietre obeir. en grãt destresse furẽt ceulx de la ville q̃ par deuers pietre enuoierẽt a ciuile mais grãs gẽs ne pouoit auoir adõcques et non pourtant bien leur manda que brief les secourroit Si se pẽsa dune voulẽte dãpnable qui pou luy valut.

Histoire racõpte que pour toulette secourir de ciuile se partit pietre q̃ par deuers les roys de grenade et de bellemarine sen ala et se alia contre to⁹ xpiens et maitient on que en laliance auecques iceulx deux roys qui sarrazins estoiẽt icelluy pietre se departit de la foy catholique et du tout y renonca et pour ce luy pmirẽt faire secours briefment. Et pour le secourir assemblerent grans nauires les roys de bellemarine et de grenade q̃ a ladmiral de bellemarine baillerent x. m. sarrazins Et est vray que par laliance faicte par le roy pietre aux payẽs le roy pietre deuoit prẽdre a fẽme et en mariage selon leur loy la fille du roy de bellemarine. dedens la mer ẽtra ladmiral de bellemarine atout ses x. m. sarrazins et par terre vint a ciuile qui en coustoiant la mer venoyẽt secretement pour lost du siege de toulecte surprẽdre Aussi fit partir de ciuile tresgrans gens chrestiens iuifz et sarrazins et bien furẽt iuifz et sarrazĩs nombrez a. xx. m. Secretemẽt mãda pietre a ceulx de toulette sa venue et aduint vne iournee que au point du iour hyssirent ceulx de toulecte. ¶ Saichez que pour vostre rancon paier vous bailleray. x. m. florins qui vostres sont et non pas miens et plus en ay pour vous. de ce le mercya. b. et dit que il se affaire en auoit a espargner ne le pensoit. Adonc prindrent congie Bertrand et couvelay et sentreacollerent et baiserẽt car moult sentreamoient.

De bourdeaulx se voult Bertrãd partir pour sa finance assembler et pourchassier. illec vidrẽt a luy plusieurs chevaliers et escuyers francoys qui a bourdeaulx estoyent prisonniers de la desconfiture de la grant bataille de nadres mais a si grant finance les avoyent les anglois mis que paier ne la pouoient. a messire. B. humblement qui les finances voult scavoir Et pour les delivrer soblig a messire bertrand de leurs rancons payer et illecques delivres furent dont a merveilles fut loue messire bertrād de la chevalerie āglesse en telle maniere se partit de bourdeaulx. B. q̄ tant ala par ses iournees q̄ a tarascō arriva ou estoit le duc dāiou q̄ siege tenoit devant tarascon pres daugnon q̄ le conte de provence cōtredit en son ost eust. xviii. engins qui de nuyt et de iour gectoiēt en la ville et contre la muraille. de la venue de messire B. fut le duc moult liez et grant honneur luy fit et debōnairemēt luy enquist de son affaire qui longuement luy en racompta et les honneurs que trouve avoit en la princesse dōt le duc le prisa mōlt Adonc donna le duc a messire. B pour sa rancon paier. xxx. mille florins Avec le duc se tint lōguement Bertrand devant tarascō et fit gecter les engins mais armer ne se pouoit. quāt olivier du guesclin sceut que devant tarascon estoit son frere avec le duc hastivemēt vit Et en sa compaignie vindrent messire olivier de manny et son frere messire alain de la haussoye petit cambray. et plusieurs chevaliers et escuyers de nom qui a nadres avoient estez prisonniers et qui avant messire Bertrād avoient este delivrez de prisō de leur venue sesiouist mōlt le duc et mōlt les honnoura. Et daultre part les receut messire Ber. a grāt ioye et lost pour leur venue enforca lendemaī fit le duc assaillir la ville qui tant fut forte que riens ny faisoyent.

Pour tarascon secourir envoya la royne de secilesur mer. xviii. galees armees dont tost nouvelles en sceut le duc pource fit le duc assēbler plusierus vaisseaulx ¶ Et tant fit par son pouoir que entre beaucaire et tarascon fit faire vng pont de bateaulx dedens le rosne qui a merveilles fut tenu fort. Et pource a tarascon ne pouoit venir secours pour ledit pōt qui biē fut garny de bōs gēs darmes. Et ne pouoient passer les galees qui a arle le blanc sen retournerent Si fit le duc adōc

enfortier sô siege et la ville assail
lir souuêt et aduit vne iournee q̃
pour tarascô secourir sassêblerêt
les barôs de prouêce. Et tât che
naucherêt q̃ le siege approucherêt
dôt nouuelles vidrêt en lost du duc
de lost se partit messire hue de mâ
ny et aultres chevaliers et escuiers
q̃ nestoiêt en tout q̃.c.l.lâces q̃ p̃
uêceaux êcôtrerêt q̃ grât nôbre fu
rêt et biê estoiêt. x viii. côtre vng.
en vne assez haulte place se tra
hit messire hue et ses gês et a sp̃
mêt les assaillirêt prouenceaux
mais fort se deffendirent messire
hue et ses gês quât p̃uêceaux ap
parceurêt q̃lz ne les pouoiêt êta
mer illecq̃s les assaillirent et sou
uêt les firêt assaillir de trait quât
ce apparceust messire hue en ordô
nâce mist soy et ses gês et la mon
taigne deffendirêt et côtre les ba
rôs de prouêce se assêblerêt en ba
taille et briefmêt sur p̃uenceaux
tourna la descôfiture. la fut pris
le sire de la voulte par messire hue
de manny q̃ grât richesse y recou
ura ne puis celle heure ne se voult
gueres armer en guerre et prins y
furêt tous les barôs de p̃uence. de
la desconfiture vint tost nouuel
les a tarascon. Et puis traicte
rent au duc et rendirent la cite. et
eulx en sa mercy q̃ debônairemêt
les receut et toutes offences leur

pardonna.

APres la prinse de tara
scô chevaucha le duc luy
et ses hostz et. b. en sa côpaignie a
arle le blâc. Par deuât arle mist
le siege le duc dâiou. Mais atât
se taist lystoire du siege darle et de
messire. b. veuil racôpter q̃ deuers
le prince deuoit retourner pour sa
râcôpaier ne auât son payemêt
ne se pouoit armer bien pouoit e
stre en côseil de guerre excepte cô
tre la lignee dâgleterre.

DEsirant fut le bô duc
iehâ danjou du roy hê
ry secourir et a. b. dit. amis pour
vostre râcon paier vo⁹ dône. xxx.
m. florins et par deuers monsei
gneur le roy môfrere vo⁹ en yres
q̃ biê est tenu vous aider et deserui
luy auez et a luy me recômâderes
et luy dires que en espaigne vous
veuil rêuoier et tâtost q̃ des pri
sons du prince deliure seres gar
des q̃ scauoir le me faictes. Car
aussi tost vo⁹ enuoieray gens dar
mes. hûblemêt mercya. b. le duc
puis partit par sô côgie et tât ala
par ses iournees q̃ par deuers char
les le roy de frâce arriua q̃ grât io
ye fit de sa venue. au roy racôpta
messire. b. sô affaire et le secours q̃
luy fit le duc dâiou sô frere dôt bô
gre luy en sceut le roy et luy racôp
ta côme en espaigne le vouloit rê

noyer et pour le roy hẽry secourir luy promist faire deliurer gẽs dar mes. a messire. B. dõna le roy pour sa rãcõ paier et pour soy acheter de ses despens. c. m. floris dõt fut le roy mõlt prisie de to' mais a mess B. fit promectre que toutes choses laissees pour luy secourir toutes fois q̃lle mãderoit vieͣdroit se p̃sonnier nestoit. Puis print cõgie B. du roy et sen ala en bretaigne et tãt ala par ses iournees q̃ en bretaigne ẽtra pour messire. B. hõnourer se assẽblerent le viconte de rouhẽ le sire de laual le sire de beaumenoir et les barõs du pays qui grãt finance luy dõnerẽt pour sa rãcon payer. a la roche darie vint mess. B. pour ma dame tiphaine veoir sa fẽme q̃ pour sa venue fut mõlt esiouye. vray est q̃ en la baye du mõt sainct michiel messire B. et sa fẽme auoiẽt mis en tresor C. m. florins au iour q̃ de bretaigne partit pour son p̃mier voyage faire. biẽ cuidoit adoncq̃s illec trouuer sa finance pour soy et la cheualerie aider. Mais rapporte luy fut que despẽdu lauoit madame tiphiae sa fẽme. lors la mãda venir a luy et luy dist dame voulẽtiers scauroie q̃ de mõ tresor auez fait. et doulcemẽt elle luy respondit mõseigneur aux cheualiers et escuyers q̃ serui vous ont qui venoir me sõt venuz lay departi pour leurs rãcons paier et eulx remõter dont encores seres seruy et ce scaurez par eulx. ¶ Si ne men vueillez riens demãder. grant ioye en eust messire. B. et luy dit q̃lle auoit bien fait.

DE bretaigne partit messe B. et tãt ala par ses iournees q̃ a bourdeaulx arriua par deuers le prince q̃ mõlt le hõnoura a sa venue guieres ne demoura B. a bourdeaulx que de par le roy charles de france vindrẽt messagiers qui la finance apporterẽt a B. pour sa rancõ paier au prince q̃ p̃mier luy rabatit ce q̃ la princesse dõne luy auoit et ainsi fut. B aplein deliure et du prĩce prĩt congie q̃ a son partemẽt le honnoura grãdemẽt et par sa cheualerie le fit cõduire par sa terre longuement en le faisant festoyer par ses bonnes villes hõnourablemẽt. puis p̃ndrẽt cõgie de luy les cheualiers en luy disãt frãc cheualier biẽ scauõs q̃ pou no' lairres seiourner si no' recõmãdõs tousiours a vo'.

EN ce tẽps se tenoit messe oliuier de mãny en lãguedoc q̃ pour lordõnãce du duc dãiou assẽbloit gẽs en atendãt de mess. B. nouuelles et tãt fit q̃ en brief tẽps se trouuerent. vii. c lãces et tãtost q̃ mess. B. secut nou

uelle de lassemblee et deliure se dit
si māda messire oliuier que a luy
alast atoutes ses gēs et en lassem
blee estoiēt messire arnol dādrehā
mareschal de frāce messire oliuier
de māny son frere messire heustache
de la haussoie messire guillaume
boitel messire meschin ē carlonnet
le bourepains le sire de pōmiers et
plusieurs aultres cheualiers et escu
iers de nom de leur venue demena
grāt ioye messire .b. et leur chemin
pndrēt en espaigne par le pais de
rōceuaulx. tāt exploita messire .b.
q en nauarre entra et le royaulme
passa oultre le gre du roy de na
uarre q lors estoit en espaigne pnt
b. a guerroier et a luy se rendirent
plusieurs villes et chasteaulx. et
tāt fit q en la duchie de molins se
bouta. celle duchie luy auoit done
le roy henry mais contraires luy
estoyēt ceulx du pais et briefmēt
tāt les guerroya messire .b. q en la
fin se rendirent.

Au tēps q deuāt toulette
estoit le siege q y tenoit le
roy hēry et le begue de vil
lenes q grāt hōneur y acqst vidrēt
nouuelles au roy hēry de messire
b. q la duchie de moulins cōqroit
et de par luy atout grans gēs me
noit guerre en espaigne. de la ve
nue de luy fut henry mōlt esiouy
et plus fort fit assaillir toulette
mais pou y exploicta cōbiē que a
luy se fussent voulentiers renduz
mais au chastel estoit vng capitai
ne de par le roy pietre qui mōlt les
confortoit q au chastel tenoit .iiii.
des pl' grās bourgois pour la vil
le tenir en obeissāce et baille auoit
la ville au gouuernement desditz
iiii. bourgois en signe de vouloir a
pietre obeir. en grāt destresse furēt
ceulx de la ville q par diuers pie
tre enuoyerēt a ciuille mais grās
gēs ne pouoit auoir adoncques
pour la ville secourir et non pour
tant biē leur māda q brief les se
cōurroit. si se pensa dune voulente
dopnable qui pour luy valut.

Lhystoire racōpte q pour to
lette secourir de ciuille se
partit pietre q par diuers
les rois de grenade et de bellemari
ne sen ala. et tāt ala et traicta que
auec eulx salia cōtre to' xpiēs. et
maitient on q en laliēce faisant a
uecques iceulx deux roys qui sar
razins estoient icelluy pietre a la
foy catholique du tout renonca et
pour le secourir assēblerēt grans
nauires le roy de belle marine et de
grenade q a ladmiral de bellemari
ne baillerēt .x.m. sarrazins et est
vray q par laliēce faicte par le roy
pietre aux payens le roy pietre de
uoit prēdre a femme la fille du
roy de bellemarine selō leur loy de

dẽs la mer ẽtra ladmiral de bellemarine atout ses.x.mille sarrazins et par terre vint a ciuille q en coustoiant la mer venoit secretemẽt pour lost du siege de tolette surprẽdre. aussi fit partir de ciuille tresgrans gens xpiens iuifz et sarrazins. et bien furent iuifz et sarrazis nombrez a.xx. mille. Secretemẽt manda pietre a ceulx de tolette sa venue. et a duit vne iournee que au point du iour yssirent ceulx de tolette pour aler au deuant de pietre qui le chemin de corde tenoit. de leur venue sceut nouuelles le begue de villennes q passer les laissa oultre son siege sans semblant faire. puis les enclouyst ẽtre la ville et la forest. Quãt le begue eust mis ses gẽs en ordõnãce ẽtre la cite et ceulx q yssus estoiẽt appertement les poursuiuit et a eulx assẽbla. la se deffendirẽt longuemẽt ceulx de toulette mais en la fin furẽt descõfiz dont plusieurs en y eut occiz et les aultres prisõniers. apres retourna le begue en sõ siege et ses gardes ordõna de plus en plus et puis dressier fit vng gibet biẽ grãt ou il fit pẽdre les prisonniers de toulette q en vie auoient este prins. quant le roy henry sceut la desconfiture de ceulx de toulette la cite fit assaillir de toutes pars et moult y eust de gens naurez de toutes pars Mais conquise ne peult estre. Et puis au roy heury vit nouuelles de pietre et des sarrazins q ilz approuchoiẽt du prouchain port de toulette et audit port se deuoient rencontrer pietre et ceulx de toulette. Pource manda henry hastiuement Bertrãd q en la duchie de moulins estoit abriefz iours y vint luy et sa cõpaignie.

Pres de toulette sur vng port de mer arriuerent sarrazins q a terre descẽdirẽt et le roy pietre y trouuerẽt qui son ost mist ensẽble et droit a toulette print sa voye dont briefment vindrẽt nouuelles au roy henry et a messire bertrand. Et vng soir leuerent partie de leur siege pour aler contre pietre et furent la le roy messire bertrãd du guesclin oliuier de manny ses freres messire heustache de la haussoye carlonnet messire guillaume boitel et plusieurs cheualiers et escuyers de nom. au siege demourerẽt auecques la royn. les freres du roy hẽry larceuesq de tolette et la cheualerie despaigne.

¶ Comment le roy pietre et les sarrazins furent descõfis par le roy henry et messire bertrand.

Tant cheuaucherent le
roy henry messire ber-
trand et la cheualerie
de france que a quatre lieues de
toulette en tenãt le chemin deroi
de deuers la mer rencõtrerẽt les
coureux de pietre qui en son host
sen retournerẽt pour la venue du
roy henry ordonna pietre ses batailles. et dautre part se misrẽt
en ordonnãce le roy henry et mes
sire. b. tãt furẽt les hostz approu
chiez q̃ veoir se pouoiẽt et les ba
tailles assemblerẽt. es batailles
des sarrazins se tint pietre q̃ tãt
darmes de soy fit que merueilles
fut puissamment se deffendirent
sarrazins et moult dommaige
rẽt xpiens sur vne esle de bataie
le se tindrent messire. b. le begue
messire oliuier de manny carlon
net qui a banniere desploiee entre
rent es batailles des sarraznis
la eust bataille merueilleuse. et
moult se cõbatirent xpiẽs puis-
sammẽt et mesmement firẽt les
iuifz et sarrazis de lost de pietre et
en grãt arroy les tit pietre lõgue
mẽt mais en la fin furent descõ
fiz. Et fut la mortalite nõbree
a. xxxvii. m. ix. c. Et des sarra
zins de belle marine ne demoura
que cinq cens. et en celle bataille
fut occis ladmiral de bellemari
ne et de la sen fouyt pietre q̃ droit
a la mer se cuida retraire es na
uires de belle marine. Mais sur
le couste deuers la mer estoit le
begue de villennes qui le passai
ge tellement garda que la ne se
peut pietre retraire ais se bouta
atout les gẽs qui demourez luy
estoient es grans forestz. Sur
le champ de la descõfiture le roy
hẽry messire. b. le begue de villen
nes oliuier de manny et les cheualiers de france pour auoir con
seil de pietre poursuir et en doub
te furent que es grans forestz ou
entre estoit se fut embuchie pour
ce enuoyarent coureux qui en la
forest entrerent. Et tant alerent
que le train de pietre trouuerent q̃
amõtesclaire sen fouit. lors mes
sire. b. conseilla au roy que pour
suyt fust pietre pour laq̃lle chose
faire ordonna messire. b. les batailles au roy henry, a carlonnet
bailla a conduire lauãtgarde. es
forestz entrerẽt en tirant amont
esclaire ou se fut retrait le roy pie
tre qui tantost sceut leur venue.
Et dillec se partit atout le de
mourãt de ses batailles et sõ che
min print amontourdain. deuãt
montesclaire arriua le roy hen
ry et bertrãd. Et bien brief leur
fut le chastel rendu q̃ fort et biẽ
seãt estoit et la terre appertemẽt
Et dillec se partirent le roy hẽry

et bertrand pour poursuir le roy pietre qui a moniourdain voulc entrer mais ia scauoiet la desconfiture Et de par le roy henry se tindrent. de deuant moniourdai se partit pietre en grant desconfort. ¶ Et guieres ne demoura que a luy vint vng messagier de par le maistre de saict iaques le conte ferrant de castres despaigne et le maistre caltaire q au secours de pietre venoyent a grans gens Et tant se hasteret que a luy vindrent dont moult se reiouist car bie estoiet. v. c. hommes darmes

Bien scauoit pietre que du roy henry et de messire. b. poursuy estoit a donc se arresta pietre pour actendre le secours q luy venoit et rapporte luy fut que fort sapprouchoit le roy henry adonc ordonna ses batailles. en embuche enuoya le roy pietre. v. c. hommes de cheual sur le chemin au roy henri Et briefment pres de lembuche arriua carlonnet qui lauangarde conduisoit a. ii. c. hommes darmes. de lembuche yssirent espaignolz qui cotre carlonnet assemblerent en bataille. la fut le maistre de caltaire occis a lassembler qui des premiers estoit venu au secours de pietre dont doulet fut pietre. Et tant combatirent carlonnet et ses gens que en fuite tournerent espaignolz. de ce sceut nouuelles pietre le roy qui a grans gens vint assembler a carlonnet. la furent francoys desconfiz. Quant carlonnet vit la descofiture et que loing estoit le roy henry et messire bertrand et si pres ne cuidoit pas pietre trouuer sur son courcier sen partit hastiuement soy. v. et le dit a messire. b. dont grant copte nen tint bertrand aincoys reconfortoit la cheualerie et q vne heure failloit gaigner et laultre perdre

En ordonnance fit mectre messire bertrand les batailles du roy henry Et tant cheuaucherent que deuant eulx vindrent et virent pietre qui a toutes ses batailles vit assembler a lauangarde du roy henry ou. ii. c. lances auoit qui en pou deure furet descofiz. quat messire bertrand sceut la desconfiture en luy neust que courroucier si se partit a toute sa bataille auecques le begue de villennes oliuier de manny qui a banniere desployee en criat guesclin assemblerent cotre pietre q grandemet se deffendit. la eust bataille forte et merueilleuse. Et gran

demẽt combatre et dung couste
et daultre mais desconfis furẽt
espaignolz. de la bataille sen par
tirent pietre et le conte ferrant de
castres et le maistre de sainct
iaques. en celle bataille furẽt des
confiz et occiz tant de ceulx qui
de la bataille de toulette estoient
demourez comme de ceulx qui la
estoient venus. iii. m. viii. c. Au
partir de la bataille sen fouit pie
tre tout seul a mõteraissẽt mais
dedens ne se osa bouter ains
coustoia et se bouta es bois ru
bens en coustoiãt la haulte mer
Et tãt cheuaucha que sur vng
port de mer arriua. la estoiẽt mar
chans qui en ciuille repairoyent
souuent et bien appareceurẽt pie
tre le roy et tantost penserent que
desconfit estoit.

EN la nauire des mar-
chans descendit pietre q̃
mener se voult en grena
de. Mais en la nauire ne le voul
drent les marchans. Adonc se
mist pietre a genoulz deuãt eulx
Et grant finance leur promist
pour sa vie sauuer et la vie luy
donnerent. ¶ Et en oultre le
menerent en terre de payens ou
le vendirẽt aux sarrazins dont
briefment fut rachapte de ceulx
de ciuille qui la rãcon payerent
et dedens ciuille fut par mer ra-
mene et le receurent en la ville.
Mais cy ẽdroit se taist listoyre
et retourne au roy henry et aux
faiz de messire bertrand.

APres la bataille de mõ
iourdain retournerent
deuant toulette le roy hẽ
ry et messire bertrand atout
leur cheualerie la vindrẽt au roy
hẽry gẽs darmes de toutes pars
pour lost enforcier a dõc fit mes
sire bertrãd engins dressier et la
ville assaillir souuẽt mais pou
y exploita car a merueilles fut
forte la clousture et de grant deffẽse furẽt ceulx q̃ dedẽs estoient
Et briefment leur vindrẽt nou
uelles de pietre qui leur escript
que de luy auroient briefment se
cours dont plus fort se tindrent
en celle esperãce de ciuille se par
tit le roy pietre et en grenade ala
par deuers le roy qui. xx. m. sar
razins luy accorda enuoier par
mer au prochai port de toulette.
ap̃s sen ala pietre par deuers le
roy de bellemarine qui en sa cite
de formassonne fut de grant che
ualerie plein le roy de bellemarine
et piecа auoit este pris des xp̃iẽs
par deuant castrale ou longue
ment tindrent siege les chrestiẽs
Et moult de francoys y auoit

pour la venue de pietre tit le roy
de bellemarine grant court la es
pousa pietre le roy selon la loy
payenne laisnee fille du roy de
bellemarine q̃ pleine fut de grãt
beaulte. Apres la feste manda
le roy de bellemarine sa cheualerie qui briefment vindrent Et
tant fit que. xxx.m. sarrazins
assembla pour le roy pietre secourir Et a altaire son ainsne
filz les bailla a cõduire qui onc
ques puis nen reuint. de formas
sonne la cite se partirent pietre
et altaire atout leurs sarrazins
et tant alerent par leurs iournees que a ciuille arriuerent illec
honnoura pietre altaire de bellemarine de tout son pouoir. Et
grans gens assembla pour le
siege de toulette leuer et tant fit
pietre que de son pays trouua
xxx.m.personnes tãt chrestiẽs
sarrazins que iuifz.par la terre
prindrent leur chemin pour aler
deuant toulette pietre et altaire
qui au partir de ciuille furẽt biẽ
nombrez.lx.m.combatãs Et
au prouchain port de toulette de
uoit trouuer ceulx de grenade q̃
auant pietre y furent et descendi
rent aterre. Et en actendãt pietre le roy tendirent leurs tentes
et pauillons.

DE la descẽdue des sar
razins de grenade sceut tost nou
uelles le roy henry Et comme
pietre actendoyent qui a grans
gens venoit.a messire Bertrãd
le racompta qui en luy racomp
tant dit sire roy bien pouons
dire que semblons ceulx qui le
sainct pere vont querir a rõme
et il est a leur huys vous scauez
q̃ pour aler sur sarrazins le roy
charles de france des long tẽps
en ce pays menuoya en esperan
ce daler sur sarrazins en grena
de mais or ne no⁹ fault poĩt les
aler q̃rir en grenade ne es estran
ges cõtrees de payens puis que
si pres les auons de nous.

¶ Comment Bertrand des confit les sarrazins deuant tou lette.

Du siege se partirent le roy henry messire bertrand le begue de villennes messire oliuier de manny et plusieurs aultres frãcoys. et le siege laisserent garny deuant toulette ou estoyent les sarrazis de grenade descenduz. Et en arroy se mectoyent pour chrestiẽs combatre car bien scauoyent leur venue. tantost messire Bertrand qui la premiere bataille conduisoit les veit de eulx approuchier a dõc crierẽt frãcoys nostre dame guesclin. Et la se combatirent sarrazins de grãt pouoir mais en la fin furent desconfiz. Et sur le champ furent occiz. vii. m. sarrazins et pl' de ceulx qui de la bataille se peurent retraire rentrerent en leurs nauires a lentree sentrepressoiẽt tellemẽt que en la mer en cheyt plusieurs. Et les aultres atout leurs nauires retournerẽt en leur pais et cõtree de grenade Sur sarrazins gaigna messire bertrand tentes et pauillons et plusieurs grans richesses qui par son ordonnance furent desparties a la cheualerie puis retournerent en leur siege de toullette. en actendant nouuelles de lost de pietre qui tant cheuaucha q pres du chastel de monueil arriua Et au roy henry manda la bataille qui par le conseil de messire bertrād luy accorda.

P Our cōbatre le roy pietre le roy hēri manda ses captaines de ses chasteaulx et toute la cheualerie q̄ en sō obeissāce estoit. et tāt fit q̄ en brief terme se trouua en tresgrant nombre de gens. pour le siege de toulette maintenir ordōnerent que deuant la cite demoureroit larceuesque et la royne atrans gens. Et droit a mōueil cheuaucha le roy henry atout ses hostz. en telle maniere ordonna le roy henry de son siege par lordonnance de messire bertrans. Sur les champs a vne lieue pres de mōueil se tint le roy pietre en actendant bataille et tāt fist que de lost de pietre approucha et de ses gens ordonna troys batailles desquelles il bailla a messire bertrans la plus grosse a conduire. sur les esles de la grosse bataille estoient les deux aultres batailles dont lune bailla a conduire au begue de villennes Et laultre a messire oliuier de māny. en bataille ordonnee descendirent a pie le roy henry et messire bertrans et toute la cheualerie Et nombrez estoiēt. xx. mille hommes de la partie du roy henry et de la partie du roy pietre estoiēt bien nombres. lxx. mille. pour assembler contre pietre partirēt les batailles du roy henry en eulx commendant a nostre seigneur en eulx confessant lung a laultre et de la terre se couuroyent en remenbrance du corps nostre seigneur. tant alerent de pie les batailles du roy henry biē fort serrees et vng pas deuāt laultre tout bellement que aux batailles de pietre assemblerent Et tāt fut le begue desirant de bataille que deuant toute la cheualerie assembla le premier atout sa bataille. a lassēbler fut occiz le nepueu du roy de bellemarine dont grāt dueil demenerēt payens car en leur roy estoit renommie cheualier de grāt vaillāce Et lespace dung trait darc reculerent les batailles du roy pietre pour la mort au nepueu de bellemarine dont tant dolent fut altaire son filz qui son cousin germain estoit qui sa bataille conduisoit contre le begue de villēnes que plus ne pouoient. la combatirent chrestiens et sarrazins de grant puissance et fist le begue tant de chevalerie que de tous fut moult prise et esmerveille estoit chascun de son bien faire. asprement fist assaillir chrestiens alcaire de belle marine qui a terre fut porte dont releue fut et dont la bataille du begue fut moult foulee par alcaire. dont nouvelles vindrent a messire bertrās qui sa bataille et sa banniere fist adressier droit a la bataille du begue. et quant ensemble se trouverent messire Bertrās et le begue ne demande nul le grant ardemēt que le begue print en soy car de laultre part estoit le roy henry assemble a lencontre du roy pietre lequel sur sō destrier couvert de ses paremens estoit arme la couronne sur son bacinet et vestu de la timulle royalle despaigne et puissamment assaillirēt le roy henry et sa bataille ceulx de la bataille du roy pietre qui grandement se deffendirent et mōlt y faisoit pietre de chevalerie Tāt asprement assaillirent messire Bertrand et le begue sarrazins que moult en occirēt Et briefment sur eulx se tourna la descōfiture Et a fouyr se prindrēt sarrazins. Quant alcaire vit ses gens fouyr et vit bien q̄ contre messire bertrand ne pourroit souffrir lestour de la bataille sen partit avec luy pietre et ladmiral de son pays a grant nombre de sarrazins q̄ bien hastivement de messire. b. furent poursuis et tant fit messire Bertrand que sarrazins aconceust qui ensemble se mirent. la furent sarrazins encloz et assailliz de toutes pars mais grandement se deffendirent et moult endommaigerent chrestiens qui de pl⁹ en plus les assaillirēt. merveilles fut a veoir les armes q̄ le seul corps messire bertrand faisoit Car nul nosoit habiter devant luy et la ou il se trouvoit nestoit si ose approuchier de luy et tellement que plusieurs laissoient le besoigner pour le seulement veoir et regarder et en la fin furēt occiz alcaire ses .iiii. admiraulx et leurs sarrazīs En grāt arroy se tint pietre et ses batailles cōtre henry qui durement les assaillit. Et apres la bataille de bellemarine et de leur descōfiture se trahirēt messire Bertrās et le begue a toutes leurs batailles et bannieres dedens les batailles du roy henry. Et tant firēt en pou de heure que pietre qui bien apparceut messire bertrand tourna a desconfiture et

sen fouyt hastiuement au chastel de mõueil et entrerent auec
luy quatre cens hommes darmes. grãt occision fut faicte de
chrestiens iuifz et sarrazins et
biẽ furent en la bataille nõbrez
a .xxxiii. mille hommes mors
de la bataille se partirent ceulx
de ciuille quant ilz virent sarra
zins fouyr Et les sarrazins
commencerẽt a poursuir et to⁹
les occirent. Sur ceulx de ciuille fut faicte la chasse et apẽs
eulx alerent chrestiens qui to⁹
les occirent.

Apres la bataille qui
fut pres de monueil se
assemblerẽt le roy hẽ
ry messire bertrand le begue de
villennes oliuier de manny et
to⁹ leurs gẽs pour le roy pietre
poursuir. deuant monueil vint
le roy henry qui le chastel assiega de toutes pars et le siege fit
le roy henry clourre de muraille
tout entour tellemẽt q̃ sur le sie
ge ne pouoit saillir la garnisõ
du chastel. souuẽt fit le chastel
assaillir Bertrand mais grã
demẽt fut deffendu et prins das
sault ne pouoit estre. biẽ dit ber
trand au roy henry. Sire biẽ
vouldroye que en vostre mercy
se fust pietre rendu et q̃ de terre
luy donissiez largemẽt pour sõ
estat maintenir A ce saccorda
le roy henry qui vng cheualier
enuoya dedens monueil pour
ses nouuelles dire a pietre qui
par le capitaine de monueil fit
dire que de monueil estoit parti
pour aler querir secours le roy
henry retourna le cheualier et ce
que luy eust dit le capitaine luy
rapporta dont il fut moult esmerueille Et sa cheualerie mã
da pour soy conseiller. la fut le
viconte de rocque qui au roy cõ
seilla a leuer son siege mais ce
ne se voult cõsentir messire ber.
ains dit ¶ Sire roy saichez q̃
seler sefait pour vostre siege fai
re leuer et bien saichez que leãs
ne se peult longuement tenir car
bien scay certainement que de
viures ont grant souffraicte et
tous ensemble Au conseil de
messire Bertrãd se tint le roy
henry et le siege iura.

Vne nuyt aduint que
par laccord de ceulx
du chastel de monueil
q̃ dedẽs .xv. iours deuoiẽt auoir
secours du roy pietre et puis
leur auoit et pource ceulx se par
tit secretement de nuyt dudit
chastel soy .v. seulemẽt et grã sri

chesses ēportoit auec luy pour
plus secretemēt deualer du cha
stel tenoient les sãgues de leurs
cheuaulx en leurs mais et tout
coyement venoyent. icelle nuyt
faisoit le guet le begue de villen
nes et par ses escoutes sceut q̄
gens estoient yssus du chastel pource fit le begue ses gens
armer et secretement les mist
sur le passaige Tant ala de pie
que a vne faulte de mur p̄s du
passaige du siege et sur sō cour
cier voult monter. Au passai
ge estoit le begue de villennes q̄
le roy pietre print vng pie en le
strier pour acheual monter et
par les gēs du begue furēt to⁹
les aultres prins. Quāt pietre
se sentit prins a deffendre se p̄nt
et le begue cuida ferir dune da
gue mais a force la luy osta le
begue des mains. Et bien ap
parceut pietre que en luy auoit
bien peu de deffence. adonc debō
nairement se print a humilier
contre le begue Et grans dōs
et richesses dor et de ioyaulx luy
promectoit auec troys cites et
xii. chasteaulx mais que aler
le laissast. A ce ne se voult le be
gue accorder ains le print et a-
mena. sur ce point vint par de
uers luy le viconte de rocque.
Et au begue soffrit pour pie
tre garder et il luy reffusa. Et
pour desplaisance dit le vicon
te bien a este trahy pietre et biē
lauez sceu prēdre de nuyt en sar
tecin. Au viconte respondit le
begue que il mentoit faulcemēt
et sur ce gecta son gaige de ba
taille mais le vicōte le reffusa.

D Edens la tēte de messi
re alain de la haussoye
mena le begue le roy
pietre et la prinse māda au roy
henry par gillet de buz escuyer
de renom qui sa banniere portoit dont le roy henry fut mōlt
ioyeux. Et tantost partit de sa
tente pour venir la ou pietre e
stoit qui aussi tost que le roy hē
ry apparceut luy crya traictre
bastard. adonc vint le roy hen
ry qui entre les mais du begue
le voult occire mais le begue
luy contredit. ¶ Quant le roy
henry apparceut que de pietre
ne pouoit a celle heure iouyr tant
traicta auecques le begue quil
le luy liura et bailla. Et rancō
luy promist bailler telle com
mēt par les cheualiers seroit dit
que vng tel prince deuoit payer

Et a la liuraison de pietre dit
le begue au roy hẽry p̄sent la che
cheualerie sire henry roy despaigne ie piere de villẽnes cheualier
de la nacion de france qui pour
vostre secours suis venu en ces
parties vous fais scauoir que
en mon deuoir faisant et le guet
que Je faisoie en vostre siege deuant le chastel de monueil ay rẽ
contre le roy pietre qui de nuyt e-
stoit yssu du chastel et lay prins
et mõ prisonnier est loyaulmẽt
Et ie vous iure par ma foy q̄ sa
venue ne scauoye mais lauantu
re ay trouuee telle comme il a-
pleu a dieu de la menuoyer. Et
ces choses vous dy pource que
aulcuns murmurent que son
partement scauoye et daguet
mauuaisemẽt lay pris Mais
sil ya aulcũ cheualier en ce mon
de qui vueille dire que pietre ne
soit loyalment mon prisonnier
par mõ corps suis prest a prou-
uer le contraire par deuant vous
Et ces parolles recita le begue
iii. foys a quoy nul ne fut respõ-
dant. En ce point fut prins pie
tre par le roy henry qui traictre lappella. quant pietre se ouyt appeller traictre de grant orgueil respondit pietre au roy hẽ
ry que faulcemẽt il auoit mẽty
comme bastard quil estoit En
ce point tira le roy henry vne
dague de quoy il frappa pietre
par le visaige le quel tantost ap
procha du roy henry et lẽbras
sa. Et tant luyterẽt que a terre
mist pietre le roy henry Et fort
le dõmaiga de ces genoulz et la
dague luy arracha. A celle heu
re arriuerẽt a la tente de messire
alain messire Bertrand oliuier
de mãny carlonnet messire guil
laume boytel et plusieurs aultres cheualiers et escuyers de
nom qui tous esmerueillez furent quant apparceurent les .ii.
roys eulx entretenir et mõlt des
pleust a Bertrand dont le roy
hẽry fut au dessoubz pource dit
au bastard danieres que pietre
alast mectre dessoubz hẽry Ap
pertement vint le bastard danie
res qui par les Jambes print
pietre et dessoubz henry le mist
qui de sa dague le print a frap-
per en plusieurs lieux et a mort
le naura.

Apres ce que le roy hen
ry eust laisse pietre na-
ure fit vng varlet venir
Et la teste fit tranchier a pietre. de ce sceurent tost nouuelles
ceulx de monueil qui le chastel
rendirent au roy henry ¶ Et la
teste de pietre fit mectre au bout

dune lance puis la fit mectre deuãt son trait Et le corps fit pendre sur la tour de montuel puis cheuaucha le roy hẽry droit a ciuille et par le cõseil de messire B. fit porter la teste de pietre dõt briefuement se rendirent au roy henry ceulx de ciuille. Mais en vne nuyt fut la teste du roy pie- tre prinse par aulcũs du peuple et gectee en la mer qui par ciui- le passe dont doulent fut henry car a toulette la vouloit il faire porter.

¶ Comment les clefz furent apportees a henry et a bertrãd du guesclin de toutes les villes et chasteaulx.

EN ciuille furent grandemẽt receuz le roy hẽri messire bertrand et toute la cheualerie puis sen partirẽt et au siege de toulette retournerent. la commenca la grant feste pour la ioieuse victoire du roy henri. Et de iour en iour luy furent apportees les clefz des villes et des chasteaulx du royaulme despaigne q̃ toꝰ a luy se rẽdirẽt excepte toulette q̃ fort se tint mais atãt se taist listoyre des faitz du roy qui par le conseil de messire Bertrand conquist le roy despaigne. et retourne au roy charles de france qui a Bertrand auoit fait promectre a son partement venir a luy toutes les fois quil le manderoit.

AU temps que le roy henry tenoit le siege deuant toulette auecques luy messire Bertrãd le begue de villennes oliuier de manny messire alain de la haussoye messire guillaume boitel moradas de romulle carlonnet et les aultres cheualiers de france rompirent ãgloiz la paix qui entre le roy de france estoit et eulx et pridrẽt le royaulme a guerroyer en plusieurs parties. grans gens assembla le roy edoart dãgleterre dõt il fit chief robert cauolle qui par mer vint a callais. Et par la entra en picardie qui par luy fut moult gastee. En ce contemple estoit connestable de france messire mouteau de fiennes qui tant fut de grant eage que plus armer ne se pouoit pource lescript hastiuement charles le roy de france a messire Bertrand qui deuant toulette estoit que hastiuement deuers luy sen venist le quel escript au roy que en brief temps seroit deuers luy. Mais de ces nouuelles fut le roy henry moult doulent pource q̃ encores ne luy estoit toulette rẽdue. Et a messire Bertrãd dit ha sire seulemẽt par vostre grant renommee et par la doubtance de vous auoys esperance espaigne tenir toute auant que fussent troys moys. Mais par vostre partement bien voy que a peine en pourray plus conquerir. Ainsi disoit le roy henry a messire bertrand lequel pour obeir au roy charles de frãce voult retourner en frãce Et messire Bertrand en reconfortant le roy hẽry luy dist. Sire bien croy que de la mort ne croyent rien ceulx de toulette. mais se par baillãt hostaiges larceuez que qui est vaillant et saige entroit dedens la cite et deuant le peuple exposoit la maniere de la mort du roy pietre a vous se pourroyent bien rendre. Et se croyre ne le veulent que .x.v. iours treues leur soyent donnees pendãt lequel temps ilz pourront enuoyer a ciuille pour en scauoir la verite. Au cõseil de messire bertrand se tint le roy henry q̃ a saufconduit mãda les bourgoys de toulette et le capitaine la traicterent en telle maniere q̃ p. hostaiges a larceuesque baillerent qui en toulette entra. Et y fit p̄dications deuant le peuple. Apres la predication faicte toulette fut rendue au roy henry qui en sa garde recent ceulx de la ville. ¶ Et la garde en bailla au capitaine qui de par pierre auoit este mis.

En toulette par famine furent mōlt greues et par famine y moururēt plus de .xxx.m. personnes Et apres la prinse y festoya le roy hēry messire bertrād et la cheualerie de france qui la estoit. illec print messire bertrand cōgie du roy henry qui au departir fut moult dolent en luy disant ha sire bertrand comme vous pourray ie Jamais rendre le bien que vous maues fait. Car tāt suis a vous tenu car se royaulme ou seignourie ne aultre biē ay pour vous cest. Et bien v⁹ puis dire deuant toute la cheualerie qui cy est que se par vous ne fust Je fusse le plus poure cheualier qui soit sur terre. Et pour toutes retribucions que vous scauroye faire Je p̄e au benoist filz de dieu quil le vous vueille rendre. En vous paroffrant mō corps mes biens et tout mon royaulme a vous seruir quelque part q̃l v⁹ plaira en vous suppliant et requerant tant cōme plus ie puis quil vous plaise tāt faire que le begue de villennes demeure encores vng petit iusques la chose a ye prins fin. Et ainsi le pria messire bertrād au begue qui mōlt enuis le fit pource que fort luy desplaisoit laissier la cōpaignie de messire bertrand. ainsi sen partit messire bertrād du roy henry qui moult grans dons luy donna et a tous les cheualiers et escuyers de frāce ausquelz mercia moult fort le roy henry. Et tāt cheuaucha messire bertrād que en la duchie de molins entra. la estoient plusieurs chasteaulx q̃ en rien ne luy obeissoient et en briefz iours les conquist.

Desirant fut moult le roy charles de france et tout le peuple de la venue de messire bertrand. pource luy enuoya plusieurs messaiges et au deuāt de luy enuoya messe iehan de baguette qui de par le roy luy dist Sire a vous menuoye charles vostre droicturier seigneur q̃ par ses aultres messagiers et par ses lettres vous a fait scauoir que a luy venissiez dont rien nen auez fait et contre vous est courroucie car quãt de france partites par son congie retourner luy promistes toutesfoys quil vous manderoit Et certes retarder ne vo⁹ deussiez de vo⁹ en venir pour le grãt biẽ ql vo⁹ garde. pour obeir au roy sen partit, bertrand de sa duchie de moulins et deuãt soyre sen vit et la estoit messire alai de beaumont qui le chastel et la ville auoit assiegee mais quant deuãt vint .b. ilz se rendirent a luy a soire vit le mareschal dãtrehã qui a messire. b. dit que le roy le mãdoit au mareschal respõdit messire. b. que bien le scauoit et q̃ pou seiourneroit dedens soire au departir de soire cheuaucha messire. b. et son chemin print par foix. en ce tẽps guerroyoit le cõte darmignac cõtre le cõte de foix et en laide du cõte darmignac le frere de messire. b. oliuier du guesclin et a luy se cõplaignoit le cõte de foix de sõ frere qui le guerreoyt. de ce lexcusa messire. b. en luy disant que bien faisoit de seruir le cõte darmignac puis que ses deniers auoit prins Grandemẽt festoia et hõnoura messire. b. le cõte de foix qui cheualier fut de grant vaillance et ensemble sallierẽt cõtre tous excepte le sãc royal.

DEpuis les alliãces faictes entre messire b. et le conte de foix q̃ cheualier fut de grant vaillance prit messire. b. son chemĩ par languedoc la luy furẽt enuoyez les cheualiers et escuiers du pays qui pour sa grãt renõmee se tindrẽt auec luy et a brief tẽps se trouua. m. v. c. q̃ cheualiers que escuiers en sa compaignie grãt ioye eust de la cheualerie. Et son chemin tenant cõmenca a guerroier et tãt fit que vassault print la ville et le chastel de brãdonne la ville de sainct cyre qui fors furent et biẽ cloz de muraille mõtapin le chasteau de marconnay et plusieurs aultres q̃ de par les anglois se tenoyẽt et tãt courut de luy la renõmee par le pais de lãguedoc q̃ de plusieurs villes et chasteaulx luy furent apportees les clefz ¶ Et les feaultez en receut au nom du roy charles de frãce en celle maniere cheuaucha. b. tãt q̃ par deuers le duc dãiou arriua q̃ la guerre auoit commẽcee sur ãglois par leurs tors fais sur eulx cõqroit et biẽ auoit desia conquis sur anglois. xl. chasteaulx.

DE la venue de messire

b

B. fut le duc daniou moult es
iouy et mõlt grandemẽt le hon
noura puis p̃nt cõgie du duc et
tãt ala par ses iournees auec
lui le mareschal dãtrehã q̃ a per
regort arriua par deuers le cõte q̃
mõlt le hõnoura et fit hõnourer
par messire carlerãt son frere de
perregort. p̃s de perregort auoit
vne abbaye q̃ tenoiẽt ãglois et
les religieux en auoiẽt chassiez
et lesglise ẽparee par icelle esgli
se et abbaye estoit la cite de perre
gort moult greuee ¶ Et le iour
que par deuers le conte arriua
messire. ber. ap̃s disner par ma
niere desbatemẽt vint deuãt lab
baye q̃ mõlt forte fut mais das
sault la print et les religieux y
remist puis sẽ retourna le iour
a perregort. illec seiourna messe
b. pour sa cheualerie refreschir
En sa cõpaignie le mareschal
dãtrehan oliuier de manny son
frere messire oliuier de beaumõt
et plusieurs aultres cheualiers
et escuyers.

¶ Comment le roy charles
enuoya vng messagier a perre
gort deuers bertrãd quil vint en
france.

LA furēt apportees let
tres a messire. b. de par
le roy de frāce. et hastiue
mēt par title mareschal dantre
han par ordōnāce de messire. b
dire au roy charles sa venue dōt
grādemēt sesiouit le roy charles
Cy endroit dit listoyre q̄ tāt che
uaucha robert cauole parmy
frāce en exeillāt et gastāt le pais
q̄ deuāt paris se vint logier en
lostel de vicestre auecq̄s luy mes
sire thomas de grācō messire hue
de courtelay tressōnelle et plusrs
aultres capitaines dangleterre
biē estoiēt āglois nōbrez. xxx.
m. au roy charles de frāce enuoy
erēt la bataille p̄senter. dedēs pa
ris estoit le roy charles de frāce
auecq̄s luy le duc dorleās son on
cle le conte de saīct pol de iogny
de dāpmartin de sancerre de tan
cāruille et de briesne messire iehā
de viēne le sire de fontaine le sire
de sampy messire guichart de cha
stillō messire hery de bodene mes
sire robert destouuil et plusieurs
aultres cheualiers et escuiers q̄
grās gēs auoyēt amenez pour
anglois cōbatre mais dedens
paris les fit le roy tous retraire
et deffendit q̄ nul nen yssit dont
ceulx de paris q̄ grāt desir auoyent dāglois combatre et plus
grans gēs estoyent q̄ nestoient

anglois mais a batailler ne se
voult le roy accorder et en ceste
ordōnāce se tit robert cauole de
uant paris actēdāt q̄ lon luy li
urast bataille. Ung iour a dine
que de lost robert cauole partit
ung cheualier anglois q̄ par or
gueil voua q̄ au portes de paris
viendroit sa lance atacher a la
porte sainct michel vint le cheualier sa lāce baissee et tout ar
me Et venant rancontrer ung
cheualier francois nōme le sire
de languest q̄ de ce estoit aduer-
ti vint contre langlois et leurs
cheuaulx frapperēt des esperōs
et de telle vertu se rencontrerent
des fers des lāces que en troncōs
briserent leurs lances puis mis
rent mains aux espees mais
pour le coup que auoit receu le
cheual du sire de lāguest Il se es
froya par telle maniere que onc
ques puis son maistre ne peut
approchier langlois et tellemēt
que par son desroy fit cheoir sō
maistre le sire de languest. quāt
lāglois apparceut le sire de lan
guest a terre luy vint courir sus
mais sur ce messire arnoul de
reneual y vint qui le cheualier
anglois abatit de son destrier
dont doulent fut la cheualerie
anglesse. pour lachoison du che
ualier anglois furent anglois

esmeuz de paris assaillir mais
a ce ne se accorderent pas tous
Car bien scauoyent que a paris auoit .ii. ducz et .viii. cōtes
et grant cheualerie aueques le
roy qui voulentiers les eussent
cōbatuz si au roy de frāce eust
pleu.

Lystoire racompte q̄ en
peregort laissa messire
bertrand sa cheualerie
et soy. Si en estat de mescogneu
vint hastiuement deuers le roy
qui pour laccompaignier enuo
ya audeuant de luy messire bur-
iau de la riuiere qui de honneur
sceut moult Et a lencontre de
messire .b. vint .ii. lieues hors de
paris illec dit a messire bertrād
son messaige et grant honneur
luy porta et vng soir arriua a
paris petitement mōte et vestu
dune robbe grise et de sa venue
fut le peuple moult esmeu de io
ye et tant q̄ vne fois crierent a
haulte voix noel tout aīsi quilz
eussēt fait au roy se de loingtaī
pais fust venu et en leur grant
ioye demenant bien viengne cel
luy par qui frāce sera recouuree
car certes si en france eust este
na pas long temps la cheuale
rie āglesse neust ose approucher
a saict pol vint messire bertrād
par deuers le roy qui moult
grant chiere et honneur luy fit
et en son hostel mesme le fit logier. Et molt luy enquist le roy
de son estre et humblemēt sage
nolla messire bertrand deuant
le roy en luy respōdant a ses de-
mādes mais a toutes les fois
le roy le releuoit. le soir fit messire bertrād asseoir a sa table au
soupper. Et pour sa cheualerie
le fit hōnourer et grant ioye fut
a la court demenee pour sa venue et lendemain fit son conseil
assembler et le roy deuant tous
parla en ceste maniere.

Seigneurs qui cy estez
assemblez vous auōs
pour nous conseiller
sur vng affaire qui le bien lonneur du royaulme de nous et de
voz personnes touche et de tous
noz subgetz sēblablement voꝰ
scaues seigneurs les grans ad
uersitez que en nostre royaul
me sont venues et par ceulx qui
conforter nous estoyent tenus
auons este guerroyez et noz sub
geetz endommagez en desraisō
bien pouez apparceuoir les anglois et diceulx la voulente qui
nostre royaulme guerroyent.
Non cōtraictant la paix iuree
a nostre treschier seigneur et pe
re le roy Jehan dont dieu ait la
me et eulx et noꝰ q̄ les accords

auõs tenu sãs enfraidre et fait
auõs enuers le roy ãglois et son
filz le price ce q̃ tenu faire estiõs
Mais en riẽs ne noꝰ ont tenu
ce que ꝓmis et iure noꝰ ont et
pour nostre terre garder nous
fault mener guerre cõtre ãglois
¶ Seigneurs biẽ scauons q̃ en
noꝰ na de force plꝰ q̃ en vng hõ
me cõbiẽ q̃ par droicte lignee noꝰ
soyõs corõnez et soubz noꝰ soit
ou doit estre toute la puissãce
toutesfois sãs voꝰ ne pouõs riẽs
faire en sur q̃ tout prince ne iou
ira de sa terre paisiblement par
puissance si du tout nest en la
mour et au gre de ses subiectz
pource seigneurs ne voulõs riẽs
en nostre royaulme faire q̃ au
gre de voꝰ ne soit. vray est q̃ pour
les guerres de nostre royaulme
poursuir et maintenir et cõfor-
ter a lentreprinse de noz anciens
ennemis par le pouoir de nostre
cheualerie noꝰ est necessaire da
uoir vng cheualier loyal de har
demẽt et saige q̃ noz guerres si
maītiẽdra. en grant vieillesse est
cheu nostre treschier et aime cou
sin messire moreau de fiẽnes no
stre cõnestable qui plꝰ armer ne
se peut pource a noꝰ est aduenu
que pour noz guerres maintenir nest cheualier a q̃ lespee fut
mieulx deue q̃ a messire. B. du
guesclin mais cõnestable voulõs eslire a vostre gre cõbiẽ que
de nostre auctorite le pourrions
faire sil nous plaisoit ne de ce ne
fauldrions de riens. ¶ Si
respondes sur ce voz plaisirs
La neust duc cõte cheualier ne
bourgois q̃ sa voix ne dõnast du
tout a. B. Adonc fit le roy a me
ner. B. deuãt luy et doulcemẽt luy
dit. amis. B. pour la loyaulte et
hardemẽt de voꝰ q̃ de cheualerie
estes le plus prisie de tout nostre
royaulme vous voulõs bailler
office ou biẽ pouez vostre honneur exaulcier pource voꝰ pons
q̃ la connestablerie de nostre royaulme voꝰ vueillez prẽdre dõt
descharge soit nostre cousin de
fiẽnes par son grãt eage. hũble
ment mercya messire. B. le roy et
dit. Sire a vostre cõmãdemẽt
obeiray voulẽtiers et biẽ y suis
tenu. biẽ scay que loffice est grãt
et petitemẽt est ẽploye en moy q̃
suis vng poure cheualier mais
en verite sire lespee ne prendray
poīt si voꝰ ne me dõnez vng dõ
q̃ vostre hõneur ne vostre finãce
nabaissera en riẽs Amis dit le
roy biẽ pouez demãder seuremẽt
ce q̃l vous plaira Car a peine
vous vouldroye de riens escon-
duire. Sire dit Bertrand biẽ
scay que par lennuy et flaterie

qui en court regne tous temps ont eu les princes mal vuloir cõtre moy pour leurs subiectz Et pource vous vueil prier que se de ma personne nul hõme vous est mesdisant en derriere de moy q̃ croire ne le vueillez ne pis ne men soit Jusques a tant que autant en aura dit en ma presence.ceste chose debonnairement luy octroya le roy puis print le roy lespee en sa main toute nue Et deuãt luy fut messi. ber. a genoulz qui lespee receut et baisa le roy messire. b. en la bouche et le leua.

Apres ce que messire. b fut receu connestable luy baissa le roy mille cinq cens hõmes darmes payez pour.iiii.moys mais pou de compte en fit messire Bertrand ains dit au roy sire cuydes vous que de si pou de gens puissons combatre tout le pouoir des anglois et bien trouueray gens asses si du vostre vous les despendre dont asses et largement auez la dieu grace Amis dit le roy ie ne vous loue point que les anglois combatez en tournee mais auez asses gens pour les ardoyer et tenir court Et sur eulx pouez assez gaigner Au roy respõdit messire bertrãd a grant reprouche me deuroit estre tenu se deuant moy veoye venir voz ennemis et chief suis de voz guerres me despartoye sans assembler a eulx. Aultre chose nen peut auoir messire bertrand a celle foys.ainsi sen partit moult dolent et sa semonce manda a caen en normandie la vindrent a luy le sire de clisson le viconte de rouan le sire de raiz le mareschal dantrehan messire Jehan de vienne messire oliuier du guesclin le cõte dalencon le conte du perche qui pour la venue de messire bertrãd firent grant appareil.

A Caen en normandie vint messire bertrand qui des contes dalencon et du perche qui freres furent fut moult honnoure et honnourablement receu et de toute la cheualerie. En actendant gens darmes a venir seiourna messire bertrand a caen et la manda sa femme quelle y vint et tous ses ioyaux et sa vaisselle apportast.grant desir eust la dame de son seigneur veoir et a brief terme vint a caen en grant arroy ou bien fut receue de la cheualerie et des bourgois, de la venue de la dame fit messire Bertrãd grant appareil pour la cheualerie festoyer Et tint court pleniere. la fut la vaisselle de bertrand regardee de toꝰ car merueilles fut de la veoir et en espaigne lauoit gaignee de toutes pars vindrēt gēs darmes a caen et en brief temps y vindrent plus de troys mille pour le grant nombre de gens darmes qui estoyent a caen venus et de iour en iour croissoyent Vint messire oliuier de clisson a messire bertrãd et luy dit sire a vostre affaire regardez grãt nombre de gens sont ycy assēblez et du roy nauez argēt fors pour mille cinq cens hommes darmes. beau frere dit bertrãd vray est que du roy nay denier fors pour mille cinq cens hōmes darmes mais si dix fois autant en venoit tant que la vaisselle et les ioiaulx de ma fēme dureront Ja homme nen sera refuse que a gaige ne soit receu et paye car par tieulx reffus sont venuz les pilleries et compaignies en france Et se a present employe ma vaisselle pour le roy seruir aultre foys la me rendra.

En la ville de caen fit messire bertrãd sa mōtret et bien trouua la. iii. mille hommes darmes et adoncques engaiga toute sa vaisselle et toꝰ les gēs darmes souldoya puis partit et au chastel de vire ala. bien sceurēt anglois q̄ a caen faisoit messire. b. grãt assemblee et pour surs se tenoyēt dauoir bataille puis q̄ connestable estoit tenu messire. b. pource deuers luy enuoierēt vng herault q̄ par les anglois salua messire. b. et dit sire a voꝰ viēs de par thomas de grãcō hue de courtelay tressonnelle dauid olegrefue et geffroy orcelay q̄ au pōt vallai se tiennēt biē scauēt q̄ nouuel estez retenu connestable de france dōt estez biē digne et pource voꝰ requerēt q̄ au cōmecemēt leur vueillez la bataille accorder et iournee et place en prendre et bien sceachiez mōseigneur q̄ si voꝰ leur refuses a voꝰ viēdrōt ou q̄ vous soiez q̄ grãt hōte voꝰ seroit. doulcemēt respōdit messire. b. au herault et dit a voz maistres me recōmãderez et biē leur dictes q̄ briefmēt auront de mes nouuelles et puis q̄ si grant desir ont dauoir bataille ilz nōt garde q̄ ie leur faille et bien leur pouez dire que Jen suis plꝰ voulēteux q̄ eulx. de bōs p̄sēs donna messire. b. au

herault et le fit festoyer et large
ment beut le herault et tāt yure
fut q̄ yure se coucha et le soir se
partit de Vire a la nuyte tātost
q̄l eust parle au herault atout
sa cheualerie aux q̄lz mōlt des
plaisoit car le tēps obscur estoit
et telle chose nauoient guieres
acoustume et de plouuoir ne
fina toute la nuyt dont plusrs
cheuaulx furēt perduz qui du
seiour partoyent. son chemin
print messire bertrand vers le
mans Et vng messaige en
uoya au chastel du lair par de
uers messire iehan de bueil qui
scauoir luy fit que de plusieurs
forteresses sestoient anglois as
semblez enuiron pont valain
Et leur chemin prins auoyēt
droit a labbaye de champai
gne. Car la estoit caoule Et
illec actendoyēt la bataille sil
y auoit qui cōbatre les voulsist

QVant messire Ber
trand sceut que pres
du pont valain estoyēt
anglois assemblez conduisit
sa cheualerie hastiuemēt Et
celle nuyt faisoit messire Ber
trand lauangarde auec luy
messire oliuier de manny son
frere et messire oliuier de beau
mōt Et en sa bataille auoit
cinq cens combatans mais si
hastiuement cheuauchoit que
suir ne le pouoient ses gens ai
cois estoiēt par routtes et trou
peaulx et assembler ne se pou
oient pour lobscurte de la nuyt
Tant cheuaucha messire ber
trand que au point du iour de
pont vallain approucha et en
tour luy regarda ne de to⁹ ses
gēs darmes ne trouua que en
uiron deux cens. a pie fit messi
re Bertrand ses gens descen
dre et robbes secourre q̄ de pluie
estoyent moillees a celle heure
passa la pluie et a leuer se print
le soleil et le temps se reschauf
fa dōt frācois se resiouirēt lors
messire. Ber. et sa cheualerie
monterent a cheual et tant che
uaucherēt que anglois appar
ceurent en vne valee qui logier
se vouloyent. Ses coureux
enuoya messire Bertrand de
uant qui les anglois appar
ceurent et bien les nombrerēt
a huit cens cheualiers et escu
yers Apres fit messire Ber
trand ses gens descendre en or
donnance de bataille et tous
iours luy creurent gens. dau
tre part fut messire thomas de
grācō q̄ ses batailles ordōna et
mōlt furēt āglois esbahis quāt

frãcoys dirent en ordonnances
Et bien dirent que bien matin
sestoit leue. B. car si tost ne les
cuidassent avoir en ordõnance
biẽ serrez tout a pie. adonc parti
rent les batailles les ungz con
tre les aultres a lassembler fut
de grãs froissars de lances et lon
guement des lances se cõbatirẽt et entrer ne pouoiẽt les ungz
dedẽs les aultres puis prindrẽt
francois des haches et tãt firẽt
q̃ dedẽs anglois entrerẽt la eust
bataille fiere et merveilleuse car
hardimẽt se deffẽdirẽt angloiz
et nõ pourtant a lassembler en
mourut biẽ .ii. c. mais la bataille rẽforsa messire thomas de grã
con q en criant son enseigne fie
remẽt assembla cõtre frãcois et
tãt fit darmes q̃ merveilles fut
a veoir. a celle heure furẽt mõlt
grevez frãcoys mais briefmẽt
vindrẽt le mareschal dãtrehã le
cõte du perche messire iehã de viẽ
ne messire olivier de clissõ atout
vii. c. cõbatãs et renforcerẽt les
batailles des frãcois et mõlt fie
remẽt ẽtrerẽt es batailles des ã
glois q en pou de heure furẽt des
cõfiz. la furẽt prins messire tho
mas grãcon david olegrie fut
horcelay et plusieurs aultres che
valiers et escuiers ãglois. sur le
point de la desconfiture arriva
messire hue de correlay a .iiii. c
lances mais en la bataille nen
tra point aĩcoys se retrahit de la
bataille et eschappa tressonelle
q en labbaye de vas se retrahirẽt
la cõduisoit messire. b. sa cheva
lerie. A vas se retrahirẽt et das
sault lavoient pris. et devãt ris
le ẽvoya messire. b. ses coureux
mais de la sestoyẽt partis anglois et le lieu desampare avoyent et plusieurs aultres places
et chasteaulx desampares. quãt
ilz sceurẽt la descõfiture du põt
vallain en labbaye de sainct
mort sur loyre se retrahirẽt tres
sonnelle et plusieurs aultres ã
glois q leurs forteresses avoiẽt
laisses car moult fut forte labbaye et grant garnison dãglois
y eust.

Apres la bataille du
põt vallai et la prise de
vas se retrahit messire. b. et sa
chevalerie a saumur forte ville
et biẽ seãt illec se refreschirẽt et
ung iour cõpta messire. b. au cõ
te du perche les grãs vaillãces
q la avoit veu faire en espaigne a
tressonnelle q de la bataille du
põt vallain fouy sen estoit et en
labbaye de saict mort sur loyre
estoit retrait et pour saict mort
cõquerir furẽt a cõseil messire. b
le cõte du perche et la chevalerie

par deuers tressonnelle enuoia messire. B. ung herault par sauf cōduit et luy mãda quil vīt par deuers lui a saumur. la traicta tant messire. B. a tressonnelle q̃ a certain iour ꝓmist rēdre labbaie de sainct mort et le traictie quil auoit fait racōpta aux anglois et une nuyt auant le iour q̃ accorde auoit tressōnelle labbaie rēdre chargerēt ãglois toutes les richesses q̃ y furēt et yssãt de labbaye y bouterent le feu et toute labbaie ardirēt puis sen alerēt a bressure. les nouuelles furēt apportees a messire. B. qui mōlt doulēt en fut. et tantost le fit scauoir au sire de clissō pour ce se partirēt messire. B. le conte du perche le mareschal dãtrehã le sire de clissō messire iehã de viēne messire alaī de beaumōt messire guy de bayeulx tournemine carlonet labbe de male paie messire oliuier et son frere et messire iehã du bois messire guillaume boitel et plusieurs aultres cheualiers et escuyers q̃ en armes cheuaucherēt iusq̃s a bressure depuis saumur et tãt approucherēt frãcois q̃ p̃s de bressure les acōceurent et plusieurs en occirent dont plus se hasterēt ãglois dentrer en bressure et de dessus le pont en chait plusieurs es fosses q̃ noyes furent. Quant ceulx de bressure apparceurent le grãt peuple q̃ en leur ville entroit dōt leurs viures pouoyēt abaisser et biē pēsoyēt q̃ de frãcoys seroyēt assieges pource furēt mōlt destrois et doulens nō pourtant illec furent anglois tous mors.

En ce tēps se retrahit robert cauose atout ce q̃ demoure luy estoit dãglois vers les marches de bretaigne et quãt a si pou de gēs se vit dedēs le chastel daluai se retrahit illec donna congie robert cauose aux ãglois q̃ biē furēt nōbres de. viii.c. lãces et leur chemin p̃n drēt droit a saint maieu de sine pōterne du partemēt des ãglois sceut briefmēt nouuelles le sire de clissō q̃ par le gre de messire. B en sa cōpaignie le vicōte de rouen le sire de raiz carlōnet messire iehã de rochefort messire iehã de beaumōt et plusieurs aultres cheualiers de france qui bien estoient nombres a douze cens lãces qui par bretaigne cheuaucherent en poursuiuãt anglois Et tãt se hasta le sire de clisson ainsi cōme se hastoient ãglois et appareilloiēt pour entrer en vaisseaulx en mer au port de saīt maieu pour passer en ãgleterre frãcois arriuerēt sur eulx

q̃ lẽtree leur deffendirent. la eut
grãt escarmouche et mõlt furẽt
ãgloys endõmagiez. quãt messi
re robert de neufuille le chief des
ãglois aparceut q̃ passer ne pou
oit briefmẽt fit les ãglois retrai
re et mectre en ordõnãce de bataille et tãtost se assẽblerẽt cõtre
ãglois q̃ en grãt deffẽse se tidrẽt
mais en la fi furẽt ãgloiz desco
fiz et sur le chãp furẽt occiz. ix.
c. anglois et en celle bataille fut
p̃ns messire robert de neufuille le
q̃l le sire de clissõ ẽuoya a messire
b. q̃ sur les marches de poytou se
tenoit et de la victoire du sire de
clissõ demena grant ioye et tous
iours cõqueroit sur anglois.

¶ Comment les anglois vou
loyẽt trahir la rochelle.

AV tẽps que deuãt sait
maieu furẽt frãcois de
par le prince de ga-
les le captal estoit auec thomas
de felleton a tresgrant nombre
danglois qui cõtre messire. b.
gardoyẽt les passaiges de guiẽ
ne mais a des cheuauchoit mes
sire. b. qui de nuyt et de iour cõ
queroit villes et chasteaulx en
guiẽne et garnir les faisoit puis
se retrahirent a saumur pour
sa cheualerie refreschir car bõne
ville et biẽ delictable y auoit. et

pource q̃ cõtre messire. B. le duc de
lãcastre et sa cheualerie ãglesse
ne pouoient contreter enuoia le
duc de lanclastre par deuers
edouard son pere pour auoir se
cours q̃ le conte de pennebroch
luy enuoia a tresgrãs gẽs par
mer Et estoit ainsi ordonne
par le roy edouard que a la rochelle descendroient pource quel
le estoit anglesse et vne iournee
ordonnerent de prẽdre tous les
bourgois et mectre au chastel
¶ Et puis les enuoier en angleterre et la ville peupleroient
danglois pour la quelle chose
faire auoit baille le roy edoard
grant garnison de gresillõs biẽ
enfonces en tõneaux qui es na
uires furent mis. Mais dieu
qui tout scet et voit les retarda
de leur ꝑpos car de ce sceurent
nouuelles les bourgois et les
marchans q̃ dedens la rochelle
ne laisserent les anglois entrer
ne le cõte de pẽnebroh aincoys
demoura sur le port en sõ naui
re En ce tẽps auoit fait mectre
le roy hẽri tresgrãs nauires des
paignolz sur mer qui le cõte de
pẽnebroh trouuerẽt sur le port
de la rochelle Et illec sur mer le
cõbatirẽt et le pridrẽt ne de tous
les nauires dãgleterre q̃ deuãt
la rochelle estoiẽt nẽ eschappa q̃
iiii. vaisseaulx qui par les espai
gnolz furẽt poursuys et prins
deuant bourdeaulx et noyez de
dens la mer.

TAnt nagerẽt par mer
espaignolz ap̃s la ꝑn
se du cõte de pẽnebroh
auecques tous leurs prisõniers
que en espaigne retournerẽt au
port de saint andre et la trouue
rent yuain de gales qui moult
hoit le conte de pennebroh et
mõlt fit grant debuoir de traic
ter du conte auoir mais finer
nen peut et atant se taist listoyre
du conte de pennebroh et des espaignolz. Et aussi de la trahi
son que cuyderent faire ãglois
a ceulx de la rochelle et despuis
en ãglois ne se fierẽt ains yma
ginerent de iour en iour retour
ner en lobeissance de france ou
naturellemẽt leur cueur se traist
sicomme lystoire racomptera
ca en auãt et retourne aux faiz
de messire bertrand.

EN ce parti dit lystoire
que de la desconfiture
du conte de pẽnebroh
et des anglois sceut briefmẽt
nouuelles le roy charles de frãce la defiance que eurent ceulx de
la rochelle ẽuers les ãglois et le
bõ vuloir qlz eurẽt de retourner

en son obeissance pource mãda
a messire bertrãd q̃ a luy venist
a paris. Et illec bailla grans
gẽs le roy pour la rochelle assie
ger.

PAr la voulẽte du roy
charles se partit mes-
sire bertrand de paris
en grant arroy et a grans gens
vint la rochelle assieger. par de
uers edoard enuoyerẽt ceulx de
la rochelle querir secours q̃ leur
promist briefuement faire. Et
pource enuoyerent ceulx de la
rochelle q̃rir treues par deuers
messire bertrãd mais accorder
ne leur voult aincoys commã-
da a couper les vignes de la vil
le et tout entour. dont grant destresse eurent ceulx de la ville et
tant traicterẽt que parmy pay
ant. xv. mille frãs leurs vignes
ne fussẽt poĩt couppees aĩcoys
prindrent terme deulx rendre se
dãglois nauoiẽt secours. ¶ En
ce contemple manda le captal
bataille a messire bertrand qui
la luy accorda. Et sur le chãp
se mist en ordonnãce de bataille actendant au iour que accorde auoit la bataille le captal y
faillit. pource partit messire. b.
et sa cheualerie et son chemi p̃nt
vers france. et briefuement luy
vindrẽt nouuelles du duc loys
de bourbon q̃ pour estre a la prin
se de la rochelle venoit de fran
ce hastiuement a grans gẽs. cõ
tre le duc loys venoit messire. b.
auec la cheualerie. pres de la ro
chelle seoit vng chastel lequel
tenoyent anglois La adressa le duc ses hostz par le conseil messire. b. et appertement fi
rent le chastel assaillir qui gueres ne demoura. et par force fut
prins dassault et de frãcoys fut
garny. Et puis adoncques le
duc et messire bertrand retournerent en france. ¶ Et atant se
tait lystoire du duc de bourbon et
de ber. et du siege de la rochelle
et racompte de la mort de chandoz qui dangloys fut tant prise
de cheualerie.

Comment carlonnet cõbatit
chandoz au pont de lussat.

L'Istoyre dit que ses guer
res durans le prince de
gales se tenoit a poy
tiers. et messire iehan chãdoz a
grant effort dangloys. Et par
le roy de france se tenoit a la ro
che de posay carlõnet escuyer de
renõ q. l. lãces de frãcoys auoit
¶ Souuẽt yssoit messire iehan
chandoz et anglois de poitiers
et couroiẽt deuãt la roche de posay a grãs gẽs et pou y exploic
ta. Si aduit vne iournee q̃ de
la roche de posay sen partit car
lõnet atout. l. hõmes darmes
et. xviii. archiers. et dedẽs poytou ẽtrerẽt et coururẽt et forra
gerẽt le pais et prindrent bestes
et ꝑsonniers a grant effort. de
ceste chose sceut tãtost nouuelles
messire iehã chandoz q̃ de poytiers yssist a. iii. cẽs lances et biẽ
hastiuemẽt poursuiuit carlõnet
iusq̃s a la riuiere de vienne q̃ ia
lauoient passee auec le pillage
et les ꝑsõniers. de lautre part de
la riuiere estoit messire iehã chã
doz q̃ de poitiers yssit q̃ carlonnet et les aultres frãcoys veoy
ent enmener les forrages et ꝑ-
sonniers. Biẽ apparceut carlon
net q̃ gẽs nauoit pas pour chã
doz combatre et bien veoit que
bien se hastoient anglois pour

trouuer passaige si ordōna car
lonnet que au pōt de lussat se re
trairoyēt ses gēs et luy pour le
passaige garder. Et tandis en
uoierēt les prisōniers et pillage
a la roche de posay. ¶ En ceste
maniere gouuerna carlōnet son
fait. et au pōt de lussat arriua de
uāt anglois. Tātost q̄ au pont
fut arriue carlonnet sur le bout
du pōt mist ses gēs en ordonnā
ce deuant le fronc de la bataille
mist ses. xviii. archiers q̇ leur
trait ordonnerēt. et en ce pōt ar
riua messire iehan chādoz q̇ tā
tost en regardāt le pouuoir car
lōnet q̇ sur le bout du pōt estoit
desploye. Et en regardāt lordō
nāce des frācoys et de carlonnet
qui en tout ne furēt q̄. l. hōmes
et. xviii. archiers loua mōlt car
lonnet de grāt vaillance en tāt
q̄ contre trois cēs lances se te
noit et mectoit en ordōnance de
cōbatre. Quāt chandoz eust vi
site lordonnāce des frācoys ap
pertemēt fit ses anglois ordon
ner et tous en bataille rengier.
Et de pie a grant nombre dar
chiers vint chādoz assēbler au
fronc de la bataille cōtre carlon
net q̇ asprmēt se deffēdit en assa
illāt āglois. et pou dura le trait
puis cōbatirēt de lances sur le
bout du pōt q̄ francoys tindrēt
en grāt arroy et sur eulx ne pou
uoiēt anglois entrer. Mais en
morut. xxx. a lassembler dont
anglois cōmencerent vng peu a
eulx retraire et lassault fit chā
doz cesser et ēuoya vng herault
a carlonnet q̄ de par sō maistre
le salua et luy dit. sire a vo⁹ mē
uoye messire iehā chādoz cōne
stable dāgleterre q̇ est cy deuāt a
tout. iii. cens hōmes darmes et
en vostre cōpaignie nauez q̄. l.
hommes darmes et. xviii. ar
chiers. biē pouuez pēser sire que
cōtre messire iehan chandoz ne
pouez lōguemēt lestour ēdurer
fornir ne soubstenir. ¶ Et bien
scaichez q̄ dicy ne partira ius
ques a sa mercy soyez. et pour
ce q̄l luy sēble q̄ assez auez fait
vostre deuoir pour le bien de vo⁹
et de voz cōpaignōs vous veult
faire courtoysie telle q̄ si a luy
vo⁹ voulez rēdre q̄ qui par le re
gart de cheualerie deuroit payer
cent florins sera quicte pour la
moitie. au herault respōdit car
lōnet et dit. amis a messire iehā
chādoz me recōmāderez et en le
saluant de par moy luy direz q̄
sa voulente et loyaulte q̄l ne me
vouldroit chargier ne aultre de
chose q̇ deut tourner a reproche
et endroit moy ne voy cy en ces
offres en mon affaire q̄ a mon
honneur peulst tourner. Bien scet
messire iehan chandoz que sur

nous q̄ pouures gens sommes ne peut grādement acq̄rir pour ce amy vous luy dires q̄ se par courtoisie se veult partir debonnairemēt le lerray aler. mais a ce q̄l nous requiert ne nous rendrōs iamais ne ne serons daccort. car par le gre de nostre seigneur garderōs biē nostre place. ceste responce rapporta le herault a chādoz qui grant dueil en eust et en sa cōpaignie estoit le sire de mortemer q̄ moult requist chandoz q̄ congie luy voulcist dōner de francoys assaillir ceste req̄ste luy accorda chandoz et appertemēt assēbla le sire de mortemer cōtre francoys q̄ biē le receurēt et tāt furēt anglois greuez a lassēbler q̄ a retraire se cōmēcerēt et plusieurs en y eust decciz. et moult fut doulent chādoz que les gēs du sire de mortemer reculoyent Et pource tantost partit atout sa bāniere desployee. et de grāt hardemēt vint assembler contre carlonnet qui sur le bout du pont maintenoit lestour en faisant ses cris darmes. La eust estour fier et merueilleux et mōlt furēt frācoys greuez a la venue de chandoz. Quant frācoys qui au dernier bout du pōt furēt apparceurent que sur eulx tournoit la descōfiture appertemēt enuoyerēt par deuers leurs varles q̄ a la roche de posay menoient le bestial. et sauoir leur firent que a leur secours venissent et hastiuement retournerent les varles qui sur le point de la desconfiture trouuerēt leurs maistres. et pource q̄ armez nestoiēt prindrēt de gros caillos en leurs girōs et tant firēt que oultre la bataille passerent et contre anglois prindrēt tellemēt a getter que reculer les firēt. Quāt chādoz apparceust anglois reculer en luy neust que courroussier. et courageusemēt cōtre francoys adressa sa bāniere moult puissamment. et tant fit darmes carlonnet q̄ prise en fut. daultre part fut guillaume de launoy qui le penō carlonnet laissa pour mieulx soy cōbatre et de sa maniere fut moult prise de la cheualerie anglesse. et tant alla auant q̄ la banniere de chādoz abatit. ainsi se contindrent francoys contre āglois q̄ moult furēt greues et moult dura la bataille longuement. la fut chādoz naure a mort. mais en la fin fut carlonnet prins et francoys desconfiz et le bestial et prisonniers recours.

DV pont de lussat partit chandoz et toute sa cheualerie et a poitiers enuoya les prisonniers excepte carlonnet quil fit mener a mortemer pres dillec. mais a chau

uigny alla chandoz qui au lit de
la mort accoucha dõt grãt dueil
demenerẽt ãglois. auec messire
iehan chandoz estoit son frere q̃
moult luy enquist q̃ aisi frappe
lauoit. debonnairemẽt respõdit
chandoz. beau frere il nen cõuiẽt
point enquerir car de mieulx ne
mẽ peut estre. tant fut chandoz
prie de son frere q̃ il luy dit q̃ vng
escuyer auoit ce fait vestu dung
noir iaq̃s couuert de clochettes
dargẽt. desirant fut le frere chan
doz de lescuyer auoir et pour les
chãbres le fit querir pour loccire.
mais de ce sceut nouuelles langlois q̃ lescuyer tenoit en ses pri
sons. et a lescuyer fit tourner son
iaques a lẽuers pource fut descõ
gneu. et guieres ne demoura q̃
dedẽs chauuigny fina chãdoz ses
iours q̃ tant ayma sa cheualerie
Apres la mort de chandoz fut
carlonnet mis a ranson a trois
mille florins q̃ les bourgoys de
tours payerẽt car mõlt laymoy
ent. et par rãson furẽt les aultres
deliures. dedẽs la roche de posay
retourna carlõnet q̃ ioyeusemẽt
y fut receu. et guieres ny seiourna
Et tãt pourchassa q̃l assembla
grãs gẽs. et sur anglois courut
ou mõlt gaigna sur la saison dy
uer se tit carlonnet a la roche de
posay et souuent courut sur anglois et moult les guerroya. car
par nuyt et par iour cheuauchoit
q̃ de luy ne se prenoiẽt garde les
anglois tant q̃ deuãt leurs forte
resses les veoiẽt. si aduit vne tour
nee q̃ deuãt chastelleraut vit car
lõnet q̃ loig de la ville fit descẽdre
ses gens a pie et leurs cheuaulx y
laisserent et tout de pie vindrẽt
francoys sãs noise faire sur les
fossez de la ville de chastelleraut
a celle heure estoit le guet endor
my. et biẽ lapparceust carlõnet
par le guet du chasteau q̃ biẽ sou
uẽt crioit au guet de la ville que
ilz fissent bõ guet. mais nul ne
luy respõdoit. adõcques descẽdirẽt carlonnet et tous ses gens de
dẽs les fossez. et tant firent q̃ le
palis dõt estoit la ville close ap
procherẽt et le prindrẽt a coupper
dõt le guet se resueilla q̃ lors com
mẽca a crier a larme. Apperte
mẽt vidrẽt ceulx de la ville a car
lonnet q̃ mõlt le greuerẽt. mais
tãt se cõbatirẽt que par force das
sault conquirẽt la ville ou mõlt
eust de richesses. mais toute fut
pillee. et mesmemẽt les eclumes
et les marteaux et les meules des
molins porterent vẽdre par la
riuiere de vienne.

EN ceste maniere chastel-
leraut fut cõq̃s par car-
lonnet q̃ le lendemain fit
le pont assaillir q̃ mõlt fut fort
et dedẽs se tenoit messire loys de
harecourt viconte de chastelleraut q̃ biẽ fut acõpaigne dãglois

et le pont bien deffendit qui dedens la riuiere de Viẽne estoit assis. et bien estoit bertrachie. Et pource ne peurẽt francoys mes faire du couste deuers la ville pour les nouuelles de la prise de la ville vindrent a carlonnet frãcoys de tous coustes. et tãt q̃ a brief terme se trouua a biẽ. ii. mille hommes darmes dedens chastelleraut. adonc fit carlonnet assembler plusieurs vaisseaulx et dedẽs la Viẽne sen entrerent partie des frãcoys q̃ au pie dune tour qui sur larche du pont estoit fondee vindrẽt a piques et a oiaulx commẽcerent la mine. Et daultre couste de la mine auoit frãcoys qui anglois assailloient. et durant lassault minerẽt tant francoys q̃ la tour firẽt cheoir dedẽs la Viẽne dont moult fut esbahy messire loys de harecourt et aussi les anglois qui auant que la tour cheist se retrahirent en vne aultre tour au bout du põt vers poitiers. et ẽtre frãcoys et eulx firẽt le pont rõpre dont peu les peurent greuer francoys dillec en auant.

AU temple que se tenoit a chasteaulleraut carlonnet qui grant appareil faisoit pour la tour du pont assaillir cõquirẽt anglois au pais dauuergne la ville dusson qui forte est de leritaige du duc de berry et dauuergne frere du roy charles de france. pource ordonna le roy a messire ber. q̃ deuãt Vsson yroit. et ceste chose fit scauoir aux ducz de berry et de bourgoigne ses freres qui a blois vindrẽt. et la leur ẽuoya le roy messire ber. qui carlonnet et les aultres capitaines qui dedens chastelleraut estoiẽt et plusieurs aultres gens darmes de plusieurs aultres cõtrees. pource se partit carlonnet qui la ville de chastelleraut laissa garnie. et a blois vindrẽt luy et les capitaines qui trouuerẽt la lassemblee. Tant manda messire ber. gens darmes de toutes pars q̃ dedens blois se trouuerent bien xii. mille combatãs. Adõc sen yssirent gens q̃ tant cheuaucherẽt par leurs iournees q̃ deuant Vsson arriuerent et la ville assiegerent de toutes pars. Et par lordonnãce de messire ber. fut la ville assaillie de toutes pars. et tant firent francoys que leaue tollurẽt aux anglois et les fossez amplirent de fagoz. Quant frãcoys eurẽt les fossez amplis bien hardiemẽt approcherẽt la muraille et en plusieurs lieux la renforca lassault dur et merveilleux qui tât dura q̃ la nuit fut obscure dont les ducz firent francoys retraire en esperâce de recommencer lassault le lendemain. mais icelle nuyt nega par telle maniere que plus de cinq piez fut la nege de hault. ne lendemain ne peurêt de nulle part viures venir en lost. Ains par destresse de fain et de froidure leur conuint le siege leuer. et en leurs contrees retournerent francoys dôt plusieurs en celle voye moururent de pouurete.

AU renouuel du temps apres le retour de lissô se assêblerêt de gens berry les ducz de berry et de bourbô le côte de la marche. le sire de sully. les sires de courtenay et de chalenson. le vicomte daunoy et plusieurs aultres seigneurs q̃ biê se trouuerent a. vi. mille hômes darmes et de gens de pais de guienne eurent voulente dentrer. ¶ Ceste chose fit scauoir le duc a messire bertrâd et luy mâda quil alast ou le roy le manderoit. ¶ Et ainsi par la voulente du roy il ala mectre le siege deuant saincte seuere et a luy venoit a brief terme. de toutes pars mâda ber. gês darmes qui tant fit q̃ en brief têps eust grâs gens. En sa compaignie fut le mareschal de sancerre. messire oliuier de clysson messire oliuier et alain de maugny alain et iehâ de beaumôt le sire de raiz le sire de rochefort le sire de hauuâdoye le sire de rocheguiô le vicomte de rouhen le gouuerneur de blois le bastard des landes et plusieurs aultres cheualiers et escuyers. A messire bertrand enuoya le duc phelippe de bourgoigne grant cheualerie au secours de son frere le duc de berry lesq̃lz il bailla a conduyre au sire de la trimoille qui bô cheualier fut et vaillant.

¶ Comment bertrand vint au secours du sire de clysson.

Son chemin print messire.B.droit a saincte seuere et tant cheuaucha atout sa cheualerie q̄l arriua a saumur.la fut.B.cõseille de mõcõptour assieger.et mõlt greuoient les garnisons dãglois q̄ dedens estoiẽt le pais de lodunoys et de saumur deuãt mõcõptour ẽuoya messire.B.oliuier de clyssõ a .iiii. cẽs lances.et le chastel assiega leq̄l par plusieurs foys le fit assaillir et mõlt y fut blecie dõt iura q̄ iamais dillec ne partiroit iusq̄s a ce q̄ le chastel auroit.souuẽt le fit assaillir et bien fut assiege tãt q̄ de nulle part ne pouuoyent anglois viures recouurer. dedẽs mõcõptour estoit tresfonnelle et plusieurs capitaynes dãgle

terre.en leur cõpaignie estoit vn cheualier auq̄l messire Ber. esto obligie par certaine somme de d niers par sa lectre et paye ne la uoit pas a sõ terme.si se pẽsa l cheualier ãglois de luy faire vn hõte q̄ depuis luy tourna a grã douleur.deuãt la barriere de mo cõptour fit lãglois reuerser et p dre les armes de messire.B.en m niere q̄ du siege les pouuoiẽt veoi francoys dont moult despleus au sire de clysson qui de plus e plus fit son siege rẽforcier et l chastel assaillir et mõlt batit d gis. Et en tel party q̄ ilz nespe roiẽt de nul auoir secours, bien securẽt ãglois de plusieurs for teresses la grãt destresse dãgloi q̄ a moncõptour estoyẽt poure

sassẽblerent de plusieurs garni
sons de villes et de chasteaulx
pour le siege de moncomptour
lever et bien se trouuerẽt a. viii.
cens anglois.

Droit a saincte seuere cō
duisoit messire. B. ce q̄
de gẽs luy estoit demou
re et biẽ sceut q̄ ãglois se assem
bloient pour combatre le sire de
clysson q̄ riẽs nẽ scauoit. pour
ce p̄nt messire. B. son retour et de
nuyt et de iour cheuaucha en tel
le maniere q̄ deuãt mō cōptour
arriua auãt ãglois q̄ pour sa ve
nue se retrahirẽt et a leur enpri
se faillirẽt du tout entout. Tã
tost q̄ deuãt mōcōptour fut arri
ue messire. B. sa trōpette fit son
ner pour le chastel assaillir dōt
desplaisoit a ses gẽs q̄ trauail
lez estoiẽt et ce nō cōtraictãt fit
lassault commẽcier fier et mer
ueilleux. Et sur anglois fut la
basse court gaignee dassault.
Adōc anglois se retrahirẽt en
la grosse tour. et tãtost traictie
rent le chastel et eulx rẽdre a la
mercy de messire ber. et briefue
mẽt vit aux ãglois le sire de clys
son q̄ le cheualier ãglois leur de
mãda q̄ pẽdu auoit a la rẽuer
se les armes de messire. B. et cō
uit q̄ les ãglois le liurassent ou
aultremẽt les eust to⁹ faiz mou
rir. quãt messire oliuier le tint
appertemẽt le mena en la place
ou il auoit les armes de messire
ber. pẽdues a rẽuers et illec le pẽ
dit luy mesmes de sa main puis
se despartit le siege et a loudun
fut mene le sire de clyssō q̄ en las
sault auoit este blecie dũg trait
mais de moncōptour se partit
messire. B. et le chastel garnist. et
son chemin print luy et son host
vers saincte seuere. la arriua a
vng iour de samedi dōt ioyeulx
furẽt les ducz de berry et de bour
bō q̄ le siege tenoiẽt. et pour sa ve
nue furẽt to⁹ ceulx de lost cōfor
tez. et de toutes pars vīdrẽt vi
ures au siege. si aduit vne iour
nee q̄ au long des fossez aloiẽt
et se esbatoient geoffroy payen
messire guillaume boytel et aul
tres cheualiers et escuyers de nō
pour la ville aduiser. Et en sa
main tenoit geoffroy payẽ vne
hache et au droit dune tour se ar
resta en sappuiãt sur son hache
dessoubz son esselle. Et sur le
bort de la doue sicomme il sen
troublia la terre du bort de la
doue fondit soubz la hache dōt
luy eschappa et cheist sa hache
au fōs du fosse. pour sa hache re
couurer reqst geoffroy aux an
glois q̄ dedens les fossez le lais
sassent entrer. mais a seurte ne
luy voulsdrẽt accorder. Tant de
sira geoffroy sa hache auoir q̄
viii. cōpaignōs armez assẽbla
q̄ main a main sentreprindrent

pour ētrer es fossez. et deuāt fut
geoffroy q̄ par les aultres deuoit
estre tire quāt sa hache auroit.
Et en ceste maniere entrerēt es
fossez iusques a .viii. q̄ main a
main sentretenoiēt. Quant an
glois apparceurēt la descendue
atraire se prindrēt. mais tāt fi
rēt geoffroy payen et ses cōpai
gnōs q̄ sa hache recouura. En
lost des frācois vindrēt nouuel
les q̄ dedēs les fossez estoiēt frā
coys descēduz et lassault encō
mēcie pource accoururent gens
darmes de toutes pars et sans
le cōgie des prīces lassault encō
mēcerent. A celle heure estoient
les princes a leur disner assiz. et
quāt lassault fut cōmencie et q̄
nouuelles en eurēt en leurs ten
tes ne demoura table q̄ par ter
re ne fut gectee et ce que dessus
estoit. En ordōnāce et en armes
vindrēt les ducz de berry dau
uergne et de bourbō. le cōte de la
marche et messire .b. sur les fos
sez et leurs bannieres furēt des
ployees et lassault rēforcie. tāt
fit geoffroy payen que au mur
sapprocha et se assēbla de frā
coys q̄ tāt de dagues q̄ despees
q̄ de houez faisoiēt degres pour
les douez mōter. Et quāt frā
cois apparceurēt ceulx q̄ au pie
du mur estoient de toutes pars
descēdirēt es fossez et a eschiel
les et a houez sen vīdrēt contre
la muraille et a eschielles se prin
drēt. et de toutes pars en plusi
eurs lieux furent les murs per
ciez. mais appertemēt se deffen
dirēt āglois q̄ toutes les eschiel
les tresbucherent es fossez et de
pierres et de trait greuerēt mōlt
les frācois. En lost des frācois
auoit plusieurs ieunes fēmes q̄
durant lassault leur faisoiēt de
grās secours. car tāt furēt fran
coys eschauffez par force dassail
lir q̄ souuēt perdoiēt lalaine par
la grāt chaleur et soif q̄lz auoi
ent. Adonc accoururent les ieu
nes fēmes q̄ de boire les seruoy
ent. biē apparceust messire .b. a
lassault la grāt soif q̄ souffroy
ent gēs darmes q̄ seullemēt ne
pouuoiēt assez auoir eaue pour
ce fit plusieurs tonneaulx de vi
dressier sur bout et dūg bout des
foncier et a boire les abandōna
la coururēt gēs darmes de tou
tes pars q̄ en pou de heure beurēt
tout le vin q̄ la fut. et aussi tost
q̄ lūg auoit beu retournoit a las
sault. Grant nōbre darchiers a
uoit messire .b. q̄ durāt lassault
trahirēt tellemēt q̄ hors des murs
ne se osoiēt mōstrer āglois pour
ce sadviserēt āglois dune subti
lite telle q̄ sur le hault de la mu
raille firēt mectre couuertes par
tes sarges et tapis q̄ le trait sou

stenoiēt et recevoiēt. Et par des soubz les couvertures gectoiēt anglois grosses pierres sur les frācoys q̄ au pie du mur estoiēt tellement q̄ au fons des fossez les faisoiēt cheoir. En la subtilite des anglois sapparceust messire ber. Et au pie du mur ēvoya arbalestriers qui par des soubz les couvertures se pridrēt a traire tāt durement que plus ne se mōstroiēt anglois. Adoncques pridrēt frācoys eschielles et sur la muraille mōtoiēt pour la ville gaigner. la fut labbe de male paye q̄ le premier monta. mais de dess⁹ les murs fut gecte au fōs des fossez par les āglois qui sur les frācoys prindrent a gecter pierres de faiz et de tonne aux ēplis de pierres q̄ les francoys abatoyēt dedens les fossez. Et tant longuement dura lassault q̄ dedēs faicte seuere ne demoura pavement que sur francoys ne fut gecte. quāt anglois apparceurēt q̄ du tout leur estoient pierres faillies. et que par les eschielles mōtoiēt francoys ilz abatoient la muraille de la ville sur francoys et tresbucher les faisoyent en grāt douleur et mōlt esbahiz se virēt anglois.

¶ Cōmēt. b. prit faicte seuere.

POur la ville prendre dresserent frãcoys eschielles Et au pie des murs minerẽt continuellemẽt et tant fit labbe de male paye q̃ le premier entra dedens saincte severe de to⁹ les frãcoys. mais tant fut surprins dãglois que retenu y fut par force car de haches y fut tellemẽt que estourdy fut et traine dãglois pour le desarmer. Mais a celle heure entrerent francoys par le pas ou passa labbe et aux anglois le virẽt trainer. et a eulx assemblerẽt et labbe recouurerẽt. mais guieres ne demoura q̃ danglois furẽt par force deboutez hors de la ville par vng pertuis de la muraille. et lors neust fors q̃ courroussier en eulx. Grandement fut hõnoure des prĩces et de messire .b. labbe de male paye pour sa prouesse. et refraichir le firẽt puis sen retourna a lassault Et en vne partie assaillirẽt bretõs et berruyers qui ouyrẽt dire que dedẽs saincte severe estoient francoys entrez. Et ceste chose leur fit messire bertrand assavoir pour lassault renforcier.

Adoncq̃s commenca lassault plus fort q̃ devant. et de toutes pars eschielerẽt francoys la ville. Mais du hault des murs les gectoiẽt ãglois au fons des fossez. Et non pourtant minerent frãcoys q̃ bien pouuoiẽt entrer. xl. hõmes de front tous armes. Mais illec se assemblerẽt ãglois q̃ lentree leur escondirẽt tresapremẽt. daultre part mõterẽt francoys et eschiellerent et la furẽt anglois q̃ a eulx cõbatirẽt main a main sur la muraille q̃ plusieurs frãcoys tuerẽt et naurerent. Et par frãcoys aussi y eust plusieurs ãgloiz occiz. bien sapparceurẽt anglois que longuemẽt ne pouuoiẽt la ville tenir. Et adõcq̃s envoya messire robert giles chevalier ãglois devers messire ber. requerir que lassault fit cesser pour parlamẽter car capitayne de la ville estoit. et req̃roit q̃ seuremẽt sen peut partir luy et sa cõpaignie avec leurs chevaces. et pour la forteresse livrer luy fussent baillez xxx. mille floris. A ce ne voult messire bertrand accorder aincoys fit lassault rẽforcier. et au capitayne fit respõdre que se de la ville se vouloient partir q̃l les laisseroit aler par dela la mer seuremẽt et ce q̃ chãscũ de sa chevance pourroit porter. Mais quant aux aultres qui du royaulme de frãce soyẽt nez lesq̃lz estoient en leur compaignie ia mais respit nauroient. Et biē sceut que iamais villet ne partiroit quil auroit la ville prinse et le chastel. En ce point faillit le parlemēt et cōtre la muraille de la ville furent francoys qui tousiours assailloient par eschielles et par mines.

AU droit des murs du chastel fit labbe de male paye sa mine. et tant fit q̄ la muraille persa. Bien apparceust labbe vne feniere pleine de fein dedēs la ville et la fit le feu bouter. la vidrēt anglois de toutes pars pour le feu estaidre et detasser le fein a lūg des boutz de la feniere. En telle maniere se prindrent francoys a entrer par les eschielles et par les mines en telle maniere et par tel effort que la ville gaignerēt Et plusieurs des āglois se retrahirēt en la grosse tour pour leurs vies sauuer. Mais tant entra de fumee dedens que rendre les conuint.

EN lan de lincarnaciō nostre seigneur ihesucrist mille.iii.cēs.lxx. fut prise en ceste maniere la ville et le chastel de sainete seuere qui tant durement fut par anglois deffēdue. Et par lordonnance de messire bertrans furēt les anglois natifz dangleterre mis a rāson. mais tous ceulx qui de france estoiēt fit messire bertrans accoupler et pēdre. et iura q̄ iamais ne buroit ne mēgeroit tant quilz fussent en vie. Et tous furēt lyez et accouplez.

EN la ville et chastel de sainete seuere conquirent francoys moult de richesses. Et apres la prinse firent monseigneur de berry et messire bertrans le feu estaindre. pour la cheualerie hōnourer fit monseigneur de berry le vin apporter et manda toute la cheualerie. Et furēt puis les ducz de berry et de bourbon et plusieurs aultres grās seigneurs et aultres cheualiers et escuyers q̄ illec furent. Et deuant tous cōmanda monseigneur de berry a messire bertrād ql print le vin ql reffusa et au duc en despleust. Et moult doulcement luy dit. Amis bertrans pour quoy ne prenes vous le vin. Vous doubtez vous que empoisonner vous vueillons. humblement senclina messire bertrans et dit. a tous voz commandemēs suis prest de obeir. mais vng veu ay fait que moult doubte a enfraindre

Et vous diray quel il est. mon
seigneur vous scauez q̃ les gẽs
du monde qui plus ont france
greuee sont ceulx qui du royaul
me sont et le party des ẽnemis
du roy et de vous ont tenu vous
scauez monseigneur que au de
dens de ceste ville ont este prins
plusieurs cheualiers de la naciõ
de frãce. et par eulx tiẽs que las
sault a tant dure ou maint bon
hõme a laisse la vie. Pour ceste chose mõseigneur iay iure et
promis que iamais ne mẽgeray
ne beuray tãt quil en ait nul en
vie. moult fut lie le duc de berry quant il sceut que pour aultre chose nestoit messire. b. tour
rousse. Et appertemẽt luy dit.
amis bertrand grant raison de
monstrez a tout homme desloy
al de preudõmye. et preudõs ne
seroit pas qui tel cõseil desloue
roit. Mais bien vueil que vo⁹
scaichez q̃ tout tel serment que
vous auez fait ie faiz. Et pro
mectz que iamais ne beuray ne
mengeray tant q̃ homme de la
nacion de frãce soit en vie qui a
uecq̃s les anglois de saincte seuere ait este pris. debõnairemẽt
et hũblement mercia le duc mes
sire ber. et dit. monseigneur de
vostre vouloir vouldroye q̃ fussent to⁹ les princes. En ce poĩt

fit messire bertrand saisir tous
ceulx qui de france estoient et
qui auecques les anglois auoi
ent este prins dedens saincte se
uere et les fit pendre aux pro-
chains arbres de la ville. et les
anglois fit deliurer en payant
ranson. puis fit messire bertrãd
ẽterrer les mors qui occiz furẽt
a lassault et en saincte seuere
en fit faire seruice notable. et a-
pres donna congie a plusieurs
poures mesnagiers qui de la
bataille se partirent sans rãson
payer. Et la ville fit le duc de
berry remparer. et de gens dar
mes garnir.

APres les grãs assaulx
de saincte seuere et de
la prinse dicelle qui de
gens darmes fut tant prisee. se
renforcerẽt le duc de berry et de
bourbon le cõte de la marche et
messire bertrãd et la cheualerie
de frãce. et au quart iour sen par
tirent et vindrẽt a vne abbaye
a trois lieuez p̃s de la souterre
ne atout leur ost. et a la souterre
ne a bonne ville forte et biẽ seãt
ou ilz seiournerent en labbaye
par. v. iours. mais a ce se tait
le cõpte. et bien y saura retourner quant temps sera. Et racompte du captal q̃ durãt le sie
ge de saincte seuere faisoit vne

grant armee pour anglois secourir et faire leuer francoys
du siege.

L'Hystoire racompte q̄ au temps que deuant saincte seuere tenoiēt le siege les ducz de berry et de bourbō conte de la marche messire ber. connestable de frāce le captal et la cheualerie angloisse tenoiēt et estoiēt en guienne en angolesme ou illec le captal lieutenant du roy dangleterre assembloit grant armes danglois pour le siege de saincte seuere leuer et les francoys combatre. et en brief tēps se trouua a biē deux mille cheualiers et escuyers et. v. cēs archiers. Et de iour en iour luy croissoiēt gens. Quant le captal se vit fort son chemin print droit a saincte seuere. et guieres ne ala auant que plusieurs anglois q̄ par finēce estoiēt eschappez rencontra. Et la prinse de la ville et du chastel dont doulent en son cueur fut. Et la cheualerie de son ost assēbla pour soy cōseiller quelle part il pourroit aler pour frācoys greuer. et pource q̄ āglois sceurēt q̄ en vne abbaye a trois lieuez de la souterrene estoiēt francoys retraiz eust le captal cōseil de luy et ses ostz traire a la souterrene q̄ a eulx estoit. Car se francoys y meettoiēt le siege biē se doubtoit le captal q̄ tost leussent cōquise et pource fut conseille dy aler.

AUx ducz de berry et de bourbō conte de la marche et messire bertrand furēt nouuelles apportees q̄ sur les champs estoiēt les angloys en esperance de bataille auoir pource fit messire bertrād la cheualerie assēbler pour auoir aduis de anglois cōbatre. et moult doubta la bataille pour la presēce des princes. et par le conseil des barons fut aduise q̄ sur les champs se tiēdroit messire bertrād pour les anglois receuoir se bataille vouloiēt liurer et dedens bourges se retrahirent les princes. et se cōtre anglois les frācoys auoiēt victoire les p̄nces retourneroient pour la souterrene assieger. et de la souterrene pourroient aler assieger chauuigny.

QUāt les ducz et les p̄nces ouyrent ladius et le cōseil des cheualiers en eulx neust que courrousser. et iurarent q̄ se bataille y auoit q̄ ilz y seroiēt en leurs personnes. et mal contens furēt de ceulx q̄ tel cōseil donnerent. car pou les prisoiēt selon leur aduis. mais amiablemēt apaisa messire .b. les princes. et deuāt tous parla en ceste maniere. seigneurs q̄ cy estes et de par le roy de france sōmes cy venuz pour ses droiz desraigner. et a mōseigneur de berry q̄ cy est delivrera le pais q̄ a luy est pour son droit et loyal partaige appartiēt. ouy auez q̄ sur les chāps se tiēnēt anglois en grant pouuoir. ¶ Et encores ne scauez en quel pais ne party ilz doiuēt leur ost tenir ne adresser. Et quāt aux parolles q̄ en ceste cheualerie ont este parlees de bataille actendre vous a qui encores ne vous ont mandez āglois bataille. Et en ceste maniere et sans aultres choses faire pourrons cy employer nostre saison. Et si peut on biē penser q̄ en grāt doubte sont anglois de leurs villes et chasteaulx garder. Mais se a mōseigneur le duc et aux princes estoit de plaisir iay aduise vne aultre voye. En grant doubtance suis seigneurs et en especial vo⁹ diray. Il est vray que les anglois se retrahirēt de dēs poitou et chauuigny pour garder les villes et chasteaulx de poytou plus tost que aultre part. et au vray dire se dedēs poitiers estoiēt entrez Je ne voy aulcune voye que de long tēps la ville peut estre conquise par siege ne par assault pourquoy ie loue en mō endroit que dicy partons pchainemēt et deuāt poytiers alōs mectre le siege Et sil aduiēt q̄ sur les chāps puissiōs le captal rēcontrer iay ferme esperāce en dieu q̄ sur anglois aurons victoyre. Et si a dieu plaisoit nous donner vne iournee ie suis tout seur q̄ par ce point pourrons la duchie de guiēne cōquerir. Et pource en die et responde chascun de vous ce q̄ bon luy en sēblera. et pour mon dit ne plus ne moins.

QVant le duc de berry eust ainsi ouy parler messire bertrād grādemēt sesiouyst q̄ haultement par deuāt tous luy dit. Amis. b. se en cest ost nauoye q̄ le pouoir de vous et vostre bō conseil si yrōs poytiers assieger puis que au cueur vous chiet. Et si anglois trouuōs sur les chāps q̄lque effort q̄lz ayēt nous leur liurerōs bataille. la neust nul q̄ au cōseil de messire .b. naccordast. Et lēdemain se deslogierēt les princes et si anglois trouuassēt sur les chāps cōbatu les eussent. et tāt cheuaucherēt atout leur ost celle iournee q̄ deuāt le chastel dāgle q̄ a .xiiii. lieuez de labbaye estoit dont ilz estoiẽt partis illec arriuerent et se logierẽt francoys et deuant la porte du chastel. et la vint messire ber. parler au capitayne qui debonnairement yssit pour parler a messire ber. et luy dit. sire desraison nous feriez si deuant nous mectiez siege. car long temps a que sommes daccord auec le duc de berry q̃ en sõ obeissãce seriõs et luy rendriõs ce chastel quãt a luy seroit rẽdu poitiers ¶ Et nostre conuenãt auons en esperance de luy tenir iusques la. Quant messire ber. entendit le capitayne courtoisemẽt luy dit. amis pour vrẽ chastel prẽdre ne sommes cy venuz a present. Mais de viures vo⁹ requerons pour nostre argent. car se faire ne le voulez no⁹ mectrõs peine dẽ recouurer sur vo⁹. Et si vueil bien que vous seaichez que si briefuement nest poitiers rendu ia vostre accord ne vo⁹ gardera que de vostre chastel nayõs viures. Le capitayne laccorda a messire .b. Et en lost en enuoya tant comme frãcoys en vouldroiẽt pour largẽt deuãt igle coucherent celle nuyt francoys. et lendemain en partirent. et tant cheuaucherent que deuãt chauuigny arriuerẽt ou a trois chasteaulx et ville close fors et biẽ seans. Et parauãt auoiẽt les trois capitaines de ces trois chasteaulx accordez leur rendre tantost q̃ au duc de berry seroit poitiers obeissant. Ceste parolle raconta le duc a messire ber. q̃ grant cõte nen fit a celle fois. ainçois iura que dilecq̃s ne partiroit iusques a ce q̃ du tout fussent en lobeissance du duc. Adoncq̃s yssirẽt les capitaynes de chauuigny et les bourgoys et leuesquẽ de poitiers q̃ en lung des chasteaulx estoit pour traictier vindrẽt a messire ber. auec ceulx q̃ celle iournee la ville et les chasteaulx rendirẽt au duc qui dedẽs entra et auec luy la cheualerie qui illec se reffraicherent par deux iours. Au tiers iour apr̃s la prise de chauuigny requist messire bertrans au duc de berry q̃ deuãt poitiers fist ses ostz adressier. a ce saccorda le duc et sen partirent en ordonnance de bataille. et tant cheuaucherent a bãnieres et pẽnonceaulx desployez que deuant poitiers arriuerent.

¶ Comment poitiers se rendit au duc de berry.

EN grāt douleur furēt ceulx de poitiers quāt assiegez se virēt et non pourtant sur les murailles et creneaulx se mōstrerēt en armes en demōstrant grāt semblant de la ville deffendre. mais bien apparceurēt que au pouoir des frācoys ne pouuoiēt cōtrester. et pour sur ce auoir cōseil se assemblerēt les bourgoys. Et deuant tous parla vng homs q̄ saige fut et de grant eage leq̄l dit. seigneurs vous voyez q̄ de frācoys sōmes cy assiegez et longuemēt ne pourrons souffrir lestour si daultre part nous nauons secours voꝰ scauez q̄ par la voulente du roy edoard dangleterr[e] et du prince son filz q̄ maintenir nous p̄mist noz frāchises sans griefuete faire depuis qu[e] nous venismes en leur seignou[r]rie nous auons este menes que cause nauons de faire plainte. biē voy aussi q̄ debonnairemēt nous receurōt frācoys en lobei[s]sāce du roy de frāce se a eulx noꝰ voulons accorder. et pource q̄ maintes gēs de ce q̄ ie dis cy deuant vous pourriont faulcete maintenir cōtre nous se lōmaige du prince guerpissiōs sans achoison. Et ce dy ie pour loyaulte tousiours en nous maintenir. Et si aulcū de vous vou

uoit trouuer aulcune raison pourquoy sans blasme ou dif-
fame de noz personnes puis-
sons retourner en lobeissance de
frãce. certes ie y auroie grant
plaisir. pourquoy ie vo⁹ requers
q̃ chascũ vueille dire son aduis
la fut vng aultre bourgoys q̃ a
pres parla et dit. seigneurs loy
aulmẽt vous a racõpte le preu
doms la besoigne. mais ie vo⁹
vueil monstrer q̃ iuste et loyalle
achoison auons de lõmaige des
anglois despartir. et est telle ma
raison. biẽ scet chascun q̃ le roy
de france q̃ nostre souuerain seigneur a este tout le tẽps de anciẽ
nete et q̃ fait ẽuers le roy ãglois
et le price son filz tresloyaulmẽt
et par le traictie deulx fut faicte
la paix ẽtre eulx et iuree laq̃lle
il a tenu en sõ endroit sãs esrai
dre. vray est q̃ nõobstãt la paix
iuree le roy edouard et sõ filz le
price se pariurerẽt pour le roy
de frãce desheriter par abusiõs
et choses desraisonnables quilz
ont controuuez sans achoison
pour le royaulme greuer et
guerroyer. Jacoit ce q̃ le roy edoard et sõ filz le prince estoiẽt tenuz faire deliurer a leurs costz
et despẽs les chasteaulx et villes
q̃ de par eulx estoiẽt en frãce. ne
antmoins de tout ce nont riens
fait ne tenu. aicois couuertemẽt
les ont tousiours fait maintenir par leurs gẽs et le royaulme
guerroyer. et puis q̃ ainsy est q̃ les
ãglois nauoiẽt riẽs tenu de leur
cõuenãt. et par trahisõ õt voulu
le royaulme de france desheriter
sãs iuste tiltre. pourquoy le roy
charles de frãce q̃ ores regne a
recouure les villes et chasteaulx
q̃ baillez furẽt aux anglois. et
par mõ esgard me sẽble q̃ raisõ
nauõs de cõtre luy no⁹ maintenir. aicoys par vraye droicture
deuõs retourner en sa seignourie. en ce q̃ vo⁹ scauez q̃ de sõ par
lemẽt nauoit pas le roy puissãce
de nous mectre hors. car de tout
temps le duc de guiẽne est per de
frãce et au parlemẽt võt ses cau
ses q̃ le bien du peuple est et de la
courõne. et scachiez to⁹ q̃ nul
roy na pouuoir de separer de la
couronne iustemẽt aulcũ mẽbre
dicelle. pource les biẽs de la cou
ronne ne sont q̃ biẽs publicq̃s.
et vo⁹ apparceuez assez de iour
en iour par q̃lle iustice le price ti
re a no⁹ gouuerner. car toute sõ
intẽtiõ est de no⁹ faire ressortir a
lõdres au parlemẽt dangleterre
q̃ de la destructiõ de la duchie et
du peuple seroit le temps ad
uenir. Si dis q̃ par ces cinq
raisons iuste achoison auõs de
francoys deuenir. ¶ Bien est
droit que si auecques francoys

traictōs aucunemēt iamais ne
deurions les anglois trahir qui
doulcemēt nous ont traictiez et
par iustice a fcoys deuriōs pour
chasser que seurement peussent
retourner en leur pais dangleterre.

Ce q̄ les deux bourgoys
eurent parle saccorde-
rent tous les aultres de
la ville rēdre aux frācoys. Et
premieremēt le peuple assemble
rēt q̄ a ce saccorda. Et de poytiers plusieurs bourgoys yssirēt
qui par ce traictie vindrent deuers le duc de berry q̄ dedēs poy
tiers entra. et auec luy le duc de
bourbon le conte de la marche et
messire. b. et toute la cheualerie
de france. a vng iour de samedi
En lan de lincarnacion nostre
seigneur mille. iii. cens. lxx. et
mōlt y furēt honnourablement
receuz to⁹. dedēs le chastel de poi
tiers se tindrēt anglois en grāt
arroy et a rēdre reffuserēt. mais
lēdemain le fit messire. b. assail
lir de toutes pars. Et guieres
ne demoura q̄ a lassault coururēt tout le peuple de poitiers qui
en pou deure amplirēt to⁹ les
fossez de fagoz et de merrain. et
en telle maniere q̄ iusq̄s au pie
du mur pouuoiēt frācoys venir
La fit messire. b. lassault renforcier et drecier les eschielles c
tre la muraille. et le chastel as
saillir de tel effort q̄ a merueil
les fut tenu. Et par force da
sault fut le chastel pris ce q̄ nu
homs qui le chastel eut veu e
sa force par auāt la prise neus
peu croire que dassault peust n
deust estre pris ne gaigne. dedē
le chastel furēt plusieurs ūglo
occiz et les aultres mis a rāso
En telle maniere furent prin
la ville et chastel de poitiers o
moult se retrahirent francoys
Et au chastel gaignerēt mōl
grans richesses.

Apres la prinse de po
tiers cheuaucherēt fr
coys iusq̄s a saict ma
pēt. et la ville q̄ clouse fut assie
gerēt. le chastel est bel et biē seāt
la vindrēt nouuelles a messir
ber. q̄ pour le siege leuer venoi
le captal a grās gēs et nōbre d
glois. lors fit messire. b. le sieg
leuer et dedens vng chastel a
plat pais se logerent. et au ca
tal māderēt bataille le q̄l leur a
corda. mais au iour q̄ auoit l
captal māde ne vint. par quiz
iours furent francoys logie
au villaige en bataille acten
dant. Mais es forteresses a
glesses se retrahist le captal e
ses gens sans bataille liurer

Et quant messire ber. et la chevalerie de france appareceurēt q̄ bataille ne pouuoiēt auoir a poitiers sen retournerēt. la vint le duc phelippe de bourgoigne frere du roy de frāce a grans gens darmes. Au deuant de luy ala messire ber. et grādemēt le honnoura le duc. Et a poitiers seiourna le duc phelippe de bourgoigne par .xv. iours. puis sē partirent les ducz de berry de bourgoigne et de bourbon le cōte de la marche et messire ber. et la cheualerie de france qui bien furēt nombrez a troiz mille cheualiers et escuyers q̄ tāt cheuaucherēt que deuant saīct maixēt arriuerent. et a leur venue leur fut la ville rēdue. mais contre eulx se tit le chastel q̄ fut mōlt fort et bien garny. le chastel fit messire ber. assaillir de to⁹ coustez et guieres ne demoura q̄ par force dassault fut prins.

A U partir de saīct maixent cheuaucherēt frācoys droit a fōtenay le viel q̄ a leur venue leur fut rēdu puis alerēt deuāt bourgneufz ou bonne ville et bōne place auoit et forte esglise q̄ bien amparee estoit. mais a messire. b. furēt rēduz et plusieurs aultres fortresses du pais daunaiz.

E N ce cōtēple estoit sur mer yuon de galles qui tellemēt garda le passaige q̄ daglois ne peurēt ceulx de la rochelle auoir secours. et iour auoiēt promis de rendre la place se secours nauoiēt pource q̄ la iournee approuchoit eurēt conseil les ducz de berry de bourgoigne et de bourbō le cōte de la marche et messire .b. et la cheualerie de frāce q̄ a bourgneufz furēt q̄ les bourgoys de la rochelle illec a saufconduit mā deroient dōt leur fut ēuoye vng herault q̄ la voulēte des prīces leur esposa. lesquieulx respōdirent q̄ lēdemain yroiēt par deuers eulx lors sē retourna le herault par deuers les prīces q̄ de la respōce du herault furēt mōlt cōtēs. en celluy iour se assēbla le cōmū de la rochelle q̄ le chastel abatirēt et arraserēt iusques au fōdemēt et aux bourgoys dirēt q̄ iamais en lobeissāce de frāce ne retourneroiēt se puis ne leur estoit que iamais en la ville chastel edifie ne seroit et bien estoient dac cord de edifi[illegible]r en la ville vng noble palays. mais chastel ny auroit il point q̄ fut maistre de la ville ne qui eust saillie par de hors aux champs.

¶ Cōmēt la rochelle fut rendue aux francoys.

LEndemain matin vi
drent les bourgoys de
la rochelle en grant e-
stat par deuers les pñces q̃ ioyeusemẽt les receurent. et a messire ber. ordonnerent dire linten
cion deulx aux bourgoys. seigneurs par le gre du bon roy ie
han de frãce dont dieu ait lame
fustes vous mis en lobeissance du roy dãgleterre et de sõ filz
le prince de galles. et scauez que
en vous liurant vous fut en-
ioingt que se loyaulmẽt les an
glois ne vous tenoiẽt en vostre
seignourie premiere. et aussi les
aultres paches que en leur accord sont cõtenuz que tout fust
nul. Or bien scauez que en riẽs
nont anglois la paix tenue. ains
coys se sont pariurez desloyaul
mẽt. Car entierement a fait le
roy de france deuoir ẽuers eulx.
En oultre tãt sont guerroye et
guerroyent de iour en iour comme chascũ peut apparceuoir. et
pource q̃ aultrefois vous ay prins
de par le roy de retourner a vre
p̃miere seignourie. et pour ẽprũ
ter de vous rẽdre se dãglois nauiez
secours. Or est venue la iournee

pour laquelle se sont assemblez
voz seigneurs les princes. Et
vous requierent que voz pro-
messez vueillez tenir ¶ Et biẽ
scaichez que se a ce les reffusez
q̃ voz ayes ne seront tant fortes
que prochainemẽt ne les face
raser. La fut vng bourgois q̃
en soubriant dit a messire ber.
sire vous semble il que eussiez si
tost vne telle ville et chastel ra
se. fieremẽt respondit messire
ber. Je vueil bien que vous scai
chez q̃ se le soleil entre en ville
ne chastel que vous ayez ie y en
treray. Adõc respondit doulce
mẽt le bourgoys. ia se dieu plaist
ne nous conuiendra assaillir.
car le plaisir du roy de ses prin
ces et de vous pensons a faire.
Mais aulcunes choses vou-
lons requerre qui de par le cõ-
mun no⁹ sont enchargiez ¶ Et
vous disons seigneurs q̃ grant
desir ont les bourgoys et le com
mun de la ville de venir en lobeissance du roy de france. vray
est q̃ par le chastel de la rochel
le qui par les anglois a este lõ
guemẽt tenu nous auons estez
le tẽps passe moult suppeditez
or est ainsi que subitement en a
uõs les anglois deboutez. mais
le commun qui la subiection re
doubte a du tout le chastel ra
se. Pource nous ont chargie q̃
entre noz traictiez feissiõs aucun accord par lequel iamais
chastel ne soit edifie en la ville
qui ait saillie dehors. Bien sont
dacord de vng palais edifier en
la ville pour le roy et ses princes receuoir a leurs fraiz. Et
en apres requierent estre main
tenuz en leurs frãchises ancien
nes ¶ Ces choses leur accorde
rent. puis sen retournerent les
bourgoys en la rochelle. et au peu
ple compterẽt leur accord. dõt
grant ioye en eurent et grãt ap
pareil firent pour les princes
receuoir ¶ Et lendemain heure
de tierce entrerent dedens la ro
chelle les ducz de berry de bour-
goygne et de bourbon. le conte de
la marche et messire bertrãd. le
conte de saucerre mareschal de
france. le sire de clisson. le sire de
raiz. le sire de rochefort. messire iehan de vienne admiral de
france et plusieurs cheualiers
et escuyers de france tous en or
donnance de bataille vestuz de
leurs tuniques estandars et bã
nieres desployees et les menestriers trompettes sonnans. A
dõc yssirẽt de la rochelle les bour
goys et le peuple tout de pie sãs
armeure qui au roy en la persõ
ne des p̃nces vng drecouert pare

vng drap dor et vng liure dessus. Et au deuāt du drecouert
et de la porte auoit tendu vng
filet de soye. la fut vng abbe a-
uecq̄s les bourgoys qui au duc
de berry requist q̄ il voulsist fai
re le serment et les maintenir en
leur franchise. leq̄l le fist. Et ce
fait fut le filet de soye rompu.
Et dedēs la ville entrerent les
princes grādemēt y furēt receuz
et consignez du peuple q̄ grandement crierent noel tous a vne
voix. ¶ En celle maniere fut la
rochelle au roy rendue a grant
ioye et esiouyssement des princes
la leur furent racōptez la grief
uete et cōplainte du peuple dentour la rochelle q̄ mōlt furēt gre
uez par anglois q̄ dedens le cha
stel de benon estoient et pres de
la rochelle seat. Pource manderēt les ducz messire bertrand
et moult amiablement luy ordonnerent que ses ostz fist la a-
dressier. De la rochelle sen par
tirēt les princes et a benon arri
uerent qui de par le captal se te
noit dedēs. vng anglois nōme
dauid oloferne q̄ en sa cōpaignie auoit six compaignons de
la rochelle q̄ auecq̄s le captal a
uoient estez nourris ¶ Quant
dauid sceut q̄ ceulx de la rochel
le sestoyēt renduz au roy de frā
ce deuāt luy fit venir les six cō
paignōs. Et a chascū deulx fit
vng poig coupper. puis les fit
partir du chastel pour aler a la
rochelle. et a ceulx de la rochelle
mādā q̄ a tous ceulx q̄ de la rochelle seroiēt et qui en ses mais
cheiroiēt autāt leur en feroit. a
grant douleur sen partirent les
six compaignons q̄ de lost des
francoys furēt rencontrez dont
fut mōlt desprisie le capitayne
de benon.

Tantost q̄ deuāt le cha
stel de benon arriuerēt
les princes ilz firēt re
querir au capitaine que le cha
stel rendit mais a ce ne se voult
cōsentir ne accorder. Adōc fut
le chastel assiege de toutes pars
et souuēt fut assailly. mais fort
se deffendirent anglois. ¶ Et
aduint que enuiron la nuyt yssirent du chastel douze hōmes
armez qui en faisant cry de len
seigne du captal entrerent en
lost des francoys tout a cheual
dōt lost fut esmeu car le captal
cuydoyent auoir qui grās gēs
auoit assemble en guienne. Et
a celle saillie greuerent anglois
francoys. Et naure y fut geof
froy payen escuyer de renom.
la suruindrēt plusieurs frācoys
Et adōc anglois se reculerent

et geoffroy em menerent mais
pource que duremēt estoit na
ure les req̄st q̄ sur sa foy le lais
sassēt aler et retourner en lost
iusq̄s a lēdemai pour ses pla
yes faire curer. et quāt āglois
sceurēt q̄ cestoit geoffroy pa-
yē q̄ au sire de clisson estoit pa
rent si leur souuit q̄ par luy et
son ēprinse fut le dur assault
de saincte seuere et en despit du
sire de clisson loccirēt dōt cour
roucie fut le sire de clissō et telle
mēt q̄l nestoit riēs q̄ appaisier
le peust et en sō grāt dueil iura q̄ de lānee ne verroit āglois
en sa presence q̄ fut en sa subiec
tiō q̄l ne occist Et biē tint son
p̄mēt sicōme lystoire racōpte.
dedēs le chastel se retrahirēt ā
glois et lēdemai fit messre. b. la
mine cōmēcier et cōtre la muraille et le chastel fit eschielles
dressier. la cōmēca vng fier as
sault dur et merueilleux. Et
grādemēt se deffēdirēt āglois
Mais tāt furent assaillis de
toutes pars q̄ dedēs le chastel
entrerēt frācois et hastiuemēt
se retrahirent anglois en vne
grosse tour contre la tour fit
messire. b. vne mine cōmēcer
Adōcq̄s se esbayrēt anglois
et leurs vies saulues et leur fi
nāce offrirēt la tour rēdre. A
et ne voult messire. b. accorder
aincois leur dit q̄ du tout se rē
droiēt a la mercy des princes
ou aultrement seroit la tour a
batue sur leurs testes. Bien ap
parceurēt āglois q̄ cōtrester ne
pouoiēt et les cordes au col se
mi rent a la mercy des p̄nces
Quāt le sirs de clisson vit anglois appertemēt vit aux pri
ces req̄rir q̄ dāglois il peut fai
re a sō plaisir. sa pēsee ne sceu
rent pas les prīces et debōnai
remēt luy octroierēt sa req̄ste
Adōc fit le sire de clissō tous
les āglois amener deuāt luy
et dedēs vne tour les fit entrer
puis print vne hache et les an
glois faisoit yssir lung apres
lautre et aisi cōme ilz yssoiēt
le sire de clissō les tuoit de sa ha
che a lissue de la tour la ne demoura angloiz q̄ de sa main
ne fut tue dont il desplеut au
sire de clisson q̄ deut auoir fait
faire par ses varles tel office
non pas par luy mesmes.

APres la p̄nse de be-
non vindrēt les p̄n
ces deuāt surgieres
La estoiēt anglois qui la da
me de surgieres tenoiēt et mai
tes aultres dames en sa cōpai
gnie tenoiēt. et pour lamour
des dames furent āglois mis

a sauuete. mais le chastel fut
rendu Entre iceulx anglois
eut vng puissāt āglois nōme
bernard dambas q̄ ma dame
de bourbon mere de la royne de
frāce et de mōseigneur de bour
bō tenoit en ses p̄sons et par
trahison lauoit prinse Et ha
stiuement icelluy bernard sen
fouyt dedēs la tour de bron la
fut tātost assiegee des frācoys
mais tost puis bernard rēdre
la dame de bourbō q̄ la estoit
quāt monseigneur de bourbō
eust sa mere au deliure moult
fut ioyeux En son pays len
uoia en grant estat et mōlt hō
noura et de surgieres se partirent frācois.

D Epuis la prinse de sur
gieres cheuaucherēt les
frācois parmy poytou
et plusieurs forteresses pñdrēt
les princes dassault et aultres
se rendirēt ainsi cōme sainct
iehā dāgelly et en ce temps vīt
aux prīces nouuelles que par
deuers le roy de france venoit
le duc de bretaigne pour soy
mectre en son obeissance. Et
pourtant departirēt de lost les
princes et les barons de bretaigne pour aler a paris par
deuers le roy mais en poy-

tou demoura. b. qui deuāt mō
stereulbouin ou bon chastel et
fort auoit mist le siege et dure
mēt le fit messire. b. assaillir et
tant que par force le prīt. illec
se refreschirēt messire. b. et sa
cheualerie puis fit sō ost cheuau
chier droit a tiset ou bataille
eut fiere et merueilleuse.

L Ystoire racompte que
apres la prinse de mō
stereulbouin mist le
siege deuant tiset messire bertrand au chastel de tiset estoit
de par le roy dangleterre vng
cheualier nomme robert mitō
a grant garnison danglois et
en la place deuāt le chastel fit
messire bertrād son siege clour
re et faire palis. Et trancher
du couste deuers les champs
Souuentesfois fit messire. b
assaillir mais asprement se def
fendirēt anglois En ce contē
ple estoit lieutenāt en guienne
de par le roy dangleterre messi
re Jehan deureux qui les an
glois de plusieurs forteresses
assēbla a nyort et bien se trou
ua en nōbre de. viii. c. cheualiers
et escuiers. Adōc estoit le sire
de clisson deuant le chastel de
la roche sur yonne ou mis a-
uoit le siege et en sa cōpaignie
estoit le sire de lauauguion le

sire de rohen et plusieurs aultres barōs et biē scauoit que a
nyort assembloit messire ichā
deureux ãglois mais pēser ne
scauoit se sestoit pour eulx cō
batre ou le siege de tiset leuer.
ceste achoison fit scauoir le sire
de clissō a messire. B. en luy mā
dāt q̄ sur sa garde se tenist dōc
moult le mercya. B. et en ce mesmes temps tenoit messire alaī
de beaumont par lordonnance
de messire. B. vng siege deuant
vng aultre chastel dont estoit
capitaine tressonnelle qui leās
fut. a messire alain fit messire
B. scauoir q̄ a nyort se assem-
bloyent anglois et que sur sa
garde se tenist. a dōc fit messire
bertrand clourre son siege de
palis Ainsi tindrent les fran
cois troys sieges dont chascū
esperoyent auoir bataille.

TAnt fit messire ichan
deureux que dedens la
ville de niort assembla
viii. cēs cheualiers et escuiers
tant dangleterre que de guiēne
et eurēt cōseil que deuant tiset
yroiēt premieremēt pour mes
sire bertrand combatre qui a
rancon seroit mis. Et entreux
fut ordonne que se victoire a-
uoyent que francois seroyent
tous mis a mort excepte messire bertrand moitie du part
et messire geoffroy de carmeil
q̄ a rancon seroient pris pour
la grant rancon que auoir en
deuoient et aussi pour la vail-
lātise de messire bertrād mais
dieu leur retailla asses de leur
propos. en la compaignie de
messire ichan deureux furent
le sire dargentes Jaques son
frere iaquemin asset Jaq̄min
houtō le capitaine de mortaig
et iaquentre capitaine de chitre
et par le conseil dicelluy iaquē
tre firent faire les anglois tu
niq̄s blāches toutes pareilles
a croix vermeilles vestuz par
dessus leur harnois qui grant
chose fut a veoir et de niort par
tirent en grant arroy bannieres desploiees Et au departir
par grāt orgueil dist iaquētre
a sō hoste q̄ sa chābre fit biē pa
rer et largemēt appareiller vi
taille pour messire. B. honorer
car la auoit intēcion de la mener Et tant cheuaucherēt an
glois leur chemin tenāt droit
a tiset que en la forest trouuerent deux charrettes de vin.
Et des parties de monstereul
belay estoient menez au siege
pour les cuyder bailler aux
francois. pour le vin sarreste-
rent anglois et les tonneaux

firent mectre sur bout et deffõ
ser dũg bout et auec leurs cap
pelines et gantelles commẽce
rent a boire ceulx qui aultres
vaisseaux nauoient et apres
que tout le vin eurent beu et es
chauce le cuer fut la ceruelle de
sirans furent aulcũs de tost ar
riuer au siege. Mais contre-
disans furent aulcuns cheualiers anglois qui conseillerent
que dedens les bois se tenissẽt
toute la iournee et la nuytee
partissent pour lost des francois surprendre. deuant toute
la cheualerie ãglesse messire ie
han deureux parla et dit en
ceste maniere Seigneurs dit
il en ceste compaignie cy sommes. viii. cens cheualiers et es
cuyers et deux cẽs archiers. et
biẽ scauez q̃ deuãt tiset ne sont
point plus de cĩq cens comba
tans renommez sont anglois
en toutes cõtrees que en nulle
saison nont trahy leurs ennemis mais aduentureusemẽt en
leurs grans auãtaiges et par
aguet sans trahison se sont
tousiours tenuz. et ceste chose
dy ie pource que par ceste voye
mectrions frãcoys a destructiõ
et pou de hõneur y pourrions
recouurer aincois nous tour
neroit a reprouche Et certes
nul cheualier vaillant ne doit
tendre a nul deshonneur Aux
parolles de messire iehan deureux saccorderent tous les
anglois et moult len louerent
ainsi sen partirẽt anglois du
bois pour venir au siege de tiset ou estoit messire bertrand
Et deuãt enuoierent leurs cou
reux pour scauoir et aduiser
lestat du siege de tiset car en
doubtance furent que retraiz
se fussent francois mais enco
res ne scauoient francois que
si pres fussent anglois. et par
les coureux des anglois sceu
rent plusieurs francois qui de
hors du siege estoient reculles
hors du palis que pres dillec
estoient anglois et guieres ne
demoura que ãglois ẽuoyerẽt
deux herauls a messire. ber.
luy presẽter la bataille Et p̃n
drẽt place les anglois. A celle
heure se reposoit messire. b.
en sa tente et pour soy conseil
ler manda le sire du perche le
viconte de mellun messire ie
han de vienne admiral de frã
ce messire oliuier de mãny mes
sire oliuier de beaumont messi
re guillaume de bordes messi
re geoffroy caniel messire mo
rice du parc messire guy de ba
yeulx le viconte daunoy messi

re iehan montfort le sire de tor
nemine le sire de lanquast et
plusieurs aultres chevaliers
et escuiers de france q̃ au siege
estoyent aux quelz messire ber
trand dit. Seigneurs vous
voyez que ycy devant sont voz
ennemis qui bataille nous
p̃sentent et a present est venu
ung chevaucheur de france
par lequel nous escript le roy
que pour cōbatre se assemblēt
ãglois mais tant hardy ne so
yons de bataille leur livrer si
ne voyons en cest affaire que
tout deshonneur ne soit se aul
trement ne nous conseillons
sur ces parolles les chevaliers de france se cōseillerēt en
semble puis a messire. b. respō
dirent en ceste maniere Nulle
ment ne seres par nous cōseil
les de desobeir au commande
ment du roy car se fortune vo⁹
estoit au contraire de luy nau
rions iamais secours. mais
bien scavons que pour vo-
stre siege garder et les angloys
tenir a grant destresse vous e
stes fors en bataille de gens et
aussi vostre siege qui est cloz de
palis et de trenchis se dedens
anglois vous viennent fors
estes pour les recevoir et plus
pourries sur eulx gaigner
que ilz ne feroient sur vo⁹ pour
quoy nous semble que hōneur
avez asses en ces choses fai-
sās sans yssir en bataille.

Oulent fut messire bertrand quant les parolles de la cheva lerie entendit car desirāt estoit dangloys combatre apres ce que longuement eust pense en ceste chose la chevalerie fit re tourner et a eulx parla en ce- ste maniere. Tout temps ay ouy maintenir que le roy char les de france est droit hoir de la coronne Et que de luy nest nul plus vray catholique en dieu. Vray est que quant de luy partites en prenant de luy congie pour venir es parties de pardeca par son sermēt me iura q̃ loyaulment estoit infor me que a luy appartenoit la duchie de guienne et que plus seur men tenisse se anglois trouvoye pour contre eulx sa droicture garder vous scavez seigneurs que pour les droiz du roy de frāce derrain qui son connestable suis combien que pou ie vaulx ma fait cy venir en ces contrees Et en ma cō paignie cuide avoir amene che valerie de aussi grant prouesse comme lon pourroit recou-

urer en nulle contree. Et bien
sauez vous mõstre iusques cy
et en oultre cuydons estre pres
de tel nombre de gens comme anglois sont pour quoy reprouche et deshonneur nous
pourroit estre tourne sus se ba
taille reffusions et me vueillez sur ce respondre et dire vo
aduis. Appertement respon-
dirent les cheualiers a messire Bertrand Sire bien sca
uõs q̃ du roy nest nul meilleur
xp̃ien se de droit ne fust hoirs
de la coronne a luy ne fussiõs
point obeissans et scauõs bie
aussi q̃ de droit luy appartient
guiẽne. Et bien pres auez tel
nombre de gens cõme angloys
et auez gens de cognoissance
q̃ nullemẽt ne vo⁹ fauldrõt et
biẽ voulõs q̃ vo⁹ sachiez q̃ icy
na nul qui grant voulẽte nait
dangloys combatre mais la
malueillance du roy qui la ba
taille nous deffend nous fait
ces choses vous desconseiller et
toutesfois nous voulons par
vous gouuerner et faire ce que
au cueur vous cherra car tous
iours nous sommes biẽ trou
uez de tout ce q̃ ampris auez et
bien nous semble q̃ se moings
estions la moytie que soubz vo
stre conduite ne pouõs periller

Moult fut ioieux messire. B.
quant les parolles entendit et
debonnairement les mercya.
Puis dit seigneurs procureur
suis du roy charles nostre sou
uerai seigneur pour ses desbas
vous iure ma foy que en la du
chie de guienne est sa droiture
pour quoy mõ deuoir ne feroye
se ses drois ne debatoie et puis
q̃ ie scay ces choses vrayes deu
q̃l est vray catholique dieu en
q̃ iay ma fiãce nous sera en ai
de sil luy plaist sil vous plaist
anglois combatre. A ce sac
cord a toute la cheualerie Et
ainsi aux anglois manderent
bataille.

¶ Comment bertrand or
donna ses batailles a riset cõ
tre les anglois.

Deuant le palis de ti-
set ordonna messire. b
ses batailles et au de
hors furent anglois en la plai
ne en ordonnãce de bataille li
urer et en actẽdãt frãcois esto
yẽt ãglois assiz a terre au frõc
deuãt. ap̃s ce q̃ messire. b. eust
ses batailles ordõnees mist en
sa garnison pour le siege gar
der messire iehã de beaumõt a-
tout. iiii. xx. hõmes darmes q̃
de dẽs les tẽtes et pauillons se
tindrent couuertemẽt pour an
glois surprendre se du chastel
sen yssoiẽt et pour la bataille
faire fit messire. b. le palis dõt
son siege estoit cloz abatre. et
en ordõnãce partirẽt frãcoys
de leur siege pour assẽbler aux
ãglois. a toutes leurs lãces a
baissees alerẽt tãt frãcois que
aux archiers des ãglois assẽblerẽt et pou dura le trait ap̃s
ce q̃ le trait fut failli assẽbla la
bataille des frãcois cõtre ãglois
et de lãces poussarẽt les vngz
cõtre les aultres. a celle batail
le reculerent anglois les fran
cois par force de lãces et adõc
laisserent anglois leurs lãces
cheoir et aux haches se p̃ndrẽt
pour les lances des francoys
briser. Biẽ apparceut messire

bertrand que anglois auoient
leurs lances laisse cheoir et
lors en francois reconfortant
lescria que chascun tint roide
sa lance et le pousser fit rãfor
cier de telle vertu que anglois
prindrẽt a reculer Quãt ceulx
du chastel apparceurẽt q̃ aux
anglois estoient francois assẽ
bles le pont du chastel firent
abaisser et en armes yssirent
mais par messire iehã de beau
mont furent desconfis et le ca
pitaine prins dont briefment
sceurent francois nouuelles
q̃ en bataille estoiẽt et moult en
creut leur hardement en cõba
tant des lances rebouterent
francois tresgrandement anglois et sur les esles de la premiere bataille auoit mis mes
sire bertrãd tresgrant nõbre de
gẽs darmes et de arbelestriers
qui de haches et de trait assem
blerent cõtre anglois tellemẽt
q̃ enclos furent de toutes pars
Et en pou deure tourna sur ã
glois la desconfiture. La fut
prins messire iehan deureux
par messire pierre de negiõ. et
y morut enuirõ. vi. c. ãglois ne
de toute la bataille ne furent
retenuz que cinq anglois prisonniers en vie et apres la des
confiture retourna messire ber
trãs au siege Et en celle iour
nee fut le chastel rendu et bien
fut frustre de son intẽcion Ja-
quentre capitaine de chitre lãglois qui sur la place demoura mort q̃ a son hoste au depar
tir de nyort auoit chargie faire grant appareil pour messire
bertrand festoier lequel cuidoit desia auoir sur luy la vic
toire Et bien est vray ce quõ
dit en prouerbe asses deschiet
de ce que fol pense et lomme p̃
pose et dieu dispose.

Tantost que le chastel
fut rẽdu a messire. b.
il fit to' les vestemẽs
des ãglois et des cheuaulx sur
quoy montes estoient qui en
bataille furent gaignez et dessus fit monter francois. Et
hastiuemẽt les fit partir de tiset
pour venir deuãt nyort. quãt
ceulx de nyort apparceurent
frãcois habillez des robbes et
cheuaulx q̃ ãglois auoiẽt cuide
rẽt q̃ ce fussẽt ãglois et apper
temẽt abaisserẽt leur pont et
dedens nyort entrerent fran
coys hastiuement Et quant
dedens furent commencerent
a crier guesclin et furent prins
tous ceulx qui dedens estoiẽt

et moult y gaignerēt de belles
richesses Et fit messire bertrād la ville et le chasteau gar
nir Et dillec sen ala deuant
le chastel de gencay q̄ tātost le
print dassault et le chasteau
garnist Apres la prise de gen
cay cheuaucha deuant luzi-
gnen ou ville a bien seant et le
pl⁹ fort chastel de poitou mais
guieres ne seiourna que la vil
le et le chastel conquist. pour la
cōte et seneschaucie de poitou
garder ordonna messire bertrand messire oliuier de beaumont cheualier de regnon Et
puis sen partirent messire ber
trād pour aler a pōtorson luy
et sa cheualerie ou le duc de
bretaigne cuidoit trouuer qui
a certain iour auoit promis
dy estre et se mectre en lobeissā
ce du roy charles de france dōt
il nen fit riens aincois sen ala
par mer en angleterre ou il fit
pou de ce quil cuidoit et depuis
en bien poure estat conuersa
longuement en la conte deflan
dres ¶ Quant dedens pont-
orson fut messire Bertrand
et les barons de bretaigne
qui la estoient venuz pour
le duc mener deuers le roy et
la faulte du duc apparceurēt
en eulx neust que courroucier si
eurent conseil ensemble que de
puis que le duc failloit au roy
de couenāt les villes et les cha
steaulx de bretaigne mectro-
yent en lobeissance du roy dōt
sen entra messire bertrand en
bretaigne de par le roy et chalē
ga villes et chasteaulx. mais
atant se tait ores lystoire des
faiz de bretaigne et retourne
aux faiz de messire bertrand
qui de bretaigne se partit pour
venir a paris deuers le roy
charles de france.

En ceste partie dit ly-
stoire que ap̄s ce que
messire bertrand eust
en bretaigne receu les feaultes
des barons et la saisine de plu
sieurs villes et chasteaulx q̄
au roy se rendirent sen retour
na a paris pour le roy veoir q̄
par ses lectres lauoit mande
auec le roy estoit adoncques
le duc danjou frere du roy et
quant messire Bertrand fut
arriue ne demande nul la chie
re et lonneur qui de par le roy
luy fut faicte Et aussi par les
ducz et princes et par tous
ceulx de la ville Car se dieu
fust descendu en terre a paine

en eust on peu plus faire.

PArle gre du roy char
les de france fit en ce
temps le duc danjou
une armee pour aler a peri-
gort contre anglois q̃ le pays
de limosin guerreoyẽt en la cõ
paignie du duc enuoya le roy
messire. b. yuõ de gales hue de
villiers le mareschal de sãcer
re tibault du pont et plusieurs
aultres cheualiers de france q̃
tant alerent q̃ p̃s dũg chastel
appelle bernardieres arriuerẽt
ou mõlt grãt nõbre danglois
auoit. et tantost que anglois
sceurent la venue du duc danjou et de messire. b. bouterẽt le
feu en leur forteresse et leurs
prisonniers ardirent puis sen
partirent a grãt haste Illec ar
riuerent francois q̃ la destruc
tion apparceurent Et la fut
trouue ung prestre ars et en
sa main tenoit encores ung
calipce dõt grãt pitie print a la
cheualerie de frãce qui leur che
min prindrent droit a condac
et a ung samedi fit messire. b.
cõmencer lassault fier et merueilleux mais par force de mal
temps cessa lassault. dessus
eulx descendit si grant orage
que bien perdirent cent cheua
liers. Mais lendemain fit
messire bertrand recommẽcer
lassault de telle puissance que
souffrir ne le peurent anglois
ains se rendirent au duc leurs
vies saulues Et de la se partirent anglois et le chasteau de
condac garnir fit. Apres la
prinse de cõdac se partit le duc
atout ses ostz Et deuant ber
gerac alla mectre le siege. La
ville et le chastel fit messire ber
trand assaillir de toutes pars
Et asprement se deffendirent
anglois mais en la fin se ren
dirent au duc qui dedens entra Et la ville et le chastel
garnist Au partir de bergerac
cheuaucherẽt le duc et messire
Bertrand deuant esmectoit
qui tost leur fut rendu et dillec alerent deuant saincte foy
qui semblablement se rẽdit.

EN ce temps fut p̃ns
messire perducas da
lebret des francois et
moult auoit tout son temps
frãcoys greuez. moult le hoit
le duc danjou Quant le duc
en sceut la prinse tãt traicta q̃
amene luy fut en ses prisons
et enferrer le fist Et auãt que
de ses prisons peut partir par
rancon rendit au roy. xxvii.
chasteaulx q̃ en son obeissãce
estoyent et a la priere du sire

dalebret qui son parent estoit le mist a finance. Au sire da lebret estoit le duc tenu en grãt somme de deniers pourtant de pension quil prenoit sur luy et montoit la somme de cent cĩquãte mille florins. A celle fi nance mist le duc par ducas Et au sire dalebret le bailla en payement mais auant son partement paya contẽt pour chascun iour quil auoit prisõ tenue cinquante florins pour sa despence auec les gaiges de ses gardes.

En ce temps fut pris le sire de dural dedẽs son chastel de furet qui frãcois promist estre pour ce luy quicta sa rancon mais guieres ne demoura quil se rẽdit anglois et tourne luy fut a grant reprouche. ¶ Depuis la prinse de furet cheuaucherẽt deuant castillon et tãtost leur fut rendu. et le chastel fit gar nir. de castillon partirent et tant cheuaucherent que deuãt sainct maquaire vindrent et siege y tindrẽt. La vindrẽt au secours du duc le sire de toursi et le sire de partenay a tresgrãs gẽs la furẽt apportees au duc plusieurs clefz de plusieurs villes et chasteaulx qui au roy se rẽdirẽt Et par accord se ren dirent ceulx de sainct maquai re puis donna le duc congie a tous ses ostz et en touraine re tourna Et messire bertrand sen ala a paris deuers le roy q̃ grãt ioye eust de sa venue. Et moult le honnoura et fit hon nourer par tous ceulx de son sang.

Longuemẽt ne seiour na messire. B. a paris mais par laccord du roy assembla messire. B. tres grãt armee et dedẽs la duchie de guiẽne ẽtra et tãt cheuaucha en cõqrãt villes et chasteaulx q̃ deuãt chastelneuf de rãdon arriua. la furẽt ãglois q̃ le cha stel garderẽt et grãdemẽt gar nis furẽt de viures et dartillerie fort fut le chastel et biẽ seãt et assieger le fit messire. ber. et as sault y liura par plusrs foys mais pou y exploicta illec iu ra messire. B. le siege et tãt tint ãglois a destroit q̃ de nulle part nauoiẽt viures pource requirẽt anglois vng iour de treues et par deuers messire. B. enuoye rẽt leur capitaine q̃ traicta q̃ a vng certaĩ iour rẽdroiẽt la pla ce et si du roy ãglois nauoiẽt se cours et ce promist et bailla o stage a messire. B. dõt treues

leur furent donnees iusques
au iour que le chastel devoient
rendre.

Durans les treues prin
ses par les angloys
du chastel neuf de rā
don rendre messire bertrand q̄
siege y tenoit acoucha au lit de
la mort. Et quant de la mort
se vit si approucher devote-
ment receut ses sacremens et
par devers luy fit venir le ma
reschal de sācerre lequel il tenoit
moult bon chevalier messire
olivier de manny et la chevale
rie de son siege ausquelz dist.

Seigneurs de vostre cōpaignie me faul dra briefmēt par
tir pour la mort qui est a tous
commune par voz vaillances
et non par moy ma tenu for
tune en grant honneur en tou
te france en mon vivant et a
vous en est deu lonneur q̄ mon
ame a vous recommande cer
tes seigneurs bien avoie intē
tion de briefmēt par voz vail
lances acheuer les guerres de
france Et au roy charles ren
dre tout son royaulme en obeis
sance mais cōpaignie a vous
ne puis plus tenir doresenavāt
et nō pourtāt ie requers a dieu
mō createur q̄ couraige vous
doint tousiours envers le roy
que par vous sire mareschal
et par voz vaillances et de tou
te la chevalerie qui tāt loyaul
ment et vaillammēt se sont
tousiours portez envers luy
ses guerres soiēt affinees. mō
seigneur le mareschal et vous
aultres messeigneurs q̄ cy estes
dune chose vous vueil requer
re dont mame finera en grant
repos se faire se pouoit Et di
ray quelle. vous scavez seigneurs
q̄ angloys ont prins ēvers moy
iournee de leur chastel rendre
dōt en mō cueur ie desire moult
q̄ avāt ma mort angloys ren
dissent le chastel. des parolles
de messire. B. eurēt toute la che
valerie grāt pitie que nul ne le
scauroit dire lung regardoit
lautre en plourant en faisant
le nō pareil dueil que lon veist
oncques et disoient Helas
or perdons nous nostre bon
pere et capitaine nostre bon pa
steur qui tant doulcemēt nous
nourrissoit et seurement nous
conduisoit et le biē et hōneur
avons eest par luy. O hōneur
et chevalerie tāt perdras quāt
cestuy deffinera et plus de aul
tres regretz faisoient ceulx de
lostellemēt q̄ ceulx du chastel
aucunement lapparceurent.
mais pourquoy cestoit ne sca

uoiēt riēs Ainsi passa la iour
nee ne du roy anglois neurent
aulcun secours ceulx du cha
stel Et lendemain vint le ma
reschal de sancerre deuāt le cha
stel et le capitaine du chastel
manda lequel tantost vint a
luy et moult doulcement luy
dist le mareschal de sancerre.
capitaine et amis depar mon
seigneur leconestable vo⁹ viens
requerre q̄ le chastel et les clefz
rendez et voz hostaiges aquic
tez selon voz promesses. cour
toisemēt respōdit le capitaine
Sire vray est q̄ a messire. b.
auons couenāces lesq̄lles no⁹
tiēdrōs quant no⁹ le verrōs et
nō a aultre. amis dit le mares
chal se de par luy ne venisse ie
ne le vous disse point. Certes
sire ie vo⁹ tiens a biē seur mes
sagier et aux cōpaignōs de la
garnisō me cōseilleray sur voz
parolles puis vous en feray re
spōse sil vous plaist apres dis
ner. a ce saccorda le mareschal
loys de sancerre q̄ deuers messi
re. b. alla et ce q̄l trouua aux ā
glois luy racompta. Adonc
approucha messire Bertrād
de sa fin et bien le congneust.
Pource māda q̄ lon luy ap
portast lespee royalle laquelle
luy fut apportee et en sa main
la prit puis dist par deuant to
ces parolles. seigneurs entre q̄
iay eu hōneur des mondaines
vaillāces dōt pou suis digne
payer me fault le truaige de la
mort q̄ nul nespargne. premie
remēt vo⁹ prie que enuers dieu
vueillez auoir pour recōman
dee mō ame. et vo⁹ sire loys de
sācerre q̄ de frāce estes mares
chal plus grant hōneur auez
biē deserui a vo⁹ recōmāde mō
ame ma fēme et tout mō parē
te. Au roy charles de frāce mō
souuerai seigneur me recōmā
deres et ceste espee soubz q̄ est
le gouuernemēt de frāce de par
moy luy rēdres Car en mai
de plus loyal ne la puis met
tre en garde. Et apres ceste
parolle fit le signe de la croix
sur luy Et ainsi trespassa de
ce siecle le vaillāt messire ber
trand du guesclin qui tant va
lut en ses iours dont par le re
gnō de sa loyaulte est nomme
le. x. des preux et pour sa mort
demenerent grant dueil la che
ualerie de france et dangleterre
et iacoit ce q̄ aux āglois il fut
contraire si laimoient ilz pour
sa loyaulte et droicture et pour
ce q̄ amiablemēt et sās dure
p̄son et rācons les traictoit et
gouuernoit quāt il les auoit.

172.

Cy finist le liure des faitz de messire Bertrand du guesclin chevalier jadis connestable de france et seigneur de longueuille.

L'AMOUR

AU

DIX-HUITIÈME SIÈCLE

PAR

ED. ET J. DE GONCOURT

PARIS

E. DENTU, LIBRAIRE-ÉDITEUR

Palais-Royal, 17 et 19, galerie d'Orléans

L'AMOUR

AU

DIX-HUITIÈME SIÈCLE

F. MÉAULLE

TIRAGE A PETIT NOMBRE

PLUS QUELQUES EXEMPLAIRES

Sur papier de Chine, Whatman, de Hollande, vélin teinté.

J. Claye, Imprimeur, 7, r. St Benoît, à Paris

L'Amour
au

L'AMOUR

AU

DIX-HUITIÈME SIÈCLE

PAR

ED. ET J. DE GONCOURT

PARIS

E. DENTU, ÉDITEUR

Palais-Royal, galerie d'Orléans

1875

La France, jusqu'à la mort de Louis XIV, semble travailler à diviniser l'amour. Elle fait de l'amour une passion théorique, un dogme entouré d'une adoration qui ressemble à un culte. Elle lui attribue une langue sacrée qui a les raffinements de formules de ces idiomes qu'inventent ou s'approprient les dévotions rigides, ferventes et pleines de pratiques. Elle cache la matérialité de l'amour avec l'immatérialité du sentiment, le corps du dieu avec son âme.

Jusqu'au XVIIIe siècle, l'amour parle, il s'empresse, il se déclare, comme s'il tenait à peine aux sens et comme s'il était dans l'homme et dans la femme une vertu de grandeur et de générosité, de courage et de délicatesse. Il exige toutes les épreuves et toutes les décences de la galanterie, l'application à plaire, les soins, la longue volonté, *le patient effort, les respects, les serments, la reconnaissance, la discrétion. Il veut des prières qui implorent et des agenouillements qui remercient, et il entoure ses faiblesses de tant de convenances apparentes, ses plus grands scandales d'un tel air de majesté, que ses fautes, ses hontes même, gardent une politesse et une excuse, presque une pudeur. Un idéal, dans ces siècles, élève à lui l'amour, idéal transmis par la chevalerie au bel-esprit de la France, idéal d'héroïsme devenu un idéal de noblesse. Mais au* XVIIIe *siècle, que devient cet idéal? L'idéal de l'amour au temps de Louis XV n'est plus rien que le Désir, et l'Amour est la Volupté.*

Volupté! c'est tout le XVIIIe *siècle. Il respire la volupté, il la dégage. La volupté est l'air dont il se nourrit et qui l'anime. Elle est son atmosphère et son souffle. Elle est son élément et son inspiration, sa vie et son génie. Elle circule dans son cœur, dans ses veines, dans sa tête. Elle répand l'enchantement dans ses goûts, dans ses habitudes, dans ses mœurs et dans ses œuvres. Elle sort de la bouche du temps, elle sort de sa main, elle s'échappe de son fond intime et de tous ses dehors. Elle vole sur ce monde, elle le pos-*

sède, elle est sa Fée, sa Muse, le caractère de toutes ses modes, le style de tous ses arts; et rien ne demeure de ce temps, rien ne survit de ce siècle de la femme, que la volupté n'ait créé, n'ait touché, n'ait conservé, comme une relique de grâce immortelle, dans le parfum du Plaisir.

La femme alors n'est que volupté. La volupté l'habille. Elle lui met aux pieds ces mules qui balancent la marche. Elle lui jette dans les cheveux cette poudre qui fait sortir, comme d'un nuage, la physionomie d'un visage, l'éclair des yeux, la lumière du rire. Elle lui relève le teint, elle lui allume les joues avec du rouge. Elle lui baigne les bras avec des dentelles. Elle montre au haut de la robe comme une promesse de tout le corps de la femme; elle dévoile sa gorge, et l'on voit, non-seulement le soir dans un salon, mais encore tout le jour dans la rue, à toute heure, passer la femme décolletée, provocante, et promenant cette séduction de la chair nue et de la peau blanche qui dans une ville caressent les yeux comme un rayon et comme une fleur.

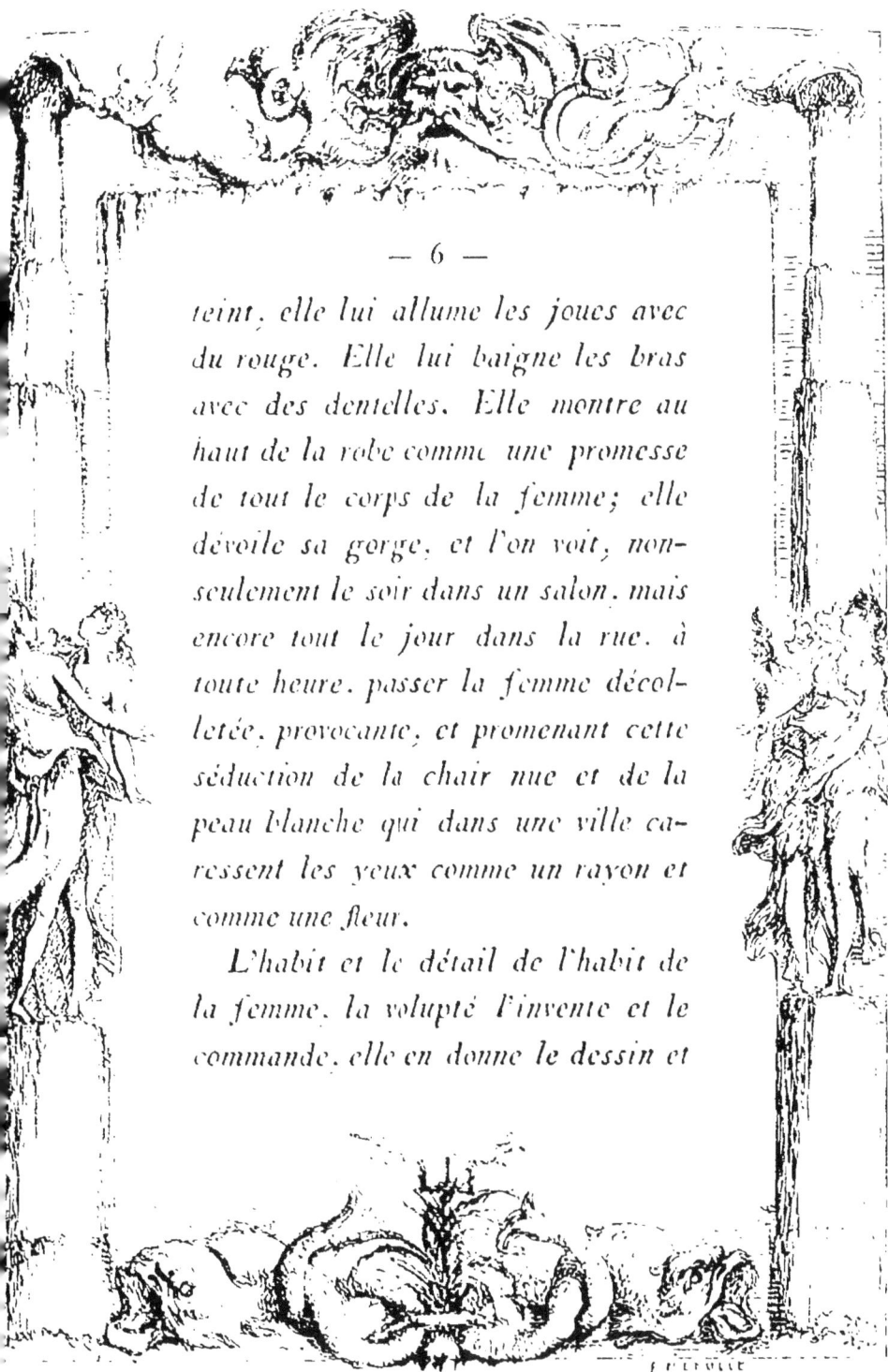

L'habit et le détail de l'habit de la femme, la volupté l'invente et le commande, elle en donne le dessin et

le patron, elle l'accommode à l'amour, en faisant de ses voiles mêmes une tentation. Parures et coquetteries, elle les baptise de noms qui semblent attaquer le caprice de l'homme et aller au-devant de ses sens.

Ainsi parée par la volupté, la femme trouve la volupté partout autour d'elle. La volupté lui renvoie de tous les côtés son image, elle multiplie sous ses yeux ses formes galantes comme dans un cabinet de glaces. La volupté chante, elle sourit, elle invite par les choses muettes et habituelles de l'intérieur de la femme, par les ornements de l'appartement, par le demi-jour de l'alcôve, par la douceur du boudoir, par le moelleux des soieries, par les réveilleuses *de satin noir dont le ciel est un grand miroir. Elle étale sur les panneaux des aventures toujours heureuses, qui semblent bannir d'une chambre de femme les rigueurs même en peinture. Et, tenant la femme dans une odeur d'ambre, elle la fait vivre, rêver, s'éveiller au milieu d'une clarté tendre et voilée, sur des meubles de langueur conviant aux paresses molles, sur les sofas, sur les lits de repos, sur les* duchesses *où le corps s'abandonne si joliment aux attitudes lasses et comme négligées, où la jupe, se relevant un tant soit peu, laisse voir un bout de pied, un bas de jambe. L'imagination de la volupté est l'imagination de tous les métiers qui travaillent pour la femme, de tous les luxes qui veulent lui plaire. Et la femme sort-elle de ce logis où tout est tendre, coquet, adouci, caressant, mystérieux? La Volupté la suit dans une de ces voitures si bien inventées contre la timidité, dans un de ces* vis-à-vis *où les visages se regardent, où les respirations se mêlent, où les jambes s'entrelacent*[1].

La femme se répand-elle dans les sociétés? Causerie, propos aimables, équivoques, compliments, anecdotes,

1. *Angola,* vol. I.

charades et logogriphes à la mode[1], voilant dans le plus grand monde le cynisme sous la flatterie, l'esprit du temps apporte sans cesse à la femme l'écho de la galanterie et le fait résonner au fond d'elle. L'esprit du temps l'assiége, il éveille ses sens à toute heure; il jette sur sa toilette, il lui met dans les mains les livres qu'il a dictés et qu'il applaudit, les brochurettes de ruelles, les opuscules de légèreté et de passe-temps, les petits romans où l'allégorie joue sur un fond libre et danse sur une gentille ordure, les contes de fée égayés de licence et de polissonnerie, les

1. *Correspondance secrète,* passim.

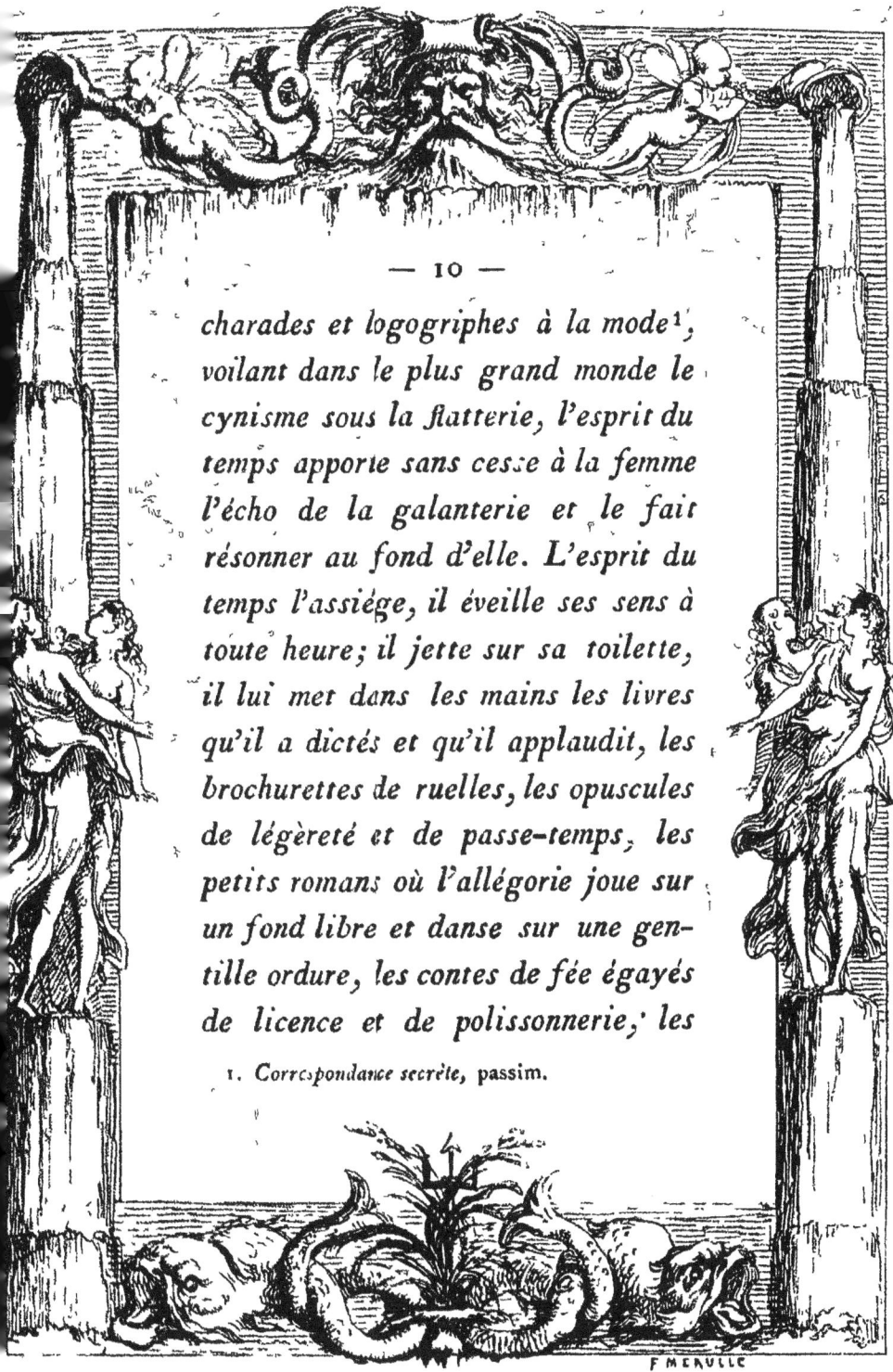

tableaux de mœurs fripons, les fantaisies érotiques qui semblent, dans un Orient baroque, donner le carnaval des Mille et une Nuits *à l'ennui d'un sultan du Parc-aux-Cerfs. Puis, c'est autour de la femme une poésie qui la courtise, qui la lutine; ce sont de petits vers qui sonnent à son oreille comme un baiser de la muse de Dorat sur une joue d'opéra. C'est Philis, toujours Philis qu'on attaque, qui combat, qui se défend mal... des regards, des ardeurs, des douceurs! « J'inspire là-dessus en me jouant, » dit l'Apollon de Marivaux. Poésie de fadeur qui embaume et qui entête! Rondeaux de Marot retouchés par Boucher, idylles de Deshoulières ranimées par Gentil-Bernard, poëmes où les rimes s'accouplent avec un ruban rose, et où la pensée n'est plus qu'un roucoulement! Il semble que les lettres du* XVIIIe *siècle, agenouillées devant la femme, lui tendent ces tourterelles dans une corbeille de fleurs dont les bouquetières offraient l'hommage aux Reines de France* [1].

La femme se met-elle au clavecin? chante-t-elle? Elle chante cette poésie; elle chante : De ses traits le Dieu de Cythère... *ou :* Par un baiser sur les lèvres d'Iris... *ou :* Non, non,

1. *Correspondance secrète,* vol. VII.

le Dieu qui fait aimer[1]..., *chansons partout goûtées, jetées sur toutes les tablettes, dédiées à la Dauphine, et auxquelles le temps trouve si peu de mal qu'il met sur les lèvres de Marie-Antoinette le refrain :*

En blanc jupon, en blanc corset... [2]

La Volupté, cette volupté universelle, qui se dégage des choses vivantes comme des choses inanimées, qui se mêle à la parole, qui frémit dans le livre, qui palpite dans la musique, qui est la voix, l'accent, la forme de ce monde, la femme la retrouve dans

1. *Choix de Chansons mises en musique par M. de Laborde.* Paris, Delormel, 1773.
2. *Correspondance secrète,* vol. II.

F MEAULLE

l'art du temps plus matérielle et pour ainsi dire incarnée. La statue, le tableau, sollicitent son regard par un agrément irritant, par la grâce amusante et piquante du joli. Sous le ciseau du sculpteur, sous le pinceau du peintre, dans une nuée d'Amours, tout un Olympe naît du marbre, sort de la toile, qui n'a d'autre divinité que la coquetterie. C'est le siècle où la nudité prend l'air du déshabillé, et où l'Art ôtant la Pudeur au Beau rappelle ce petit Amour de Fragonard qui, dans le tableau de la Chemise enlevée, emporte en riant la décence de la femme.

Que de petites scènes coquines,

grivoises! que d'impuretés mythologiques! que de Nymphes scrupuleuses, *que de* Balançoires mystérieuses! *Que de pages spirituellement immodestes, échappées au grand Baudouin et au petit Queverdo, à Freudeberg, à Lavreince, aux mille maîtres qui savent si bien décolleter une idée de Collé dans une miniature du Corrége! Et la gravure est là, avec son burin leste, vif et fripon, pour répandre ces idées en gravures, en estampes vendues publiquement, entrant dans les plus honnêtes intérieurs et mettant jusqu'aux murs de la chambre des jeunes filles*[1]*, au-*

1. *Entretiens du Palais-Royal*. Paris, Buisson, 1786.

dessus de leur lit et de leur sommeil, ces images impures, ces coquettes impudicités, ces couples enlacés dans des liens de fleurs, ces scènes de tendresse, de tromperie, de surprise, au bas desquelles souvent le graveur appelle dans un titre naïf le plaisir par son nom[1] *!*

Quelle résistance pouvait opposer la femme à cette volupté qu'elle respirait dans toutes choses et qui parlait à tous ses sens? Le siècle qui l'assaillait de tentations lui laissait-il au moins pour les repousser, pour les combattre, cette dernière vertu de

1. Voyez la planche de Queverdo dédiée à M. le comte de Saint-Marc.

son sexe, l'honnêteté de son corps : la pudeur?

Il faut le dire : la pudeur de la femme du XVIIIe *siècle ignorait bien des modesties acquises depuis elle par la pudeur de son sexe. C'était alors une vertu peu raffinée, assez peu respectée, et qui restait à l'état brut, quand elle ne se perdait pas au milieu des impressions, des sensations, des révélations, à l'épreuve desquelles le siècle la soumettait. Il y avait dans les mœurs une naïveté, une liberté, une certaine grossièreté ingénue qui en faisait, dans toutes les classes, assez bon marché. Comme la pudeur n'entrait point dans les* agréments sociaux, on ne l'apprenait guère à la femme, et c'est à peine si on lui en laissait l'instinct. Une fille déjà grande fille était toujours regardée comme une enfant, et on la laissait badiner avec des hommes; on tolerait même souvent qu'elle fût lacée par eux, sans attacher à cela plus d'importance qu'à un jeu[1]. La jeune fille devenue femme, un homme que vous montrera une gravure de Cochin lui prenait, sur sa chemise, la mesure d'un corps[2]. Mariée, elle recevait au lit, à la toilette où elle s'habillait et où l'indécence était une grâce, où

1. *Les Contemporaines*, par Rétif, *passim*.
2. *Le Tailleur pour Femmes*, dessiné par Cochin.

la liberté quelquefois dégénérait en cynisme[1]. *Dans l'écho des propos d'antichambre, dans la parole des vieux parents égrillards, une langue encore chaude du franc parler de Molière, une langue expressive, colorée, sans pruderie, apportait à son oreille les mots vifs de ce temps sans gêne. Ses lectures n'étaient guère plus sévères : de main en main passaient les recueils polissons, les* Maranzakiniana, *dictés par quelque grande dame à la plume de Grécourt*[2]*; la* Pucelle *traînait sur les*

1. Voyez dans d'Argenson la façon dont il est reçu par Mme de Prie à sa toilette.
2. *Mémoires de Richelieu*, vol. VIII.

tables, et les femmes qui se respectaient le plus ne se cachaient pas de l'avoir lue et ne rougissaient pas de la citer [1]*. La femme gardait-elle, malgré tout, une virginité d'âme? Le mari du temps, tel que nous le dessinent les Mémoires, était peu fait pour la lui laisser. Il en agissait, là-dessus, fort cavalièrement avec sa femme qu'il formait aux docilités d'une maîtresse; et s'il avait bien soupé, il donnait volontiers à ses amis le spectacle du sommeil et du réveil de sa femme* [2]*. La femme*

1. *Correspondance inédite de Mme du Deffand.* Michel Lévy, 1859, vol. I.
2. *Mémoires de Mme d'Épinay,* vol. I.

se tournait-elle vers l'amitié? Elle y trouvait les confidences galantes, les paroles d'expérience qui ôtent le voile à l'illusion, dans la compagnie de quelque femme affichée comme Mme d'Arty. Elle allait à une représentation de proverbe gaillard sur un théâtre de société, à quelque pièce de haute gaieté pareille à la Vérité dans le vin, *ou bien à un de ces prologues salés des spectacles de la Guimard auxquels les femmes honnêtes assistaient en loges grillées*[1]. *Elle essuyait « les jolies horreurs » des soupers à la mode*[2]*, elle affrontait les*

1. *Mémoires de la République des Lettres,* vol. V.
2. *Correspondance secrète,* vol. VIII.

chansons badines à la Boufflers courant le monde à la fin du siècle[1]. *Puis, pour achever de lui enlever le préjugé de ces misérables délicatesses, la philosophie venait : entraînée à quelque souper de comédienne fameuse, à la table d'une Quinault, dans la débauche de paroles de Duclos et de Saint-Lambert, au milieu des paradoxes grisés par le champagne, dans la belle ivresse de l'esprit et de l'éloquence, la femme entendait dire de la pudeur : « Belle vertu ! qu'on attache sur soi avec des épingles*[2] *!... »*

1. *Mémoires de la République des Lettres*, v. XXVI.
2. *Mémoires de Mme d'Épinay*, vol. I.

C'est ainsi que peu à peu, d'âge en âge, la facilité des approches, les spectacles donnés aux sens, l'irrespect de l'homme, les corruptions de la société et du mariage, les enseignements, les systèmes de pure nature, attaquaient et déchiraient chez la femme jusqu'aux derniers restes de cette innocence qui est, dans la jeune fille, la candeur de la chasteté, dans l'épouse, la pureté de l'honneur. Aussi le jour où l'amour se présentait à sa pensée, la femme ne trouvait pas pour repousser cette pensée de force personnelle; elle appelait vainement, contre la tentation de ce mot et de ses images, la défense, la révolte de sa pudeur physique. Et bientôt, dans cet intérieur que désertait le mari, quel effort ne lui fallait-il pas pour garder ce qu'elle croyait avoir encore de pudeur morale, devant tant d'exemples publics d'impudeur sociale, devant tant de ménages auxquels l'amour ou l'habitude servait de contrat, tant de liaisons reconnues, consacrées par l'opinion publique : Mme Belot et le président de Meinières, Hénault et Mme du Deffand, d'Alembert et Mlle de Lespinasse, Mme de Marchais et M. d'Angivilliers, etc., — jusqu'à Mme Lecomte et Watelet que per-

sonne ne s'étonnait de trouver ensemble chez la rigide Mme Necker[1] *!*

Facilités, séductions, mœurs, habitudes, modes, tout conspire donc contre la femme. Tout ce qu'elle touche, tout ce qu'elle rencontre et tout ce qu'elle voit, apporte à sa volonté la faiblesse, à son imagination le trouble et l'amollissement. De tous côtés se lève autour d'elle la tentation, non-seulement la tentation grossière et matérielle, touchant à la paix de ses sens, irritant les appétits de sa fantaisie et les curiosités de son caprice, mais encore

1. *Souvenirs de Félicie.*

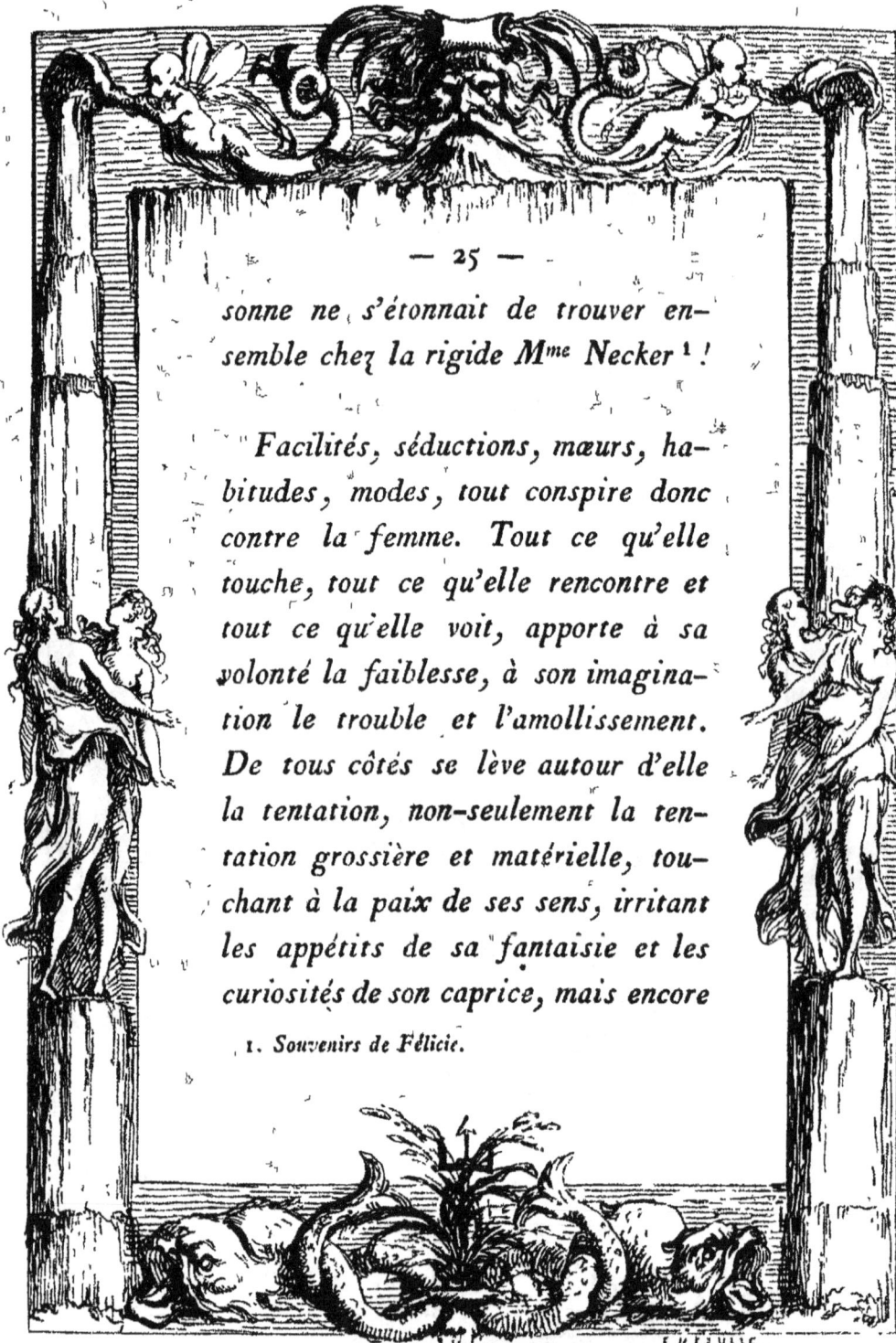

la tentation redoutable même aux plus vertueuses et aux plus délicates, la tentation qui frappe aux endroits nobles, aux parties sensibles de l'âme, qui touche, qui attendrit doucement le cœur avec les larmes qui montent aux yeux.

Il est un charme de l'amour, tout plein de fraîcheur et de poésie, à l'épreuve duquel le XVIIIe siècle soumettra les femmes les plus pures, comme pour leur donner l'assaut dont elles sont dignes. Le péril ne sera plus représenté par un homme, mais par un enfant. La séduction se cachera sous l'innocence de l'âge, elle jouera presque sur les genoux de la *femme qui croira la combattre en la grondant, et qui ne la repoussera qu'une fois blessée : ainsi dans l'ode antique, ce petit enfant mouillé et plaintif qui frappe avec une voix de prière à la porte du poëte ; puis assis à son feu, les mains réchauffées à ses mains, l'enfant tend son arc, l'arc de l'amour, et touche son hôte au cœur.*

Prières d'enfant, larmes d'enfant, blessure d'enfant, n'est-ce pas la jolie histoire de Mme de Choiseul avec le petit musicien Louis, si doux, si sensible, si intéressant et qui joue si bien du clavecin? Elle s'en amuse, elle l'aime à la folie comme un jou-

jou; elle a pour lui la passionnette *qu'une femme a pour son chien. Puis le petit homme grandissant en grâces, en intelligence, en douceur, en sensibilité, un matin vient où il faut lui défendre ces caresses enfantines qui bientôt ne seront plus de son âge. Alors plus de joie, plus d'appétit : il ne dîne pas. Le cœur gros, il reste assis au clavecin de Mme de Choiseul, si triste qu'elle laisse tomber sur sa petite tête ce mot de caresse : « Mon bel enfant. » A ce mot l'enfant éclate; il fond en larmes, en sanglots, en reproches. Il dit à Mme de Choiseul qu'elle ne l'aime plus, qu'elle lui défend de l'aimer.*

Il pleure, il se tait, il pleure encore et s'écrie : « Et comment vous prouver que je vous aime? » Il veut se jeter et pleurer sur la main de Mme de Choiseul; mais Mme de Choiseul s'est enfuie déjà pour dérober son attendrissement, ses larmes, son cœur, à ce doux affligé qui semble implorer l'amour d'une femme comme on implore l'amour d'une mère et d'une reine, agenouillé, et caressant le bas de sa robe. Et comment se défendre de pitié, d'indulgence, les jours suivants? Il a la fièvre; et, comme il le dit à l'abbé Barthélemy, « son cœur tombe. » Il reste en contemplation, en adoration, laissant

F MEAULLE

venir à ses yeux les pleurs qu'il va cacher dans une autre chambre. Il s'approche de Mme de Choiseul, il embrasse ce qui la touche, et quand elle l'arrête d'un regard, il la supplie d'un mot : « Quoi! pas même cela? » Tant de candeur, tant d'ardeur, tant d'audace ingénue, un enfantillage de passion si naturel et qui est la passion même, finiront par mettre sous la plume de Mme de Choiseul le cri du temps, le cri de la femme : « Quoi qu'on aime, c'est toujours bien fait d'aimer. » Et peut-être dira-t-elle plus vrai qu'elle ne croit elle-même, lorsqu'elle écrira : « Mes amours avec Louis sont à leur fin ; leur terme est celui de son voyage à Paris, et je l'y envoie à Pâques. Ainsi vous voyez que je vais être bien désœuvrée[1]. »

Mais on rencontre dans le XVIIIe *siècle, à côté du petit Louis, de plus grands enfants et qui menacent les maris de plus près. Ceux-ci ne sont pas encore hommes, mais ils commencent à l'être. Le dernier rire de l'enfance se mêle en eux au premier soupir de la virilité. Ils ont les grâces du matin de la vie, la flamme de la jeunesse, l'impatience, la légèreté, l'étourderie. Ils ont pour plaire l'âge*

1. *Correspondance inédite de M*me *du Deffand.* Paris, 1859, vol. II.

où l'on sort des pages et où l'on obtient une compagnie, l'âge où l'on voudrait avoir une jolie maîtresse et un excellent cheval de bataille. Ils séduisent par un mélange de frivolité et d'héroïsme, par leur peau blanche comme la peau d'une femme, par leur uniforme de soldat que le feu va baptiser. Ils badinent à une toilette, et la pensée de la femme qui les regarde les suit déjà à travers les batteries, les escadrons ennemis, sur la brèche minée où ils monteront avec un courage de grenadier. Et lorsqu'ils partent, quelle femme ne se dit tout bas à elle-même : Il va partir, il va se battre, il va mourir !

comme la Bélise de Marmontel écoutant les adieux du charmant petit officier : « Je vous aime bien, ma belle cousine ! Souvenez-vous un peu de votre petit cousin : il reviendra fidèle, il vous en donne sa parole. S'il est tué, il ne reviendra pas, mais on vous remettra sa bague et sa montre[1]*... »*

Amours d'enfants, amours de jeunes gens, un poète va venir à la fin du siècle pour immortaliser vos dangers et vos enchantements : et faisant tomber les larmes du petit Louis sur l'uniforme de Lindor, Beaumarchais

1. *Contes moraux de Marmontel*, Merlin, 1765, vol. I. Le Scrupule.

nous laissera cette figure ingénue et mutine, où s'unissent les ensorcellements de l'enfant, de la jeune fille, du lutin, et de l'homme : Chérubin! le démon de la puberté du XVIIIe *siècle.*

A côté de ce danger, que d'autres dangers pour la vertu, pour l'honneur de la femme dans la grande révolution faite par le XVIIIe *siècle dans le cœur de la France : la Passion remplacée par le Désir!*

Le XVIIIe *siècle en disant :* Je vous aime, *ne veut point faire entendre autre chose que :* Je vous désire. Avoir *pour les hommes,* enlever *pour les femmes, c'est tout le jeu, ce sont toutes les ambitions de ce nouvel amour, amour de caprice, mobile, changeant, fantasque, inassouvi, que la comédie de mœurs personnifie dans ce Cupidon bruyant, insolent et vainqueur, qui dit à l'amour passé : « Vos amants n'étaient que des benêts, ils ne savaient que languir, que faire des hélas, et conter leurs peines aux échos d'alentour. J'ai supprimé les échos, moi... Allons, dis-je, je vous aime, voyez ce que vous pouvez faire pour moi, car le temps est cher, il faut expédier les hommes. Mes sujets ne disent point : je me meurs, il n'y a rien de si vivant qu'eux. Langueurs, timidité, doux martyre, il n'en est plus question; fadeur, platitude du temps passé que tout cela... Je ne les endors pas, mes sujets, je les éveille; ils sont si vifs qu'ils n'ont pas le loisir d'être tendres; leurs regards sont des désirs; au lieu de soupirer, ils attaquent; ils ne disent point : faites-moi grâce, ils la prennent : et voilà ce qu'il faut*[1]. »

Le siècle est arrivé « au vrai des choses, » il a rendu « le mouvement aux sens ». Il a supprimé, et s'en vante, les exagérations, les grimaces et les affectations[2]. *Avec ce*

1. *La Réunion des amours, par Marivaux, 1731.*
2. La Nuit et le Moment, *ou les* Matines de

nouvel amour. plus de mystère, plus de manteaux couleur de muraille dans lesquels on se morfondait! Du bruit de ses laquais frappant à coups redoublés, le galant éveille le quartier où dort sa belle, et il laisse à la porte son équipage publier sa bonne fortune. Plus de secret, plus de discrétion : les hommes apprennent à n'en avoir plus que par ménagement pour eux-mêmes[1]! Plus de grandes passions. plus de sensibilité : on se-

Cythère. *Collection complète des œuvres de Crébillon le fils*. Londres, 1772, vol. I.

1. *Bibliothèque des petits Maîtres pour servir à l'histoire du bon ton et de l'extrêmement bonne compagnie*. Au Palais-Royal, chez la Petite-Lolo, marchande de galanterie, à la Frivolité, 1742.

rait montré au doigt. Quelles railleries serait de vous l'amour libre, hardi, et, comme on dit, grenadier[1], *s'il vous voyait garder l'habitude d'aimer languissamment, et cette « bigoterie » de langage avec laquelle autrefois l'homme courtisait la femme! Que de mépris dans ce mot :* inclinations respectables[2], *dont on baptise ces quelques liaisons où le goût succède à la jouissance, et dont la durée scandalise la société qu'elle gêne! Le respect pour la femme? offense pour ses charmes,*

1. *Dialogue entre l'Amour et la Vérité.* Mercure de France, mars 1720.
2. *Mémoires de Besenval.*

ridicule pour l'homme! Lui dire à première vue qu'on l'aime, lui montrer toute l'impression qu'elle fait, lancer une déclaration, quel risque à cela? N'est-ce pas un principe partout répété, un fait affirmé bien haut par les hommes, qu'il suffit de dire trois fois à une femme qu'elle est jolie, pour qu'elle vous remercie à la première fois, pour qu'elle vous croie à la seconde, et pour qu'à la troisième elle vous récompense? Les façons ainsi supprimées, les bienséances suivent les façons[1]*, et l'amour connaît pour*

1. *Les Égarements du cœur et de l'esprit ou Mémoires de M. de Meilcourt, Œuvres complètes de Crébillon le fils*, vol. I.

la première fois ces arrangements appelés si nettement par Chamfort « l'échange de deux fantaisies et le contact de deux épidermes » ; commerce d'un genre nouveau, déguisé sous tous ces euphémismes, passades, fantaisies, épreuves, *liaisons où l'on s'engage sans grand goût, où l'on se contente du peu d'amour qu'on apporte, unions dont on prévoit le dernier jour au premier jour, et dont on écarte les inquiétudes, la jalousie, tout ennui, tout chagrin, tout sérieux, tout engagement de pensée ou de temps. Cela commence par quelques mots dits, dans un salon plein de monde, à l'oreille d'une femme par quelque joli homme qui prend en badinant la permission de revenir qu'on lui accorde sans y attacher de conséquence. Dès le lendemain, c'est une visite en négligé, en* polisson, *à la toilette de la dame, étonnée et déjà flattée des compliments sur sa beauté du matin : puis la demande brusque si elle a fait un choix dans sa société, et le persiflage sans pitié de tous les hommes qu'elle voit. « Cependant, vous voilà libre, lui dit-on en revenant à elle. Que faites-vous de cette liberté? » L'on parle du besoin de perdre à propos cette liberté : « Si vous ne donniez pas votre cœur, il se donnerait tout seul. »*

Et l'on appuie sur l'avantage de trouver dans un amant un conseil, un ami, un guide, un homme formé par l'usage du monde. L'on se désigne; puis négligemment : « Je serais assez votre fait, sans tout ce monde qui m'assiége. » Et faisant un retour sur la femme que l'on a dans le moment : « Elle m'a engagé à lui rendre quelques soins, à lui marquer quelque empressement; il n'eût pas été honnête de la refuser. Je me suis prêté à ses vues; pour plus de célébrité à notre aventure, elle a voulu prendre une petite maison : ce n'était pas la peine pour un mois tout au plus que j'avais à lui donner ; elle l'a fait meubler à mon insu et très-galamment... » Et l'on raconte le souper qu'on y fit avec tant de mystère, et où l'on eût été en tête-à-tête si l'on n'y avait point amené cinq personnes, et si la dame n'en avait amené cinq autres. « Je fus galant, empressé, et ne me retirai qu'une demi-heure après que tout le monde fut parti. C'est assez pour lui attirer la vogue... » Et l'on ajoute que l'on peut prendre congé d'elle sans avoir aucun reproche à craindre. Ici l'on ne manque point de parler de ses qualités, de son savoir-vivre, de la différence qu'il y a de soi aux autres hommes : on vante la délica-

tesse qu'on s'est imposée de se laisser quitter par égard pour la vanité des femmes, et l'on conte, comme le beau trait de sa vie, que l'on s'est enfermé trois jours de suite pour laisser à celle dont on se détachait l'honneur de la rupture. La femme, qu'on étourdit ainsi d'impertinences, se récrie-t-elle? En honneur, lui dit-on sans l'écouter, plus j'y pense, et plus je voudrais pour votre intérêt même que vous eussiez quelqu'un comme moi. » Et comme la femme déclare que si elle avait l'intention de faire un choix, elle ne voudrait qu'une liaison solide et durable : « En vérité? dit vivement l'aimable homme, si je le

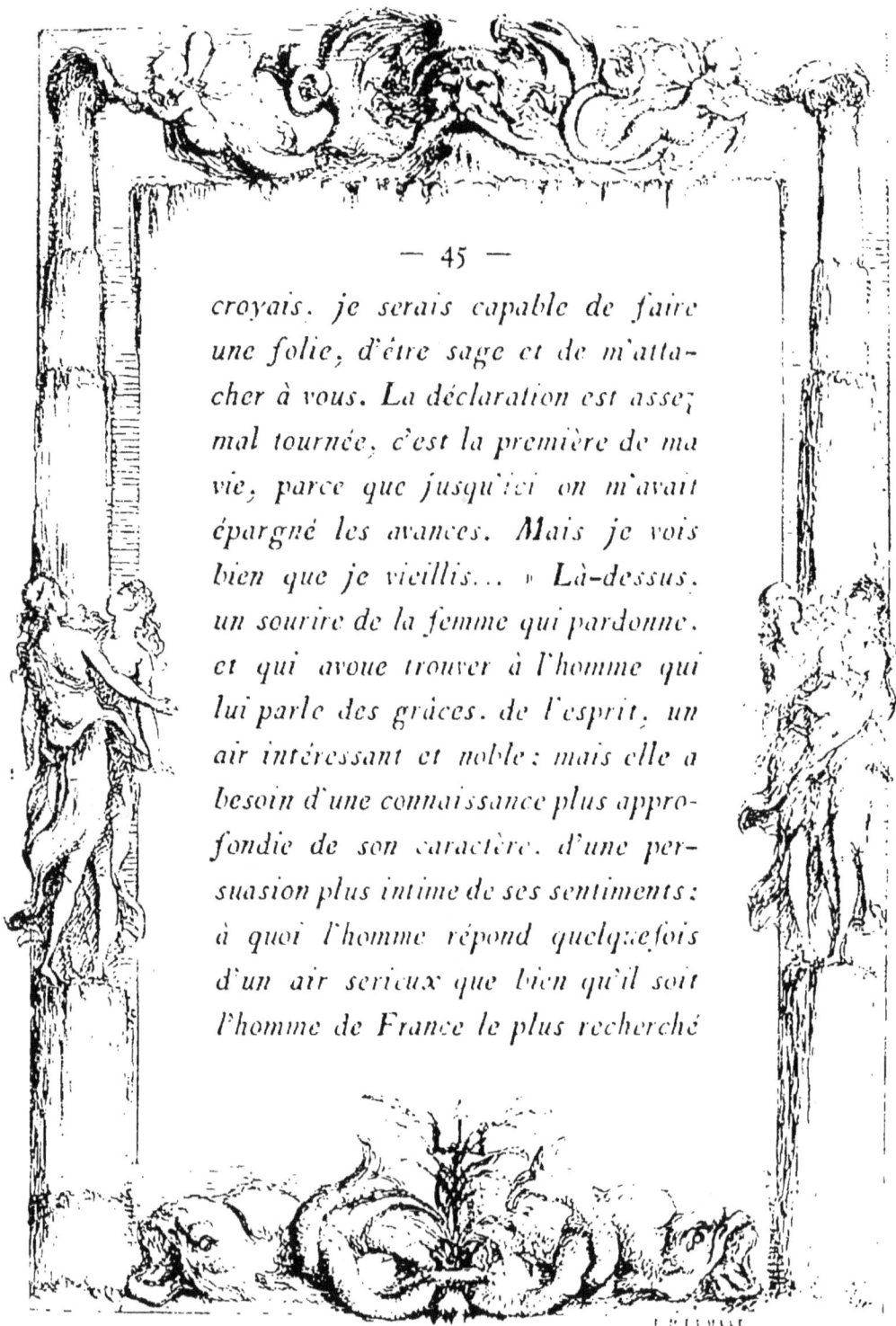

croyais. je serais capable de faire une folie, d'être sage et de m'attacher à vous. La déclaration est assez mal tournée, c'est la première de ma vie, parce que jusqu'ici on m'avait épargné les avances. Mais je vois bien que je vieillis... » Là-dessus, un sourire de la femme qui pardonne, et qui avoue trouver à l'homme qui lui parle des grâces, de l'esprit, un air intéressant et noble : mais elle a besoin d'une connaissance plus approfondie de son caractère, d'une persuasion plus intime de ses sentiments : à quoi l'homme répond quelquefois d'un air serieux que bien qu'il soit l'homme de France le plus recherché et un peu las d'être à la mode, en considération d'un objet qui peut le fixer, il veut bien accorder à la femme le temps de la réflexion, vingt-quatre heures : « Je crois que cela est bien honnête, je n'en ai jamais tant donné[1]. » — Et cet engagement, qui est à peu d'exagération près l'engagement du temps, cet engagement finit par ces mots de l'amant : « Ma foi, madame, je n'ai pas cru la chose si sérieuse entre vous et moi. Nous nous sommes plu, il est vrai; vous m'avez fait l'honneur de me trouver de votre goût,

1. *Contes moraux de Marmontel*, 1765, vol. I. L'Heureux divorce.

vous étiez fort du mien. Je vous ai confié mes dispositions, vous m'avez dit les vôtres, nous n'avons jamais fait mention d'amour durable. Si vous m'en aviez parlé, je ne demandais pas mieux, mais j'ai regardé vos bontés pour moi comme les effets d'un caprice heureux et passager ; je me suis réglé là-dessus[1]. »

Les femmes se prêtèrent presque sans résistance à cette révolution de l'amour. Elles renoncèrent vite « au métier de cruelles ». La lecture de la Calprenède, lecture ordinaire des filles de quinze ans, ces romans de

1. *Œuvres de Marivaux*, Paris, 1830, vol. IX. Le Spectateur français.

Pharamond, *de* Cassandre, *de* Cléopâtre, *qui gonflaient les poches des fillettes*[1], *tous les livres qui façonnaient le cœur et l'esprit de la femme dès l'enfance, la femme ne tardait pas à les oublier dès qu'elle entrait dans le monde, dès qu'elle respirait l'air de son temps. Le siècle qui l'entourait, les conseils de l'exemple, les moqueries de ses amies plus avancées dans la vie, lui enlevaient bientôt le goût et le souvenir des amours héroïques : leurs lenteurs, leurs tremblants aveux, leurs nobles dépits, leurs transports à la suite d'inno-*

1. *Correspondance de* Mme *du Deffand. — Mémoires d'un voyageur qui se repose,* par Dutens.

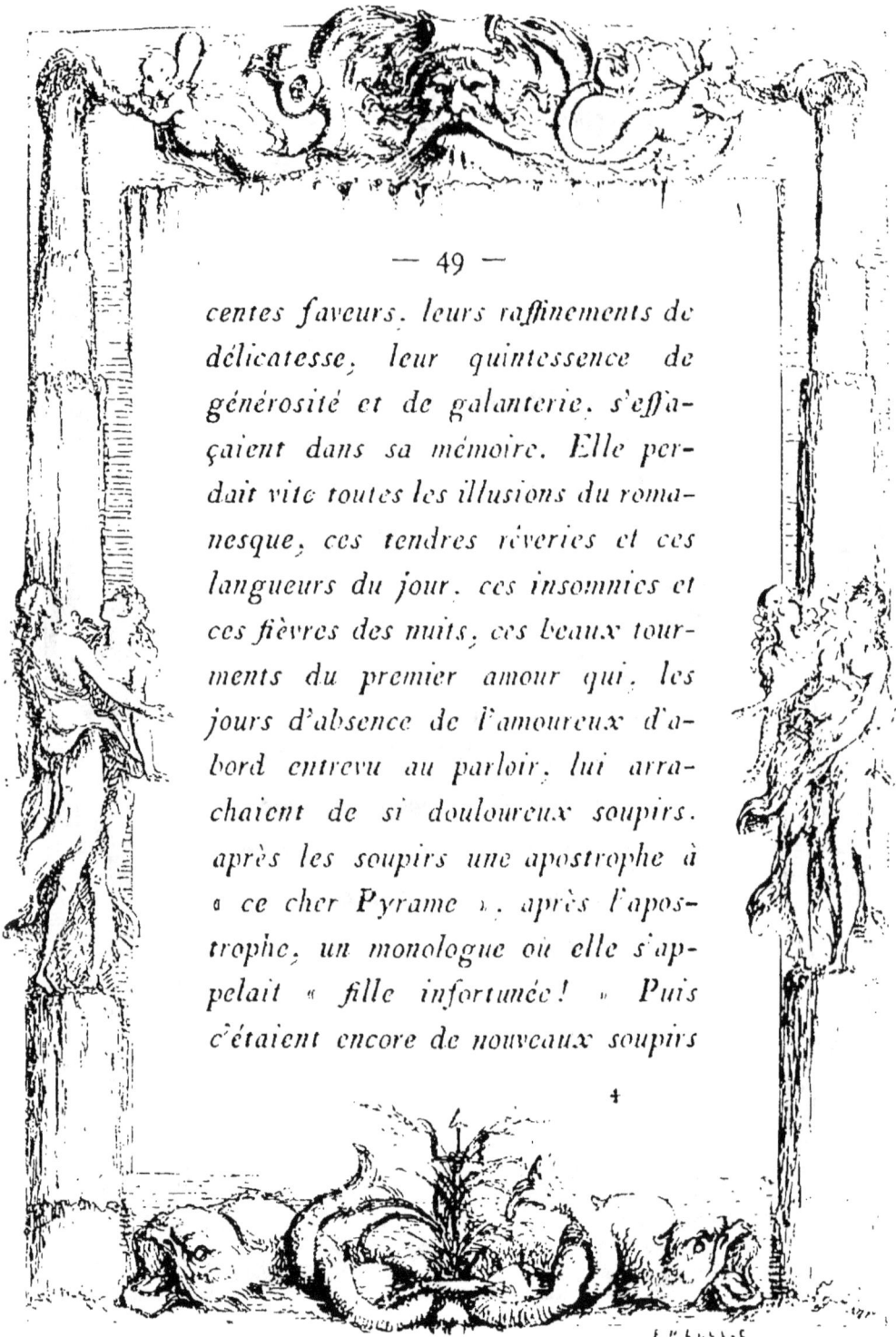

centes faveurs, leurs raffinements de délicatesse, leur quintessence de générosité et de galanterie, s'effaçaient dans sa mémoire. Elle perdait vite toutes les illusions du romanesque, ces tendres rêveries et ces langueurs du jour, ces insomnies et ces fièvres des nuits, ces beaux tourments du premier amour qui, les jours d'absence de l'amoureux d'abord entrevu au parloir, lui arrachaient de si douloureux soupirs, après les soupirs une apostrophe à « ce cher Pyrame », après l'apostrophe, un monologue où elle s'appelait « fille infortunée! » Puis c'étaient encore de nouveaux soupirs suivis de nouvelles apostrophes à la nuit, au lit où elle était couchée, à la chambre qu'elle habitait : grand roman qu'elle se jouait à elle-même jusqu'au jour[1]. *Mais comment garder une imagination si enfantine et s'enflammer à de tels jeux, au milieu d'une société qui ne s'attache qu'au matériel et à l'agréable des passions, qui en rejette la grandeur, l'effort, l'exagération naïve et la poésie ennuyeuse? La femme voit autour d'elle le persiflage poursuivre et déchirer ce qu'elle croyait être l'ex-*

1. *Œuvres de Marivaux*, vol. IX. Pièces détachées. *Première Lettre de M. de M. contenant une aventure.*

cuse de l'amour, son honneur, ses voiles, ses vertus de noblesse. Par tous ses professeurs, par ses mille voix, par ses leçons muettes, le monde lui apprend ou lui fait entendre qu'il y a un grand vide dans les grands mots et une grande niaiserie dans les grands sentiments. Pudeur, vertu, amour, tout cela se dépouille à ses yeux comme des idées qui perdraient leur sainteté. La femme arrive à rougir des mouvements de son cœur, des élancements de tendresses qui avaient transporté son âme de jeune fille dans le songe des vieux romans; et la honte se mêlant en elle à la peur du ridicule, elle se débarrasse si bien des préjugés et des sottises de son premier caractère, que revoyant son amoureux de couvent, l'homme dont la pensée la fit pour la première fois si heureuse et si confuse, elle l'accueille avec un air de coquetterie folâtre, une mine impertinente, le rire de la femme la plus faite; *on dirait qu'elle veut lui faire entendre par toute son attitude la phrase de la jeune femme de Marivaux : « Je vous permets de rentrer dans mes fers; mais vous ne vous ennuierez pas comme autrefois, et vous aurez bonne compagnie*[1]. »

1. *Œuvres de Marivaux*, vol. XI.

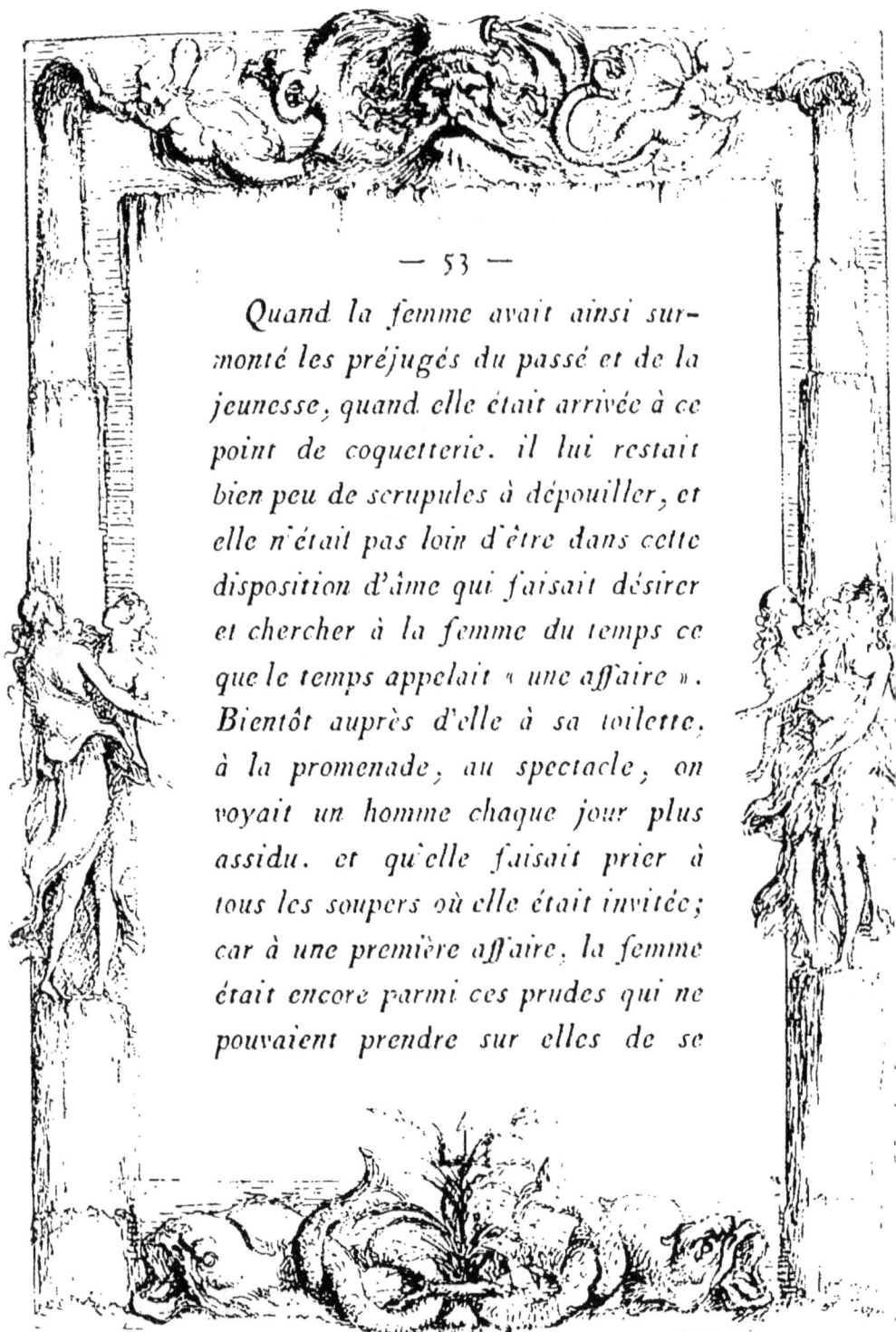

Quand la femme avait ainsi surmonté les préjugés du passé et de la jeunesse, quand elle était arrivée à ce point de coquetterie. il lui restait bien peu de scrupules à dépouiller, et elle n'était pas loin d'être dans cette disposition d'âme qui faisait désirer et chercher à la femme du temps ce que le temps appelait « une affaire ». Bientôt auprès d'elle à sa toilette, à la promenade, au spectacle, on voyait un homme chaque jour plus assidu. et qu'elle faisait prier à tous les soupers où elle était invitée; car à une première affaire, la femme était encore parmi ces prudes qui ne pouvaient prendre sur elles de se

décider au bout de quinze jours de soins, et dont un mois tout entier n'achevait pas toujours la défaite. Cela finissait pourtant : un soir elle se montrait avec son cavalier en grande loge à l'Opéra[1], et déclarait ainsi sa liaison, selon l'usage adopté par les femmes du monde pour la présentation officielle d'un amant au public. Mais, au bout de peu de temps, la désillusion venait, la jeune femme s'était trompée dans son choix : il n'y avait point dans l'engagement auquel elle s'était livrée des convenances suffisantes pour l'y attacher.

1. *Les Confessions du comte de ****, par feu M. Duclos, Amsterdam, 1776, vol. I.

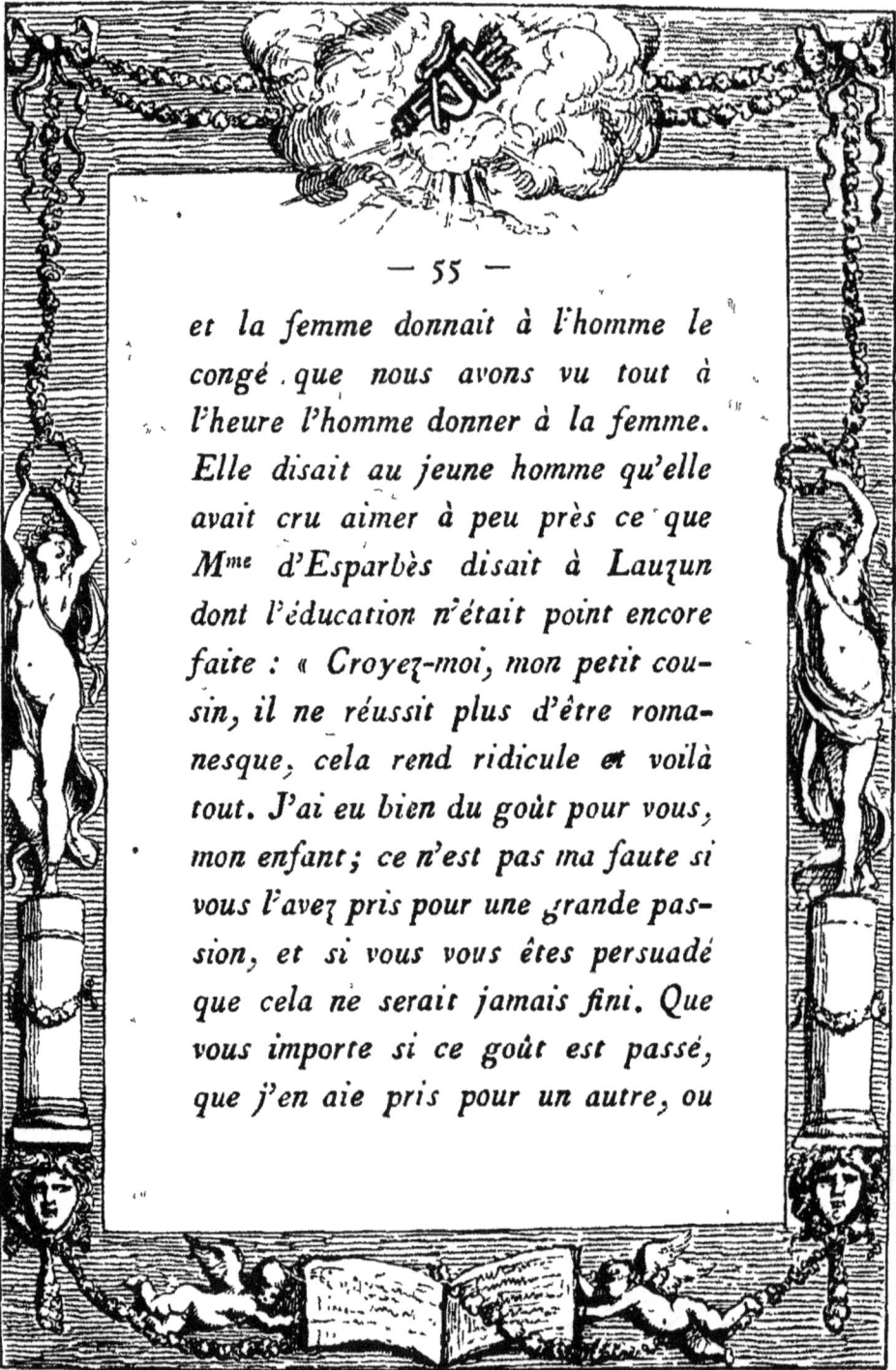

et la femme donnait à l'homme le congé que nous avons vu tout à l'heure l'homme donner à la femme. Elle disait au jeune homme qu'elle avait cru aimer à peu près ce que Mme d'Esparbès disait à Lauzun dont l'éducation n'était point encore faite : « Croyez-moi, mon petit cousin, il ne réussit plus d'être romanesque, cela rend ridicule et voilà tout. J'ai eu bien du goût pour vous, mon enfant ; ce n'est pas ma faute si vous l'avez pris pour une grande passion, et si vous vous êtes persuadé que cela ne serait jamais fini. Que vous importe si ce goût est passé, que j'en aie pris pour un autre, ou que je reste sans amant? Vous avez beaucoup d'avantages pour plaire aux femmes, profitez-en pour leur plaire, et soyez convaincu que la perte d'une peut toujours être réparée par une autre, c'est le moyen d'être heureux et aimable[1]. »

On se quittait comme on s'était pris. On avait été heureux de s'avoir, *on était enchanté de ne* s'avoir plus[2]. *Alors s'ouvrait devant la femme la carrière des expériences. Elle y entrait en s'y jetant, et elle y rou-*

1. *Mémoires de M. le duc de Lauzun*, Paris, 1822.

2. *Mélanges militaires, littéraires et sentimentaires, par le prince de Ligne*. Dresde, 1795-1811, vol. VIII.

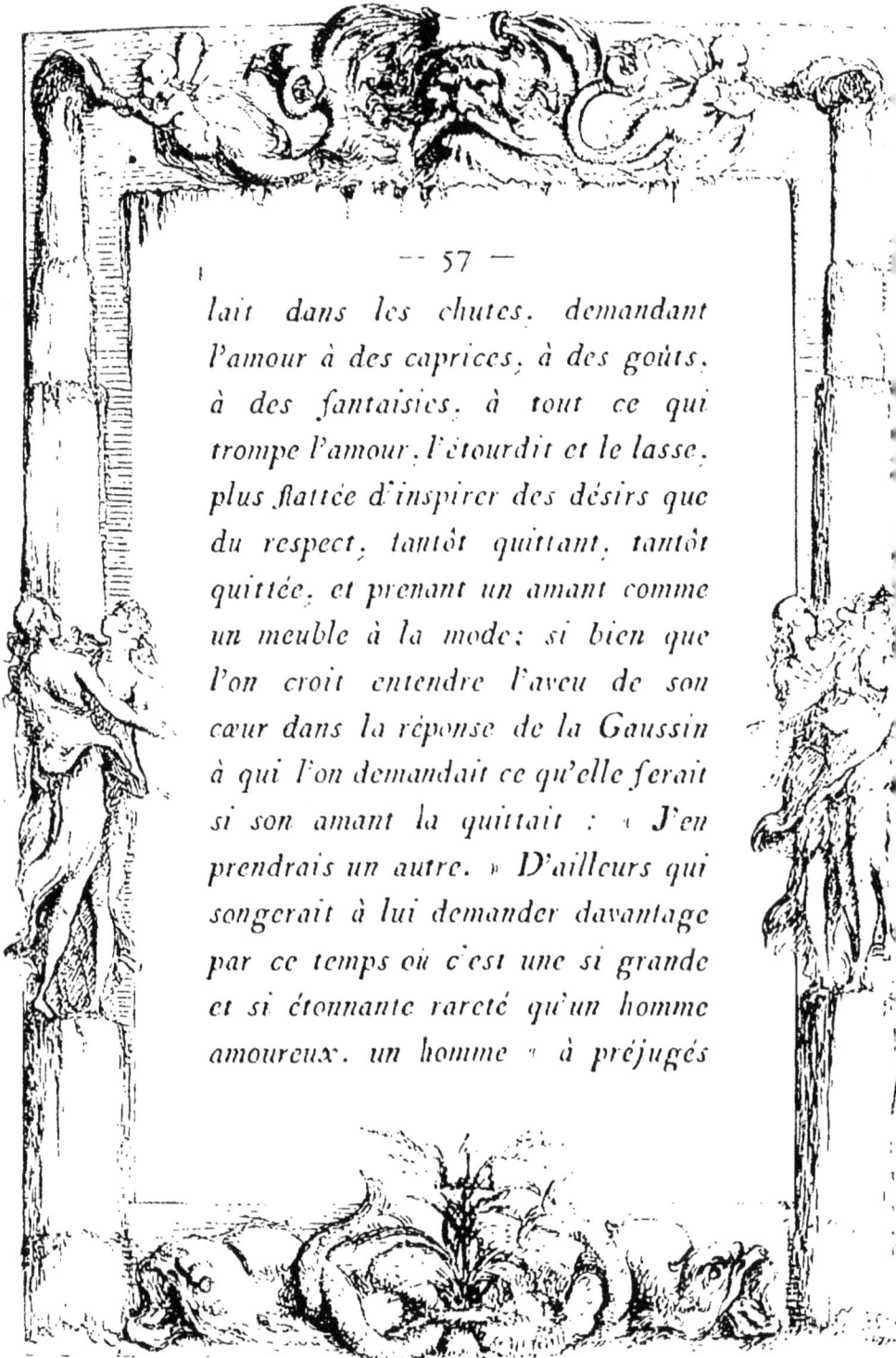

lait dans les chutes, demandant l'amour à des caprices, à des goûts, à des fantaisies, à tout ce qui trompe l'amour, l'étourdit et le lasse, plus flattée d'inspirer des désirs que du respect, tantôt quittant, tantôt quittée, et prenant un amant comme un meuble à la mode; si bien que l'on croit entendre l'aveu de son cœur dans la réponse de la Gaussin à qui l'on demandait ce qu'elle ferait si son amant la quittait : « J'en prendrais un autre. » D'ailleurs qui songerait à lui demander davantage par ce temps où c'est une si grande et si étonnante rareté qu'un homme amoureux, un homme « à préjugés de province », un homme enfin « qui veut du sentiment[1]? » Il est convenu qu'à trente ans, une femme « a toute honte bue », et qu'il ne doit plus lui rester qu'une certaine élégance dans l'indécence, une grâce aisée dans la chute, et après la chute un badinage tendre ou du moins honnête qui la sauve de la dégradation. Un reste de dignité après l'entier oubli d'elle-même sera tout ce qu'elle mettra de pudeur dans le libertinage[2].

Bientôt par la liberté, le changement, la galanterie de la femme va

1. *Contes moraux par Marmontel*, 1765, vol. I. Tout ou rien.

2. Le Sopha. *Œuvres complètes de Dorat*, 1764-1780. Point de lendemain.

prendre dans ce siècle les allures et les airs de la débauche de l'homme. La femme va vouloir, selon l'expression d'une femme, « jouir de la perte de sa réputation[1]. » Et des femmes auront, pour loger leur plaisir, de petites maisons pareilles aux petites maisons des roués, *des petites maisons dont elles feront elles-mêmes le marché d'achat, dont elles choisiront le portier, afin que tout y soit à leur dévotion et que rien ne les gêne si elles veulent y aller tromper leur amant même[2].*

1. *Réflexions nouvelles sur les femmes par une dame de la cour.* Paris, 1727.
2. *Adèle et Théodore*

La morale du temps est indulgente à ces mœurs. Elle encourage la femme à la franchise de la galanterie, à l'audace de l'inconduite, par des principes commodes et appropriés à ses instincts. Des pensées qui circulent, de la philosophie régnante, des habitudes et des doctrines conjurées contre les préjugés de toute sorte et de tout ordre, de ce grand changement dans les esprits qui ébranle ou renouvelle, dans la société, toutes les vérités morales, il s'élève une théorie qui cherche à élargir la conscience de la femme, en la sortant des petitesses de son sexe. C'est toute une nouvelle règle de son hon-

nêteté, et comme un déplacement de son honneur qu'on fait indépendant de sa pudeur, de ses mérites, de ses devoirs. Modestie, bienséance, le dix-huitième siècle travaille à dispenser la femme de ces misères. Et pour remplacer toutes les vertus imposées jusque-là à son caractère, demandées à sa nature, il n'exige plus d'elle que les vertus d'un honnête homme[1].

En même temps l'homme commence à donner à la femme l'idée d'un bonheur qui ne laisse aucun lien à dénouer. Il lui expose une théorie de

1. *Dialogues moraux d'un petit-maître philosophe et d'une femme raisonnable*, Londres, 1774.

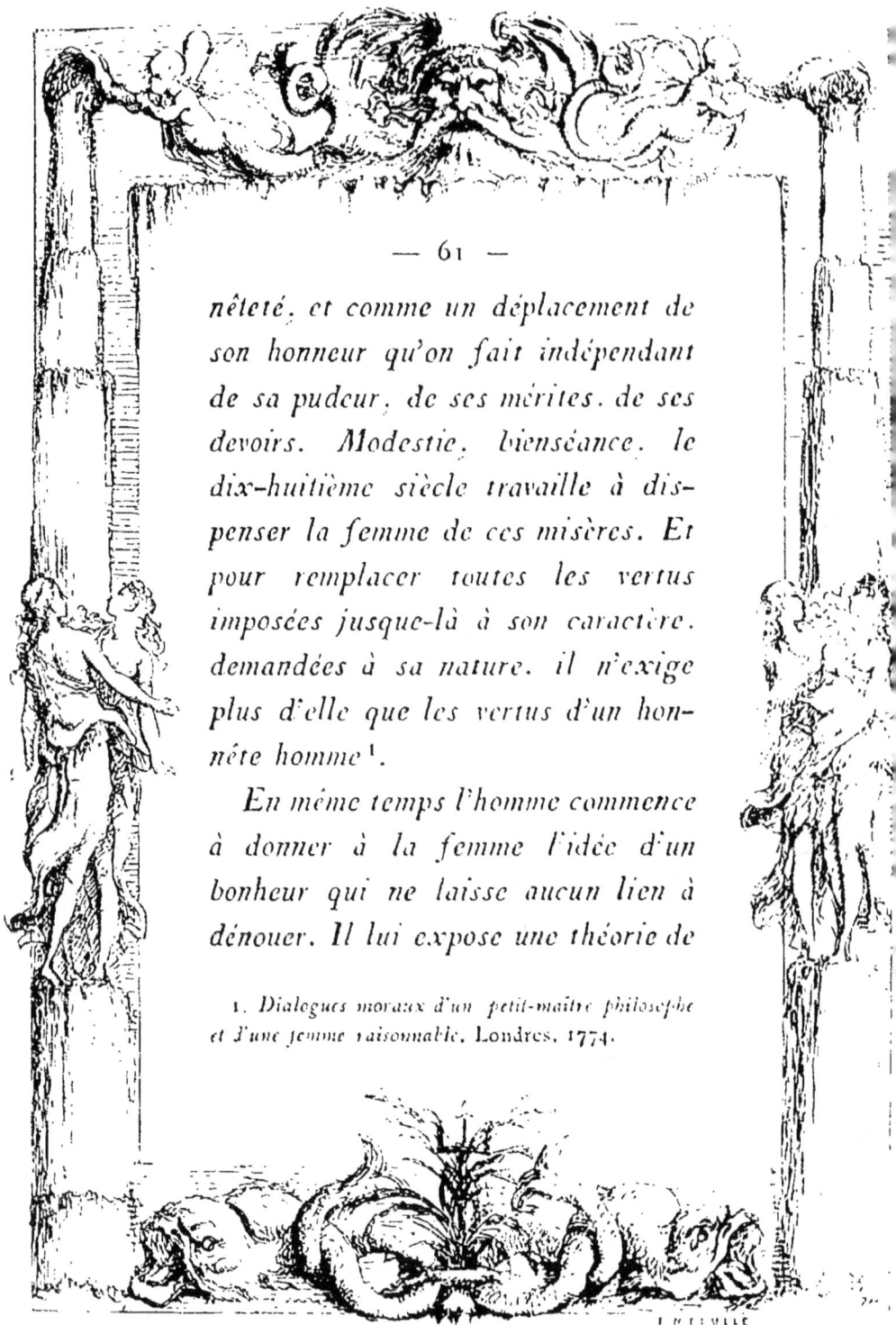

l'amour parfaitement indiquée dans une nouvelle qui la résume par son titre : Point de lendemain. *A en croire la nouvelle doctrine, il n'y a d'engagements réels, philosophiquement parlant, « que ceux que l'on contracte avec le public en le laissant pénétrer dans nos secrets et en commettant avec lui quelques indiscrétions ». Mais, hors de là, point d'engagement : seulement quelques regrets dont un souvenir agréable sera le dédommagement : et puis, au fait, du plaisir sans toutes les lenteurs, le tracas et la tyrannie des procédés d'usage.*

Les sophismes commodes, les apo-

logies de la honte, les leçons d'impudeur flottent dans le temps, descendent des intelligences dans les cœurs, enlèvent peu à peu le remords à la femme éclairée, enhardie, étourdie, conviée aux facilités par les systèmes, les idées qui tombent du plus haut de ce monde, qui s'échappent des bouches les plus célèbres, des âmes les plus grandes, des génies les plus honnêtes. Et l'amour proclamé par le naturalisme et le matérialisme, pratiqué par Helvétius avant son mariage avec Mlle de Ligneville, glorifié par Buffon dans sa phrase fameuse : « Il n'y a de bon dans l'amour que le physique », —

l'amour physique finit par apparaître, chez la femme même, dans sa brutalité.

Au bout de cette philosophie nouvelle de l'amour, on entrevoit, quand on lève les voiles du siècle, un dieu nu, volant et libre, fêté dans l'ombre par des adorateurs masqués; et l'on perçoit vaguement des initiations, des mystères, le lien de confréries secrètes, dans des sortes de temples où la statue de l'amour, se retournant comme dans le conte de Dorat, montre le dieu des Jardins. On saisit à demi des mots, des signes de ralliement, une langue, des listes d'affilia-

tion. De coteries *en* coteries, *des* antifaçonniers, *ennemis des façons et des cérémonies, qui se réunissent une fois le mois à certain jour préfix, on peut suivre à tâtons la filière de cette étrange franc-maçonnerie jusqu'au centre, jusqu'au cœur, jusqu'à « l'Isle de la Félicité ». C'est là qu'est la colonie et le grand ordre, l'Ordre de la Félicité qui emprunte à la marine toutes ses formes, son cérémonial, son dictionnaire métaphorique, ses chansons de réception, ses invocations à saint Nicolas.* Maître, patron, chef d'escadre, vice-amiral *sont les grades des aspirants, des affiliés, qui promettent, en étant reçus, de porter l'ancre amarrée sur le cœur, de contribuer en tout ce qui dépendra d'eux au bonheur, à l'agrément et à l'avantage de tous les chevaliers et chevalières de se laisser conduire dans l'Isle de la Félicité et d'y conduire d'autres matelots quand ils en connaîtront la route*[1]. *Plus cachés, plus jaloux de leurs grands mystères et de leur grand serment qu'ils ne révèlent point aux affiliés pratiquants, changeant de local, et dispersant souvent la société pour*

1. La Coterie des *Antifaçonniers*. A Bruxelles, 1739. — *Histoire de la Félicité*. Amsterdam, 1741. — *L'Isle de la Félicité*. A Babiole, 1746. — *Formulaire du cérémonial en usage dans l'ordre de la Félicité*, 1745.

l'épurer, les Aphrodites, *qui baptisent les hommes avec des noms de l'ordre minéral et les femmes avec des noms de l'ordre végétal, disparaissent avec leur secret presque tout entier. Mais il reste d'une autre société « de félicité », de cette société qui s'appelait de ce nom qui la signifie : la société du* Moment, *il reste encore en manuscrit, le règlement, la description des signes de reconnaissance, le registre des affiliés et leurs noms de plaisir, un code, un formulaire, une constitution, où l'on peut voir jusqu'à quel point la mode avait poussé, dans les rangs les plus hauts de cette société, l'oubli et le débarras de tout ce que la galanterie avait eu jusque-là l'habitude de mettre dans l'amour pour lui faire garder au moins une politesse, une coquetterie, une humanité!*

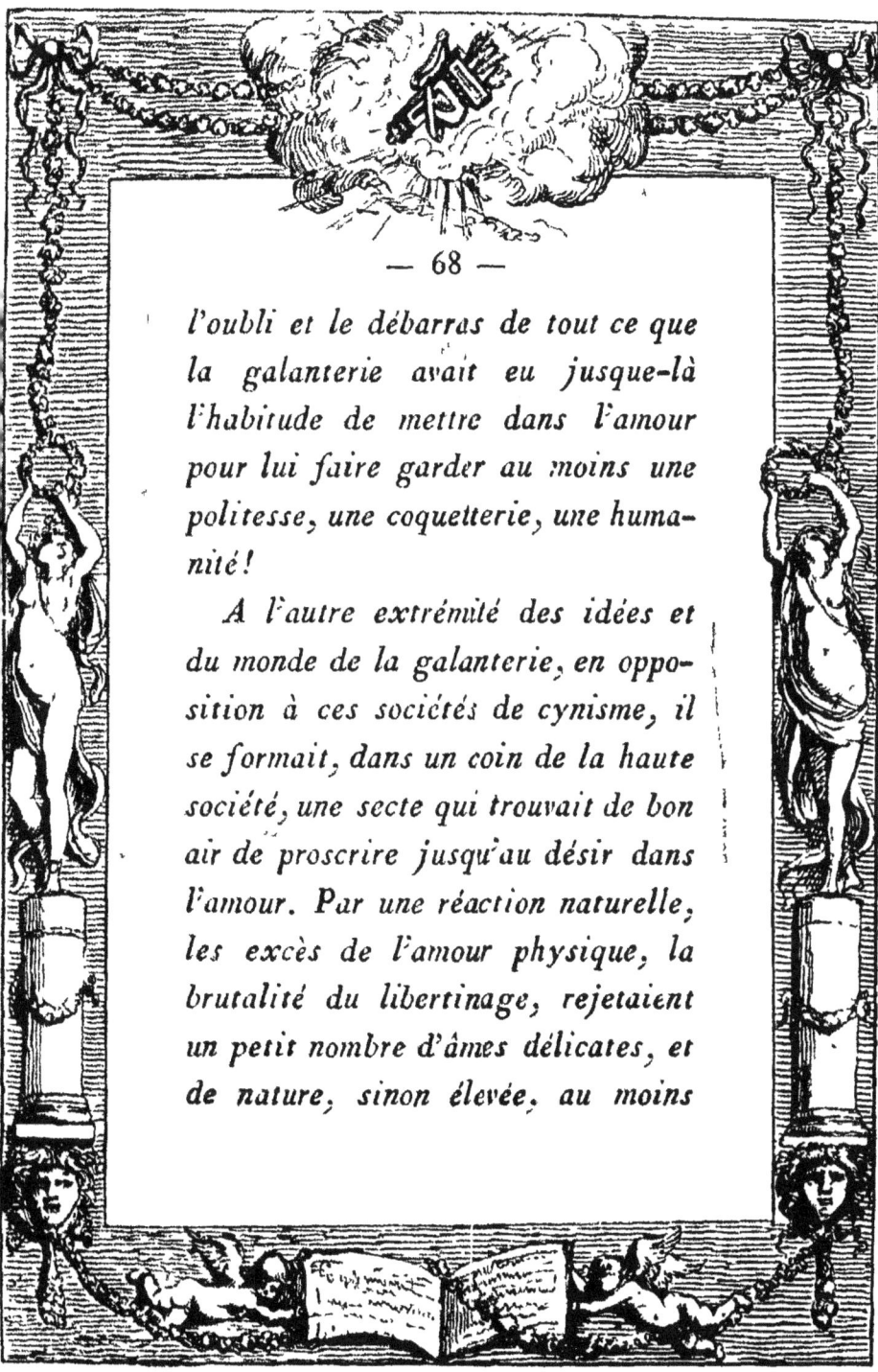

A l'autre extrémité des idées et du monde de la galanterie, en opposition à ces sociétés de cynisme, il se formait, dans un coin de la haute société, une secte qui trouvait de bon air de proscrire jusqu'au désir dans l'amour. Par une réaction naturelle, les excès de l'amour physique, la brutalité du libertinage, rejetaient un petit nombre d'âmes délicates, et de nature, sinon élevée, au moins

fine, vers l'amour platonique. Un groupe d'hommes et de femmes, à demi cachés dans l'ombre discrète des salons, revenait doucement aux coquetteries du cœur qui parle à demi-voix, aux douceurs de l'esprit qui soupire, presque à la carte du Tendre. Ce petit monde méditait le projet, il faisait le plan d'un ordre de la Persévérance, *d'un temple qui aurait eu trois autels : à l'Honneur, à l'Amitié, à l'Humanité*[1]. *Ainsi, au commencement du siècle, lorsque avait éclaté sa première licence, la cour de Sceaux avait affecté de restaurer* l'Astrée, *et jeté aux sou-*

1. *Mémoires de la République des lettres*, v. XIX.

pers du Palais-Royal la protestation de ses devis d'amour et l'institution romanesque de l'ordre de la Mouche à miel.

« Le sentiment », c'est le nom du nouvel ordre où quelques personnes de marque s'engagent. Il se dessine ici et là, de loin en loin, des figures de gens à grands sentiments, affichant une délicatesse particulière de goût, de ton, de manières, de principes, et gardant, avec les traditions de politesse du grand siècle, comme une dernière fleur de chevalerie dans l'amour. Et pour accepter les hommages de leur passion pure, voici des femmes qui ne mettent point de

rouge, des femmes pâles, allongées sur leur chaise longue, la figure sentimentale, prédestinées pour ainsi dire au rôle d'être adorées de loin et courtisées religieusement. On aperçoit Mme de Gourgues donnant avec ses poses indolentes et sa grâce languissante le ton à la confrérie. Et près d'elle se tient cet homme agréable, aux yeux noirs, au teint pâle, aux cheveux négligés et sans poudre, ce chevalier de Jaucourt, véritable héros d'un roman tendre, tourné pour être le rêve de la femme, tout plein d'histoires de revenants et que le siècle appelle si joliment de ce nom qui semble un portrait : Clair de lane. *C'est le maître du genre; et il n'a qu'un rival, M. de Guines, qui affiche si hautement et avec des démonstrations si réservées tout à la fois et si galantes son attachement spirituel à Mme de Montesson*[1]. — *Petite secte après tout, et qui ne fut, vers la réhabilitation de l'amour, qu'un mouvement de mode. L'on ne sait même si elle eut la sincérité d'un engouement; et bien des doutes viennent sur ce méritoire essai de platonisme en plein* XVIIIe *siècle et sur la conviction de ses adeptes, quand on voit comment finit la dernière de ces liaisons platoniques :*

1. Mémoires de Mme de Genlis, vol. I.

Mme de Montesson devint la femme du duc d'Orléans, et M. de Guines, renonçant net à son amour, obtint par elle une ambassade.

Que l'on veuille cependant se représenter l'amour du XVIIIe siècle selon la plus juste vérité ; que l'on cherche ses traits constants, sa physionomie ordinaire et moyenne en dehors de l'exagération et de l'exception, du pamphlet, de la satire qui s'échappe de tous les livres du temps et qui force toujours un peu la vérité, ce n'est point dans ces excès ou dans ces affectations que l'on trouvera son caractère le plus général et ses cou-

leurs les plus propres : l'amour d'alors n'est essentiellement ni dans ces extrémités qui le livrent au hasard des rencontres, ni dans ces engagements qui le nourrissent de pur sentiment. Il consiste avant tout dans une certaine facilité de la femme désarmée, mais gardant le droit du choix, entrant, sans idée de constance, dans une liaison sans promesse de durée, mais voulant au moins y être entraînée par la passion de l'instant, par un goût. Il consiste dans cette disposition singulière où la vertu de la femme semble éprouver, comme la vie chez Fontenelle mourant, une grande impossibilité d'être :

abandon naturel, faiblesse, apathie, dont on trouve l'aveu et l'accent dans cette confidence féminine : « Que voulez-vous? Il était là, et moi aussi : nous vivions dans une espèce de solitude : je le voyais tous les jours, et ne voyais que lui[1]...

L'amour du XVIIIe *siècle est à la mesure et à l'image de la femme du temps : il n'est ni plus large, ni plus profond, ni plus haut. Et qu'est celle-ci? Interrogez-la, étudiez-la : retrouvez, par la déduction, son être et son type en reconstituant son personnage moral et son organisme physique : cette femme produite par la*

1. Mémoires de Tilly, vol. I.

société du XVIIIe *siècle ne diffère guère de la femme formée par la civilisation du* XIXe. *Elle est la parisienne, cette parisienne grandie dans ces milieux excitants qui hâtent et forcent la puberté, mûrissent le corps avant l'âge, et font ces organisations alanguies et nerveuses auxquelles est défendue la forte santé des sens et du tempérament. Rien donc de ce côté qui soit impérieux. Montons au cœur de la femme : les mouvements, les instincts n'y ont pas plus de vigueur, d'élan, d'emportement. Il n'y a point au fond de lui de ces irrésistibles besoins de tendresse, de déploiement, qui ravissent une femme et l'enlèvent*

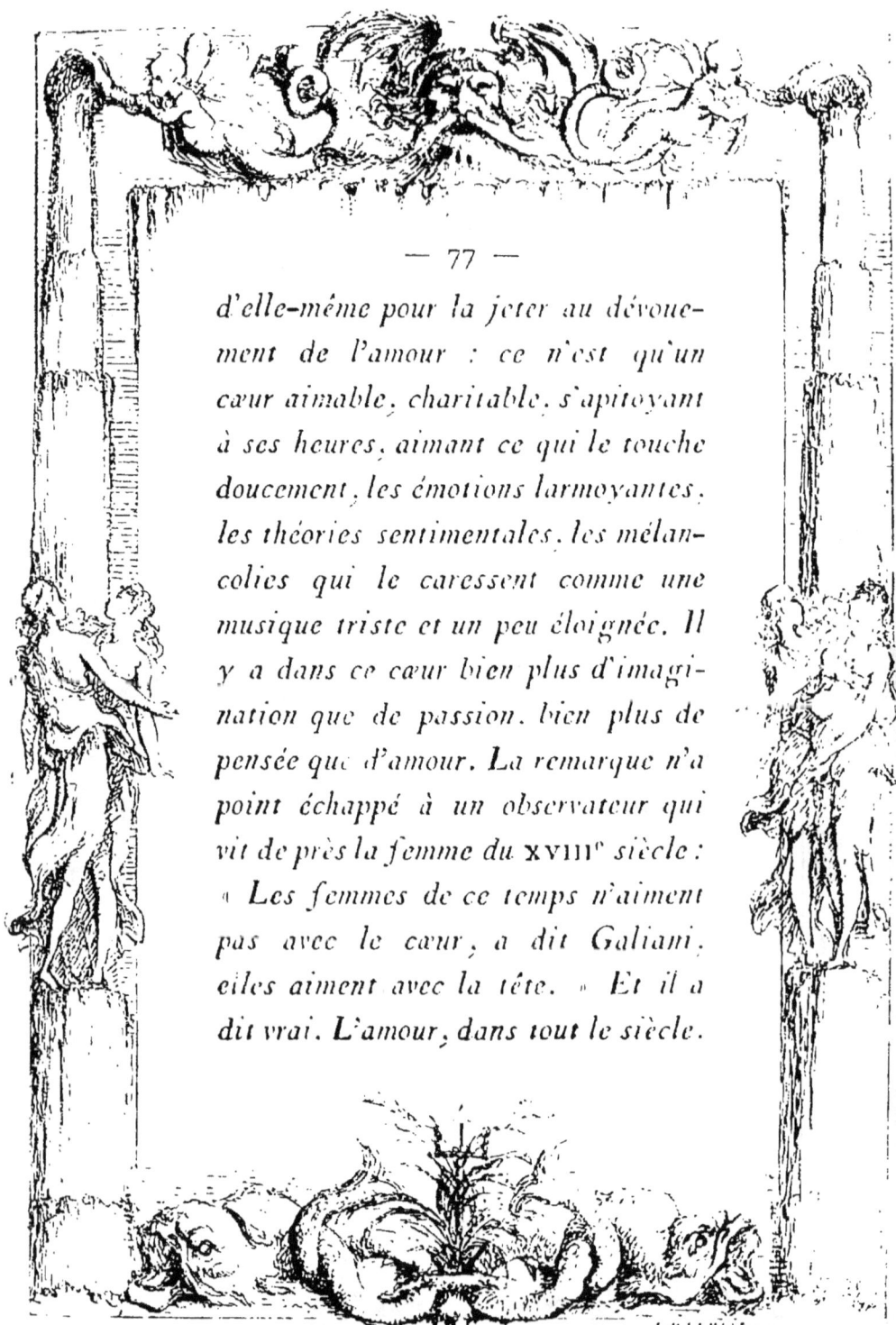

d'elle-même pour la jeter au dévouement de l'amour : ce n'est qu'un cœur aimable, charitable, s'apitoyant à ses heures, aimant ce qui le touche doucement, les émotions larmoyantes, les théories sentimentales, les mélancolies qui le caressent comme une musique triste et un peu éloignée. Il y a dans ce cœur bien plus d'imagination que de passion, bien plus de pensée que d'amour. La remarque n'a point échappé à un observateur qui vit de près la femme du XVIIIe siècle : « Les femmes de ce temps n'aiment pas avec le cœur, a dit Galiani, elles aiment avec la tête. » Et il a dit vrai. L'amour, dans tout le siècle, *porte les signes d'une curiosité de l'esprit, d'un libertinage de la pensée. Il paraît être chez la femme la recherche d'un bonheur ou du moins la poursuite d'un plaisir imaginé dont le besoin la tourmente, dont l'illusion l'égare. Au lieu de lui donner les satisfactions de l'amour sensuel et de la fixer dans la volupté, l'amour la remplit d'inquiétudes, la pousse d'essais en essais, de tentatives en tentatives, agitant devant elle, à mesure qu'elle fait un nouveau pas dans la honte, la tentation des corruptions spirituelles, un mensonge d'idéal, le caprice insaisissable des rêves de la débauche.*

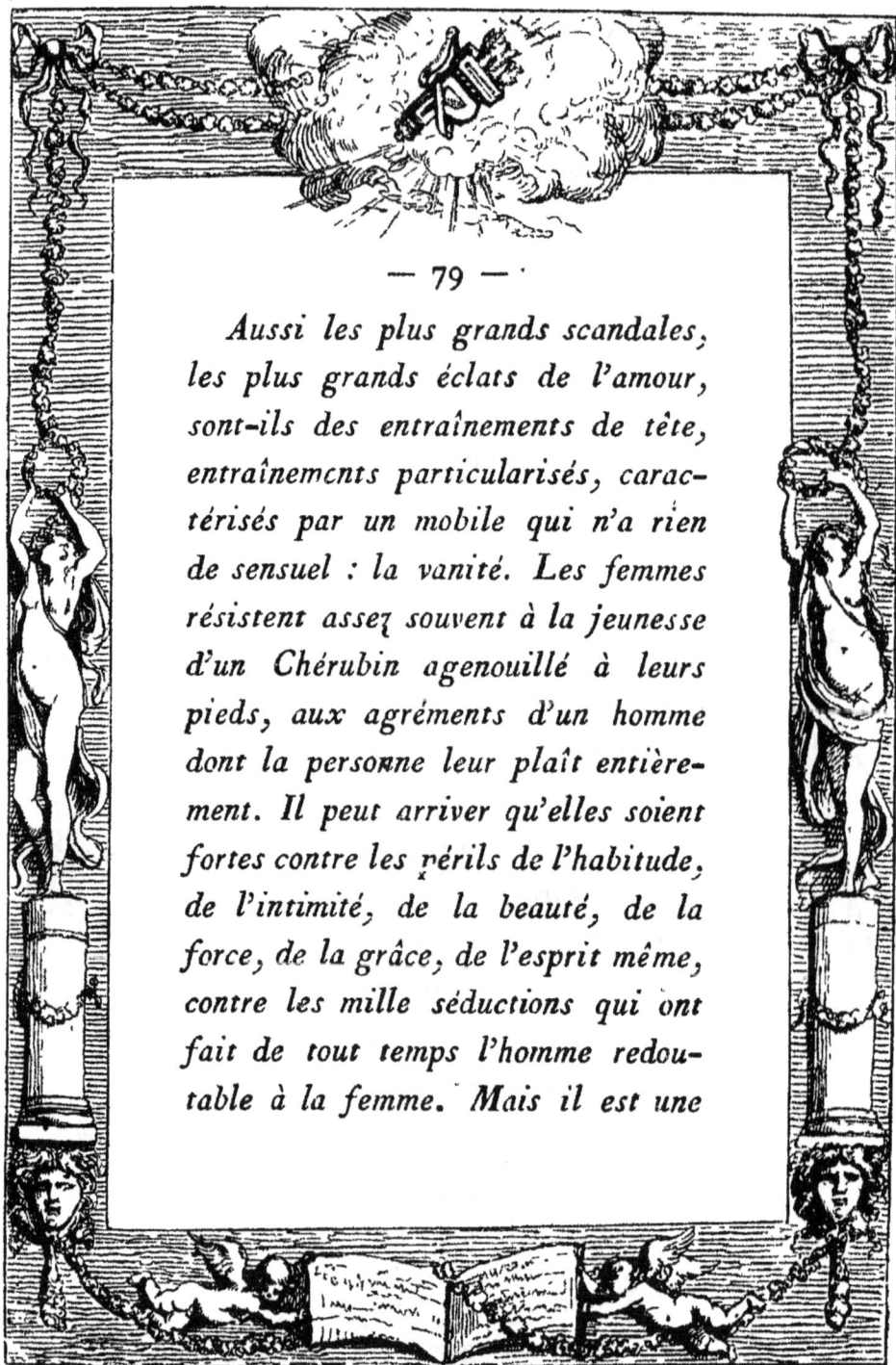

Aussi les plus grands scandales, les plus grands éclats de l'amour, sont-ils des entraînements de tête, entraînements particularisés, caractérisés par un mobile qui n'a rien de sensuel : la vanité. Les femmes résistent assez souvent à la jeunesse d'un Chérubin agenouillé à leurs pieds, aux agréments d'un homme dont la personne leur plaît entièrement. Il peut arriver qu'elles soient fortes contre les périls de l'habitude, de l'intimité, de la beauté, de la force, de la grâce, de l'esprit même, contre les mille séductions qui ont fait de tout temps l'homme redoutable à la femme. Mais il est une

séduction contre laquelle elles essayent à peine une défense, une fascination qu'elles ne savent point fuir : qu'un homme à la mode paraisse, c'est à peine si on lui laissera la fatigue de se baisser pour ramasser les cœurs, tant l'amour a dans la femme de ce temps, la bassesse de la vanité! Qu'un homme à la mode paraisse, elles se livreront à lui tout entières ; elles l'aideront de leur amitié amoureuse, de leurs intrigues, de leur influence : elles le porteront dans le meilleur courant de la cour. Elles seront fières de le servir, sans qu'il les remercie, fières d'être renvoyées comme elles ont été prises. Et n'arriveront-elles point à accepter, comme une déclaration, la lettre circulaire envoyée le même jour par Letorière à toutes les dames qu'il ne connaissait point encore[1]? Nous sommes loin de ce temps des billets galants et raffinés qui fit la fortune de la mère de Montcrif en lui empruntant sa plume amoureuse et délicate[2]. Qu'il se donne la peine de vaincre cet homme irrésistible, l'homme à la mode: et l'on verra demander grâce aux plus pures, aux plus vertueuses, à celles-là qui

1. *Mélanges militaires, littéraires et sentimentaires, par le prince de Ligne*, vol. XX.
2. *Mémoires de d'Argenson*, vol. I.

avaient jusqu'à lui conservé la paix de leur bonheur et de leur vertu contre toutes les tentatives et toutes les occasions. Qu'il veuille, et Mme de Tourvel elle-même sera perdue!

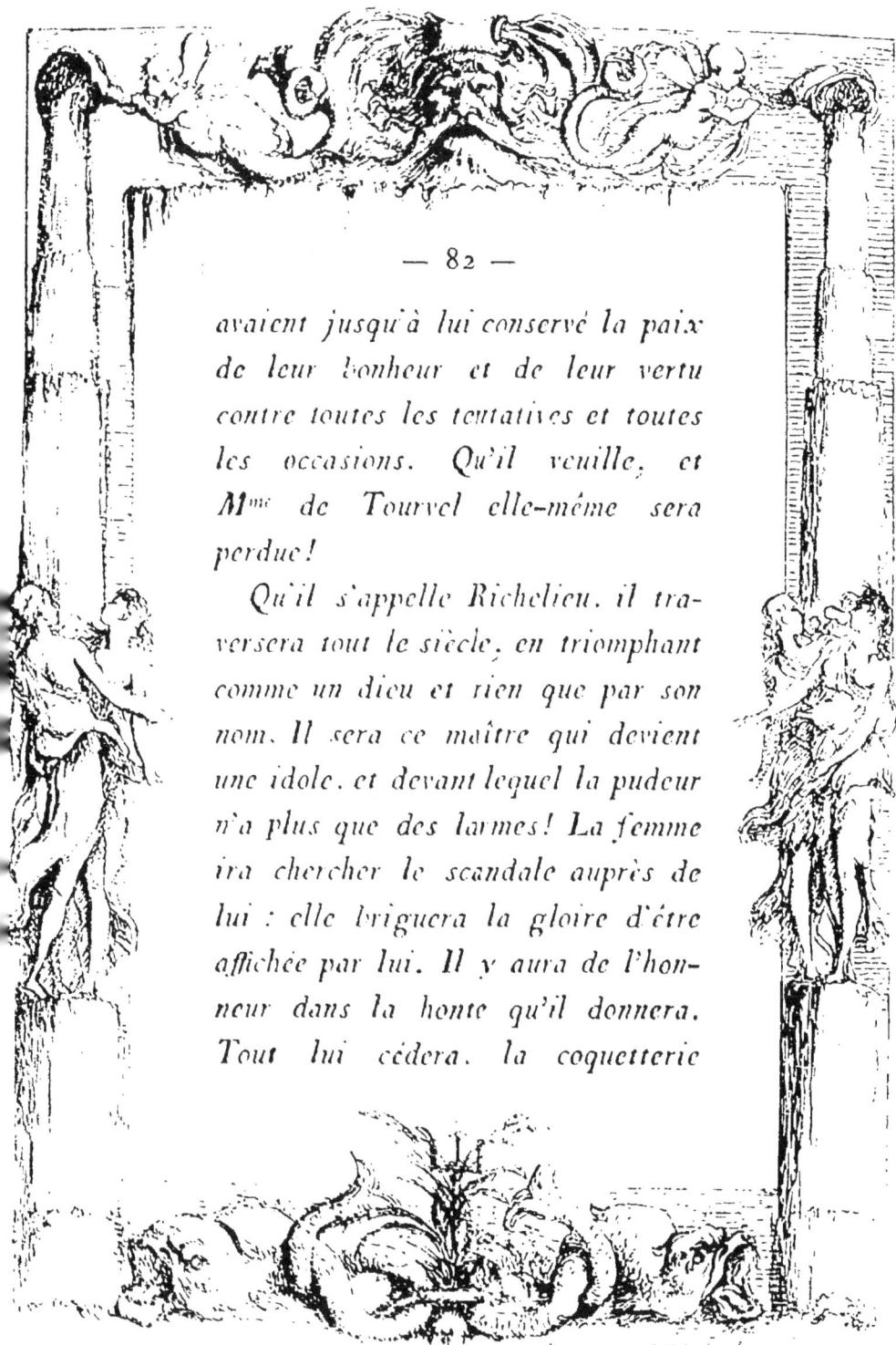

Qu'il s'appelle Richelieu, il traversera tout le siècle, en triomphant comme un dieu et rien que par son nom. Il sera ce maître qui devient une idole, et devant lequel la pudeur n'a plus que des larmes! La femme ira chercher le scandale auprès de lui : elle briguera la gloire d'être affichée par lui. Il y aura de l'honneur dans la honte qu'il donnera. Tout lui cédera, la coquetterie comme la vertu, la duchesse comme la princesse. L'adoration de la jeunesse, de la beauté, de la cour du Régent, de la cour de Louis XV, ira au-devant de lui comme une prostituée. Les passions des femmes se battront pour lui comme des colères d'hommes ; et il sera celui pour lequel Mme de Polignac et la marquise de Nesle échangeront au bois de Boulogne deux coups de pistolet[1]. Il aura des maîtresses dont la complaisance étouffera la jalousie et qui serviront jusqu'à ses infidélités, des maîtresses dont il ne pourra épuiser la patience, et qu'il essayera vaine-

1. Mémoires de Richelieu, vol. II.

ment de rassasier d'humiliations. Celles qu'il insultera lui baiseront la main, celles qu'il chassera reviendront. Il ne comptera plus les portraits, les mèches de cheveux, les anneaux et les bagues, il ne les reconnaîtra plus : ils seront pêle-mêle dans sa mémoire comme dans ses tiroirs. Chaque matin il s'éveillera dans l'hommage, il se lèvera dans les prières d'un paquet de lettres; il les jettera sans les ouvrir avec ce mot dont il souffletera l'adresse : Lettre que je n'ai pas eu le temps de lire; *on retrouvera à sa mort, encore cachetés, cinq billets de rendez-vous, implorant le même jour.*

au nom de cinq grandes dames, une heure de sa nuit[1]! Ou bien s'il daigne les ouvrir, il les effleurera d'un regard, il bâillera sur ces lignes brûlantes et suppliantes qui lui tomberont des mains comme un placet des mains d'un ministre!

Et si ce n'est point Richelieu, ce sera un autre. Car peu importe à la femme d'où vient cet homme, d'où il sort; peu lui importe sa naissance, son rang, son état même : que la mode le couvre, c'est assez pour qu'il honore celles qu'il accepte. Que cet homme soit un acteur, un chanteur, qu'il ait encore aux joues le rouge

1. *Mémoires de Richelieu*, vol. VI

du théâtre : s'il est couru, il sera un homme, un vainqueur! *Les plus grandes dames et les plus jeunes l'inviteront, l'appelleront, le prieront, lui jetteront sous les pieds leurs avances, leur humilité, leur reconnaissance. Elles l'aimeront jusqu'à se faire enfermer, presque jusqu'à en mourir, comme la comtesse de Stainville aima Clairval*[1]. *Elles se l'arracheront comme ces deux marquises se disputant publiquement Michu dans une loge de la Comédie Italienne*[2]. *Elles en voudront avec la fureur*

1. *Mémoires de la République des lettres*, volume XVIII.
2. *Correspondance secrète*, vol. X.

éhontée de la comtesse fameuse criant devant tous : « Chassé! Chassé! » ou bien avec la volonté fixe, l'entêtement résolu, la fermeté douce de la belle-sœur de Mme d'Epinay, de Mme de Jully. Et quel mot échappe à celle-ci, lorsque demandant à Mme d'Epinay d'être la complaisante de ses amours avec Jélyotte, Mme d'Epinay s'exclame : « Vous n'y pensez pas, ma sœur, un acteur de l'Opéra, un homme sur qui tout le monde a les yeux fixés, et qui ne peut décemment passer pour votre ami... — Doucement, s'il vous plaît, lui répond Mme de Jully, je vous ai dit que je l'aimais, et vous me répon-

dez comme si je vous demandais si je ferais bien de l'aimer[1]. »

Mais ce n'était point encore assez que la profanation du scandale. Il était réservé au XVIII*e* *siècle de mettre dans l'amour, dont il avait fait la lutte de l'homme contre la femme, le blasphème, la déloyauté, les plaisirs et les satisfactions sacriléges d'une comédie. Il fallait que l'amour devînt une tactique, la passion un art, l'attendrissement un piége, le désir même un masque, afin que ce qui restait de conscience dans le cœur du temps, de sincérité dans ses*

1. *Mémoires de M*me *d'Épinay*, vol. I.

tendresses, s'éteignît sous la risée suprême de la parodie.

C'est dans cette guerre et ce jeu de l'amour, sur ce théâtre de la passion se donnant en spectacle à elle-même, que ce siècle révèle peut-être ses qualités les plus profondes, ses ressources les plus secrètes et comme un génie de duplicité tout inattendu du caractère français. Que de grands diplomates, que de grands politiques sans nom, plus habiles que Dubois, plus insinuants que Bernis, parmi cette petite bande d'hommes qui font de la séduction de la femme le but de leurs pensées et la grande affaire de leur vie, l'idée et la carrière aux-

quelles ils sont voués! Que d'études, d'application, de science, de réflexions! Quel grand art de comédien! quel art de ces déguisements, de ces travestissements, dont Faublas *garde le souvenir, et qui cachent si bien M. de Custine, qu'il peut, habillé en coiffeuse, couper, sans être reconnu, les cheveux de la femme qu'il aime! Que de combinaisons de romancier et de stratégiste! Pas un n'attaque une femme sans avoir fait ce qu'on nomme un* plan, *sans avoir passé une nuit à se promener et à retourner la position comme un auteur qui noue son intrigue dans sa tête. Et l'attaque commencée, ils sont*

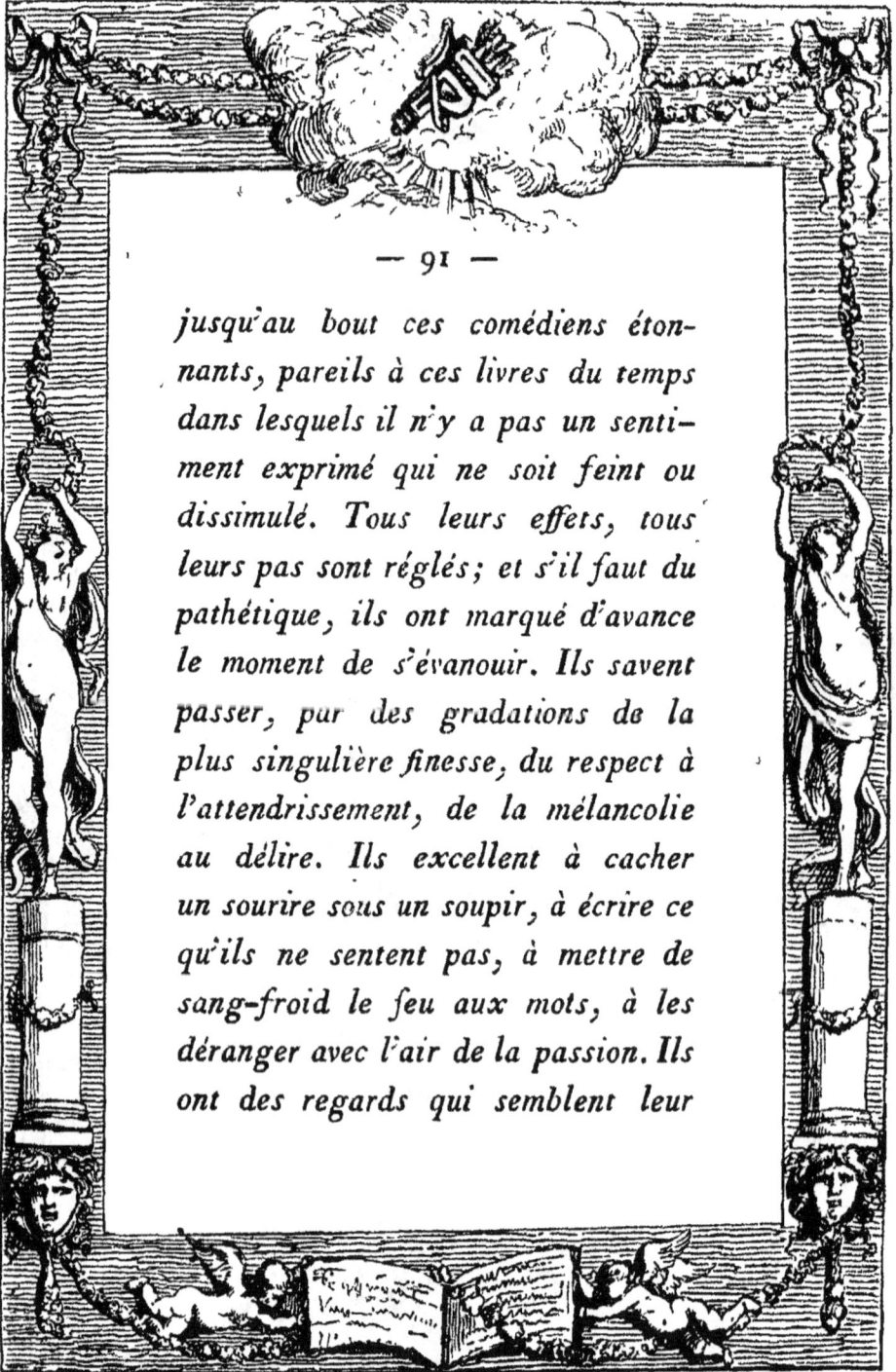

jusqu'au bout ces comédiens étonnants, pareils à ces livres du temps dans lesquels il n'y a pas un sentiment exprimé qui ne soit feint ou dissimulé. Tous leurs effets, tous leurs pas sont réglés; et s'il faut du pathétique, ils ont marqué d'avance le moment de s'évanouir. Ils savent passer, par des gradations de la plus singulière finesse, du respect à l'attendrissement, de la mélancolie au délire. Ils excellent à cacher un sourire sous un soupir, à écrire ce qu'ils ne sentent pas, à mettre de sang-froid le feu aux mots, à les déranger avec l'air de la passion. Ils ont des regards qui semblent leur échapper, des gestes, des cris amoureux qu'ils ont médités dans le cabinet. Ils parlent comme l'homme qui aime, et l'on dirait que leur cœur éclate dans ce qu'ils déclament, tant ils sont habiles à faire trembler l'émotion dans leur parole comme dans leur voix, tant leur organe ressemble à leur âme, tant à force d'être travaillé il a acquis de sensibilité factice. « N'omettre rien », c'est le précepte de l'un d'eux. Et véritablement, ils n'oublient rien de ce qui peut faire vibrer les sensibilités de la femme, captiver son intérêt, amener en elle un amollissement ou un énerve-

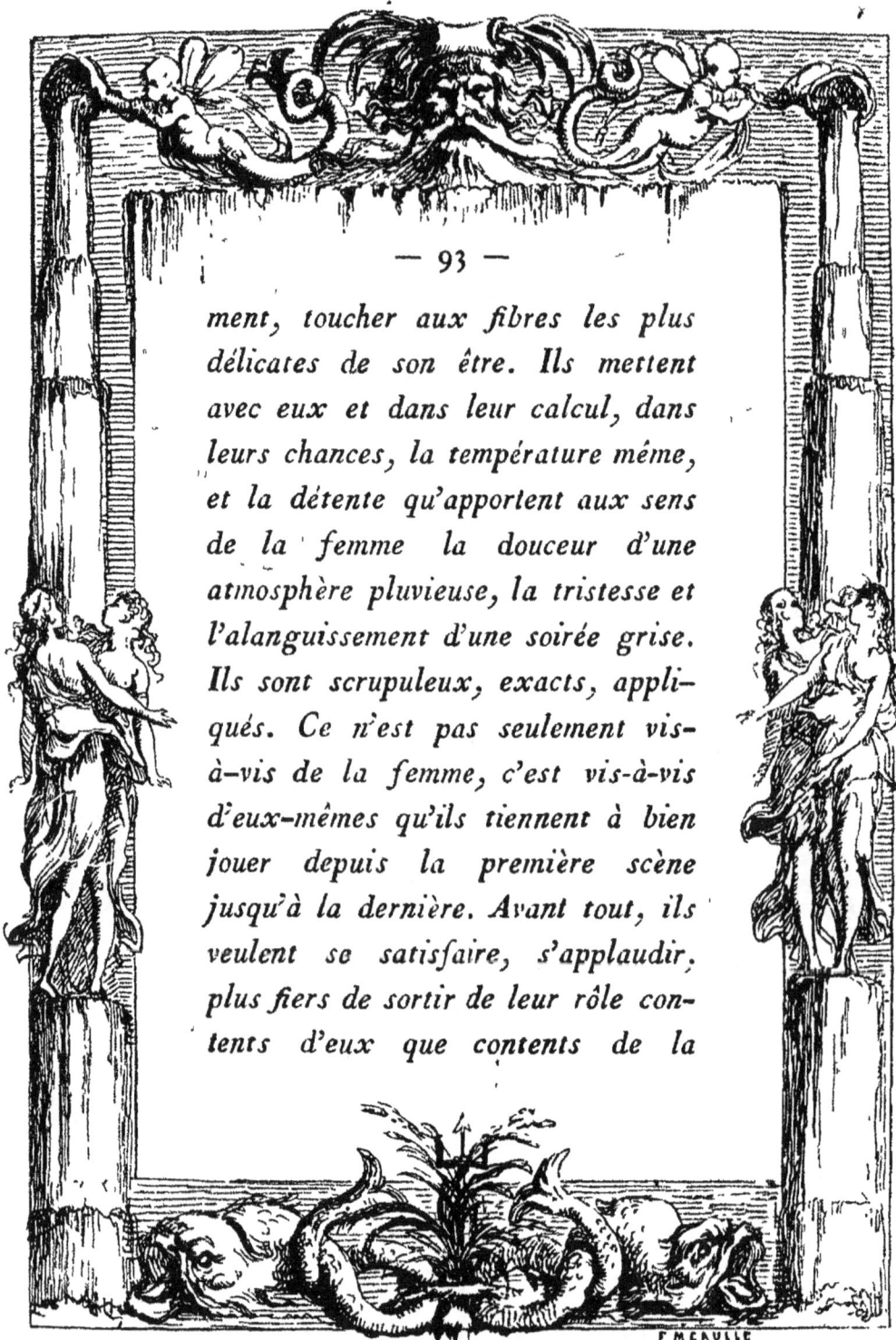

ment, toucher aux fibres les plus délicates de son être. Ils mettent avec eux et dans leur calcul, dans leurs chances, la température même, et la détente qu'apportent aux sens de la femme la douceur d'une atmosphère pluvieuse, la tristesse et l'alanguissement d'une soirée grise. Ils sont scrupuleux, exacts, appliqués. Ce n'est pas seulement vis-à-vis de la femme, c'est vis-à-vis d'eux-mêmes qu'ils tiennent à bien jouer depuis la première scène jusqu'à la dernière. Avant tout, ils veulent se satisfaire, s'applaudir, plus fiers de sortir de leur rôle contents d'eux que contents de la femme; car à la longue, ces virtuoses de la séduction ont fait entrer dans leur jeu un amour-propre d'artiste. Ils ont fait plus : ils y ont apporté la conscience de véritables comédiens. Et pour faire l'illusion complète, pour achever de troubler et d'émouvoir, il en est qui ajustent jusque sur leur visage le mensonge de toute leur personne, qui se griment, qui se plâtrent, qui se dépoudrent les cheveux, qui se pâlissent en se privant de vin. Il en est même qui pour un rendez-vous décisif se mettent du désespoir sur la figure comme on s'y met du rouge : avec de la gomme arabique délayée, ils

F MÉAULLE

se font sur les joues des traces de larmes mal essuyées[1] *!*

D'autres vont droit au fait. Du jour où l'homme pour plaire n'eut pas besoin d'être amoureux, il pensa que dans des cas pressés on le dispenserait même d'être aimable. Avec cette pensée tomba le dernier honneur de la femme, le respect qui l'entourait; et l'amour n'eut plus honte de la violence. L'insolence, la surprise, devinrent des procédés à la mode; leur usage ne marqua pas l'homme d'infamie ni de bassesse, leur succès lui donna une sorte de gloire. La femme même, brutalement insultée,

1. *Mémoires de Tilly*, vol. II.

trouva comme une humiliation flatteuse dans ce vil moyen de séduction. Que de brusques attaques pardonnées! que de liaisons, qui souvent durent, commencées vivement par l'insolence, dans un carrosse dont le cocher est précieux pour prendre par le plus long, faire le sourd, et mener les chevaux au petit pas! « Une aventure, de ces choses qu'on voit tous les jours, une misère enfin », c'est tout ce que le monde dit le lendemain de ces tours d'audace. La violence ne fait-elle pas école dans le meilleur monde? Un jour elle ose bien toucher à la robe de la reine de France; et pour un martyr, pour un Lauzun qu'on chasse. comptez, dans les confessions du siècle, tous les héros heureux de l'aventure. De triomphes en triomphes. de raffinements de cynisme en délicatesses d'impudeur, la galanterie brutale finit par avoir des principes. une manière de philosophie. des moyens d'apologie. On mit en théorie savante l'art de saisir le moment; et il se trouva des beaux esprits pour décider qu'un téméraire avait au fond plus d'égards pour la femme que le timide, et la respectait plus effectivement en lui épargnant le long supplice des concessions successives. et la honte de sentir qu'elle *se manque, et de se le dire inutilement*[1].

Mais il est un genre de victoire estimé supérieur à tous les autres et particulièrement recherché par l'homme : la victoire par l'esprit. Les raffinés, les maîtres de la séduction ne trouvent que là un amusement toujours nouveau et la jouissance d'une véritable conquête de la femme. Blasés, par l'habitude et le succès, sur les brusqueries et les violences, sur les surprises qui vont aux sens, ils font avec eux-mêmes le pari d'arriver jusqu'au cœur de la femme sans

1. *Œuvres complètes de Crébillon le fils.* Le Hasard du coin du feu. — La Nuit et le Moment.

même essayer de la toucher, et de triompher absolument d'elle sans parler un moment à sa sensibilité. C'est sa tête, sa tête seule qu'ils remueront, qu'ils troubleront, qu'ils rempliront de caprice et de tentation, jusqu'à ce qu'ils aient amené par là toute sa personne à une disposition de complaisance imprévue, presque involontaire. Un tête-à-tête pour ces hommes est une lutte, une lutte sans brutalité, mais sans merci, d'où la femme doit sortir humiliée par leur intelligence, domptée et soumise par la supériorité de leur rouerie, non point aimante, mais vaincue. Qu'ils aient la permission d'une entrevue, l'occasion d'un dialogue : il semble qu'ils allient le sang-froid du chasseur au coup d'œil du capitaine pour attaquer la femme, la poursuivre, la pousser, la battre de phrases en phrases, de mots en mots, la débusquer de défenses en défenses, retrécir sourdement le cercle de l'attaque, la presser, l'acculer, la forcer, et la tenir enfin, au bout de la conversation, dans leur main, palpitante, le cœur battant, à bout de souffle comme un oiseau attrapé à la course! C'est un spectacle presque effrayant de les voir s'emparer d'une coquette ou d'une imprudente avec de l'impertinence et du persiflage.

Ecoutez-les : quel manége étonnant ! Jamais l'insolence des idées ne s'est si joliment cachée sous le ménagement des termes. Entre ce qu'ils pensent et ce qu'ils disent, ils ne mettent guère, par égard pour leur interlocutrice, qu'un tour d'entortillage, voile léger qui ressemble à cette fine robe de chambre de taffetas avec laquelle, dans les châteaux, les hommes vont rendre visite aux dames dans leur chambre.

S'excuser tout d'abord d'être incommode, feindre de croire qu'on dérange une personne occupée, nier du bout des lèvres les bonnes fortunes qu'on vous prête, puis en con-

venir, en en demandant le secret. — car on en est honteux : piquer la curiosité de la femme sur une femme de ses amies qu'on a eue, et lui détailler des pieds à la tête comment elle est coupée : être indiscret à plaisir comme si l'on avait peur, par le silence, de s'engager pour l'avenir à la discrétion : parler de l'oubli en sage, et citer le nom d'une femme qui dernièrement a été forcée de vous rappeler que vous l'aviez tendrement aimée : faire des protestations de respect, et manquer au respect dans le même moment : s'étonner des amants que le public a donnés à la femme avec laquelle on cause et lui donner la lanterne magique de leurs ridicules, définir la différence qu'il y a entre aimer une femme et l'avoir; exposer les bienfaits de la philosophie moderne, le bonheur d'être arrivé à la suppression des grimaces de femme et des affectations de pruderie, l'avantage de ce train commode où l'on se prend quand on se plaît, où l'on se quitte quand on s'ennuie, où l'on se reprend pour se quitter encore, sans jamais se brouiller; montrer tout ce qu'a gagné l'amour à ne plus s'exagérer, à perdre ses grands airs de vertu, à être tout simplement cet éclair, ce caprice du moment, que le temps *appelle un goût ; et par le ton dont on dit tout cela, par le tour rare et dégagé qu'on y met, par le sourire supérieur qu'on jette de haut sur toutes ces chimères, étourdir si fort et si à fond la femme qu'un peu d'audace la trouve sans résistance, — c'est le grand art et le grand air, une façon de séduction vraiment flatteuse pour la vanité de l'homme qui n'a recouru, dans toute cette courte affaire, à rien qu'aux ressources et aux armes de l'esprit. Que l'homme conserve jusqu'au bout son ironie, que dans la reconnaissance même, il garde un peu d'impertinence ; et il aura le plaisir d'en-*

tendre la femme se réveiller et sortir de l'égarement avec ce cri de sa honte : « Au moins dites-moi que vous m'aimez ! » tant il est resté pur de toute affectation de tendresse. Et ce mot même que la femme lui demande pour excuser son abaissement, il le lui refusera, en la raillant galamment sur cette fantaisie de sentiment qui lui prend si mal à propos, sur le ridicule, pour une personne d'esprit, de tant tenir à de pareilles misères, et sur l'inconvenance d'exiger, au point où ils en sont, un aveu qu'il n'a pas eu besoin de faire pour en venir là [1]. Refuser

1. Œuvres complètes de Crébillon le fils, passim.

dans l'amour, ou dans l'à peu près de l'amour, jusqu'au mot qui est sa dernière illusion et sa dernière pudeur, là est la satisfaction suprême de l'amour-propre et de la fantaisie de l'homme du temps.

C'est ici que l'on commence à toucher le fond de l'amour du XVIIIe *siècle et à percevoir l'amertume de ses galanteries, le poison qui s'y cache. N'y a-t-il pas déjà dans ce refus d'excuser la femme à ses propres yeux, dans cette impudique bonne foi de la séduction, le mauvais instinct des derniers plaisirs de la corruption? Sur cette pente d'ironie et de persiflage, l'amour se fait bien vite un point d'honneur et une jouissance de la méchanceté; et la méchanceté du temps, cette méchanceté si fine, si aiguisée, si exquise, entre jusqu'au cœur des liaisons. Il ne suffit plus à la vanité du petit-maître de perdre une femme de réputation; il faut qu'il puisse rompre en disant d'un ton leste : « Oh! fini, et très-fini... Je l'ai forcée d'adorer mon mérite, j'ai pris mille plaisirs avec elle, et je l'ai quittée en confondant son amour-propre*[1]. » *La grande mode est de* ravoir *une femme par caprice, pour*

1. *Le Grelot ou les, etc.* Londres, 1781.

la quitter authentiquement[1]*. Une source d'appétits mauvais s'est ouverte dans l'homme à femme, qui lui fait rechercher, non plus seulement le déshonneur, mais les souffrances de la femme. C'est un amusement qui lui sourit de pousser la raillerie jusqu'à la blessure, de laisser une plaie où il a mis un baiser, de faire saigner jusqu'au bout ce qui reste de remords à la faiblesse. Et sitôt qu'il a rendu une femme folle de lui, qu'il l'a, selon l'argot galant du temps,* soutirée au caramel[2], *c'est*

1. *Les Confessions du comte de ***, par Duclos.*
2. *Œuvres complètes de M. de Chevrier.* Londres, *chez l'éternel Jean Nourse, l'an de la vérité 1774.*

un plaisir pour lui de lui faire une scène de jalousie, et sur sa défense de s'emporter et de s'éloigner. Jeux sans pitié, où se révèlent, dans une sorte de grâce qui fait peur, la cruauté d'esprit de l'époque et la profondeur de son libertinage moral! Et quoi de plus piquant que de parler à une femme de l'amant qu'elle a eu, ou qu'elle a encore, au moment où elle l'oublie plus: de lui rappeler ses devoirs, ou du moins ce qu'on est convenu d'entendre par là, lorsqu'elle ne peut plus ne pas y manquer: de voir ses sourcils se froncer, ses regards devenir sévères, ses yeux enfin se remplir de larmes, au por-

trait qu'on lui trace de l'homme qui l'adore et qu'elle trompe? Ou bien encore si la femme vient d'enterrer l'homme qu'elle a aimé, c'est un tour charmant, après avoir triomphé de ce chagrin tout chaud, de remettre le mort sur le tapis, de le regretter, de dire d'un ton attendri : « Quelle perte pour vous! » et d'entourer de son ombre la femme éperdue! C'est alors seulement, après de telles preuves, qu'on a droit à ce compliment flatteur : « En vérité, vous êtes singulièrement méchant[1]! » — un mot qu'il serait presque indécent de

1. Œuvres de Crébillon le fils.

n'avoir ni mérité, ni reçu, quand on quitte une femme!

A mesure que le siècle vieillit, qu'il accomplit son caractère, qu'il creuse ses passions, qu'il raffine ses appétits, qu'il s'endurcit et se consume dans la sécheresse et la sensualité de tête, il cherche plus résolûment de ce côté l'assouvissement de je ne sais quels sens dépravés et qui ne se plaisent qu'au mal. La méchanceté, qui était l'assaisonnement, devient le génie de l'amour. Les « noirceurs » passent de mode, et la « scélératesse » éclate. Il se glisse dans les relations d'hommes à femmes quelque chose comme une politique impitoyable, comme un système réglé de perdition. La corruption devient un art égal en cruautés, en manques de foi, en trahisons, à l'art des tyrannies. Le machiavélisme entre dans la galanterie, il la domine et la gouverne. C'est l'heure où Laclos écrit d'après nature ses Liaisons dangereuses, *ce livre admirable et exécrable qui est à la morale amoureuse de la France du* XVIIIe *siècle ce qu'est le traité du* Prince *à la morale politique de l'Italie du* XVIe.

Aux heures troubles qui précèdent la Révolution, au milieu de cette société traversée et pénétrée jusqu'au plus profond de l'âme, par le ma-

laise d'un orage flottant et menaçant, on voit apparaître, pour remplacer les petits maîtres sémillants et impertinents de Crébillon fils, les grands maîtres de la perversité, les roués accomplis, les têtes fortes de l'immoralité théorique et pratique. Ces hommes sont sans entrailles, sans remords, sans faiblesse. Ils ont l'amabilité, l'impudence, l'hypocrisie, la force, la patience, la suite des résolutions, la constance de la volonté, la fécondité d'imagination. Ils connaissent la puissance de l'occasion, le bon effet d'un acte de vertu ou de bienfaisance bien placé, l'usage des femmes de chambre, des valets, du scandale, toutes les armes déloyales. Ils ont calculé de sang-froid tout ce qu'un homme peut se permettre d'horreurs, et ils ne reculent devant rien. Ne pouvant prendre d'assaut, dans un secrétaire, le secret d'un cœur de femme, ils se prennent à regretter que le talent d'un filou n'entre pas dans l'éducation d'un homme qui se mêle d'intrigues. Leur grand principe est de ne jamais finir une aventure avant d'avoir en main de quoi déshonorer la femme : ils ne séduisent que pour perdre, ils ne trompent que pour corrompre. Leur joie, leur bonheur, c'est de faire « expier la vertu d'une femme dans une lente agonie et de la fixer sur ce spectacle » ; et ils s'arrêtent à moitié de leur victoire, pour faire arrêter celle qu'ils ont attaquée, à chaque degré, à chaque station de la honte, du désespoir, lui faire savourer à loisir le sentiment de sa défaite, et la conduire à la chute assez doucement pour que le remords la suive pas à pas. Leur passe-temps, leur distraction dont ils rougissent presque, tant elle leur a peu coûté, est de subjuguer par l'autorité une jeune fille, une enfant, d'emporter son honneur en badinant, de la dépraver par désœuvrement ; et c'est pour eux comme une malice de faire rire *cette fille des ridicules de sa mère, de sa mère couchée dans la chambre à côté et qu'une cloison sépare de la honte et des risées de son sang! — Le* XVIIIe *siècle a marqué là, à ce dernier trait, les dernières limites de l'imagination dans l'ordre de la férocité morale.*

La femme égala l'homme, si elle ne le dépassa, dans ce libertinage de la méchanceté galante. Elle révéla un type nouveau, où toutes les adresses, tous les dons, toutes les finesses, toutes les sortes d'esprit de son sexe, se tournèrent en une sorte de cruauté réfléchie qui donne l'épouvante. La rouerie s'éleva, dans quelques femmes rares et abominables, à un degré presque satanique. Une fausseté naturelle, une dissimulation acquise, un regard à volonté, une physionomie maîtrisée, un mensonge sans effort de tout l'être, une observation profonde, un coup d'œil pénétrant, la domination des sens, une curiosité, un désir de science, qui ne leur laissaient voir dans l'amour que des faits à méditer et à recueillir, c'étaient à des facultés et à des qualités si redoutables que ces femmes avaient dû, dès leur jeunesse, des talents et une politique capables de faire la réputation d'un ministre. Elles avaient étudié dans *leur cœur le cœur des autres : elles avaient vu que chacun y porte un secret caché, et elles avaient résolu de faire leur puissance avec la découverte de ce secret de chacun. Décidées à respecter les dehors et le monde, à s'envelopper et à se couvrir d'une bonne renommée, elles avaient sérieusement cherché dans les moralistes et pesé avec elles-mêmes ce qu'on pouvait faire, ce qu'on devait penser, ce qu'on devait paraître. Ainsi formées, secrètes et profondes, impénétrables et invulnérables, elles apportent dans la galanterie, dans la vengeance, dans le plaisir, dans la haine, un cœur de sang-froid, un* esprit toujours présent, un ton de liberté, un cynisme de grande dame mêlé d'une hautaine élégance, une sorte de légèreté implacable. Ces femmes perdent un homme pour le perdre. Elles sèment la tentation dans la candeur, la débauche dans l'innocence. Elles martyrisent l'honnête femme dont la vertu leur déplaît; et l'ont-elles touchée à mort? elles poussent ce cri de vipère : « Ah! quand une femme frappe dans le cœur d'une autre, la blessure est incurable... » Elles font éclater le deshonneur dans les familles comme un coup de foudre : elles mettent aux mains des hommes les querelles et *les épées qui tuent. Figures étonnantes qui fascinent et qui glacent! On pourrait dire d'elles, dans le sens moral, qu'elles dépassent de toute la tête la Messaline antique. Elles créent en effet, elles révèlent, elles incarnent en elles-mêmes une corruption supérieure à toutes les autres et que l'on serait tenté d'appeler une corruption idéale : le libertinage des passions méchantes, la* **Luxure du Mal!**

Et *que l'on ne croie pas que ces types si complets, si parfaits, soient imaginés. Ils ne sortent pas de la tête de* **Laclos,** *ils ne sont pas le rêve d'un romancier : ils sont des* *individualités de ce monde, des personnages vivants de cette société. Les autorités du temps sont là pour attester leur ressemblance et pour mettre sur ces portraits les initiales de leurs noms. Le seul embarras est qu'on leur trouve trop de modèles. Valmont ne fait-il pas nommer un homme fameux? M. de Choiseul n'a-t-il pas commencé sa grande carrière par ce rôle d'homme à bonnes fortunes, de méchant impitoyable, de roué consommé, marchant à son but avec l'air étourdi, n'avançant ni un pas ni une parole sans un projet contre une femme, s'imposant aux femmes par le sarcasme, les mena-*

çant de son esprit, en triomphant par la peur? Mais que parle-t-on de Choiseul? Laclos n'avait-il pas sous les yeux le prototype de sa création dans la figure effrayante du marquis de Louvois, dans la figure de ce comte de Frise s'amusant à torturer Mme de Blot? — Et pour la femme que Laclos a peinte et à laquelle il a attribué tant de grâces et de ressources infernales, n'en avait-il pas rencontré l'original, et ne l'avait-il pas étudiée sur le vif? Le prince de Ligne et Tilly n'affirment-ils pas, d'après la confidence de Laclos, qu'il n'a eu qu'à déshabiller la conscience d'une grande dame de Grenoble, la marquise L. T. D. P. M.. *qu'à raconter sa vie, pour trouver en elle sa marquise de Merteuil?*

A quoi cependant devait aboutir cette méchanceté dans l'amour, dont nous avons essayé de suivre dans le siècle l'effronterie, la profondeur, les appétits croissants et insatiables? Devait-elle s'arrêter avant d'avoir donné comme une mesure épouvantable de ses excès et de son extrémité? Il est une logique inexorable qui commande aux mauvaises passions de l'humanité d'aller au bout d'elles-mêmes, et d'éclater dans une horreur finale et absolue. Cette logique avait assigné à la méchan-

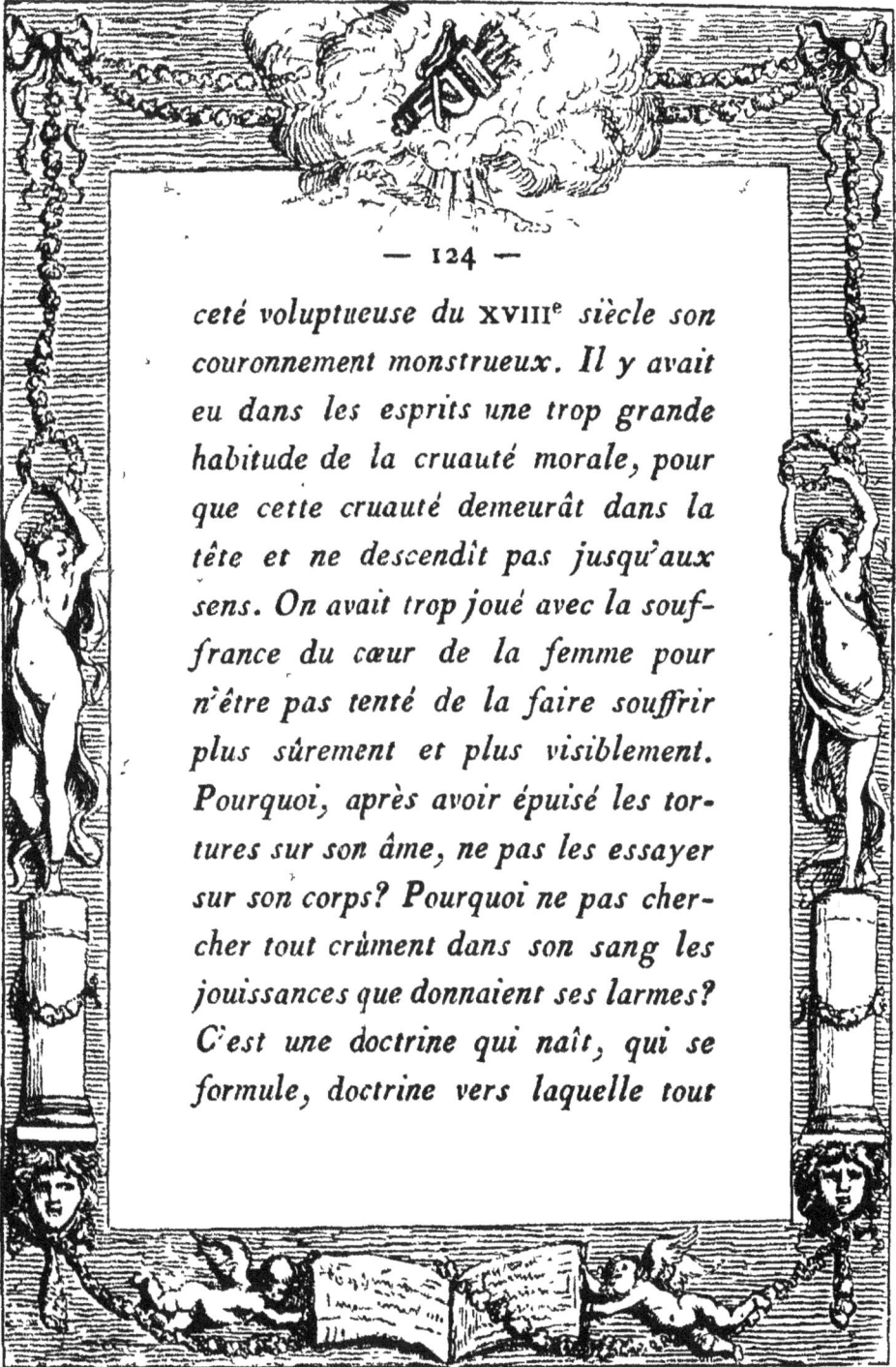

ceté voluptueuse du XVIIIe siècle son couronnement monstrueux. Il y avait eu dans les esprits une trop grande habitude de la cruauté morale, pour que cette cruauté demeurât dans la tête et ne descendît pas jusqu'aux sens. On avait trop joué avec la souffrance du cœur de la femme pour n'être pas tenté de la faire souffrir plus sûrement et plus visiblement. Pourquoi, après avoir épuisé les tortures sur son âme, ne pas les essayer sur son corps? Pourquoi ne pas chercher tout crûment dans son sang les jouissances que donnaient ses larmes? C'est une doctrine qui naît, qui se formule, doctrine vers laquelle tout *le siècle est allé sans le savoir, et qui n'est au fond que la matérialisation de ses appétits; et n'était-il pas fatal que ce dernier mot fût dit, que l'éréthisme de la férocité s'affirmât comme un principe, comme une révélation, et qu'au bout de cette décadence raffinée et galante, après tous ces acheminements au supplice de la femme, un de Sade vînt pour mettre, avec le sang des guillotines, la Terreur dans l'Amour!*

C'en est assez : ne descendons pas plus bas, ne fouillons pas plus loin dans les entrailles pourries du XVIIIe *siècle. L'histoire doit s'arrê-*

ter à l'abîme de l'ordure. Au delà, il n'y a plus d'humanité; il n'y a plus que des miasmes où l'on ne respire plus rien, où la lumière s'éteindrait d'elle-même aux mains qui voudraient la tenir.

Remontons vers ce qui est la vie, vers ce qui est le jour, vers ce qui est l'air, vers la Nature, vers la Passion, vers la Vérité, la santé, la force et la grâce des affections humaines. Aussi bien après cette longue exposition de toutes les maladies et de toutes les hontes des plus nobles parties du cœur, après cette démonstration des plaies et des corruptions de l'amour, on a besoin de secouer ses dégoûts.

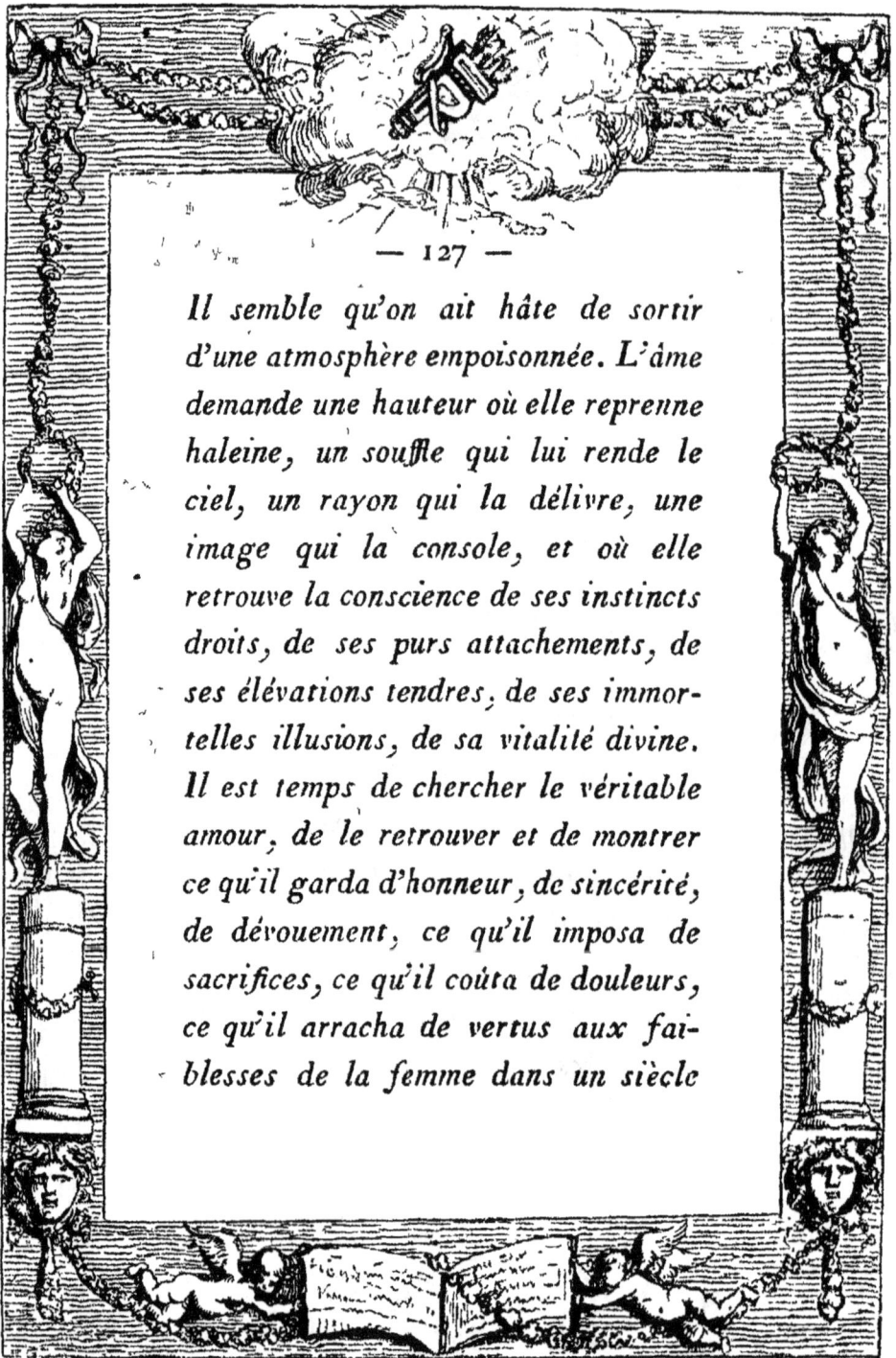

Il semble qu'on ait hâte de sortir d'une atmosphère empoisonnée. L'âme demande une hauteur où elle reprenne haleine, un souffle qui lui rende le ciel, un rayon qui la délivre, une image qui la console, et où elle retrouve la conscience de ses instincts droits, de ses purs attachements, de ses élévations tendres, de ses immortelles illusions, de sa vitalité divine. Il est temps de chercher le véritable amour, de le retrouver et de montrer ce qu'il garda d'honneur, de sincérité, de dévouement, ce qu'il imposa de sacrifices, ce qu'il coûta de douleurs, ce qu'il arracha de vertus aux faiblesses de la femme dans un siècle

de caprice, de libertinage et de rouerie.

Pour n'avoir pas eu la même publicité, la même popularité que la galanterie, pour apparaître au second plan des aventures du temps, hors du cadre des mœurs générales, des théories régnantes, des habitudes morales et de la pratique journalière, l'amour véritable n'en a pas moins eu sa place dans le XVIIIe *siècle. Que l'on prenne en ce temps l'homme qui a le mieux peint l'impudence de l'amour en vogue, l'élégance de son cynisme, la politesse de son libertinage, le romancier qui a écrit le* Sopha, *les* Égarements du cœur et de l'esprit, la Nuit et le Moment: *que trouve-t-on derrière son œuvre et au fond de sa vie? une mysterieuse passion, un bonheur et une religion voilés, l'amour de Mlle de Strafford*[1]. — *Voilà le siècle : il a affiché le scandale, mais il a connu l'amour.*

Il est au commencement du siècle une femme qui retrouve les larmes de l'amour. Elle rend à l'amour son honneur, sa poésie, en lui rendant le dévouement et la pudeur. Elle laisse au seuil du XVIIIe *siècle un de ces tendres souvenirs dont le cœur humain fait ses légendes et vers*

1. *Correspondance de Grimm*, vol. VII.

lesquels les amoureux de tous les siècles vont en pèlerinage. Elle lègue à l'avenir un de ces humbles romans qui survivent au temps, et cachés sur les côtés de l'histoire, à son ombre, loin de la politique et de la guerre, semblent des chapelles où l'imagination se repose du bruit du grand chemin, oublie ce qui passe et ce qui meurt, se recueille, s'attendrit et se rafraîchit.

C'est en pleine licence, en pleine Régence, que cette femme aime ainsi. C'est en pleine Régence qu'elle montre en elle les plus nobles et les plus touchantes vertus de l'amour. C'est au milieu des scandales du

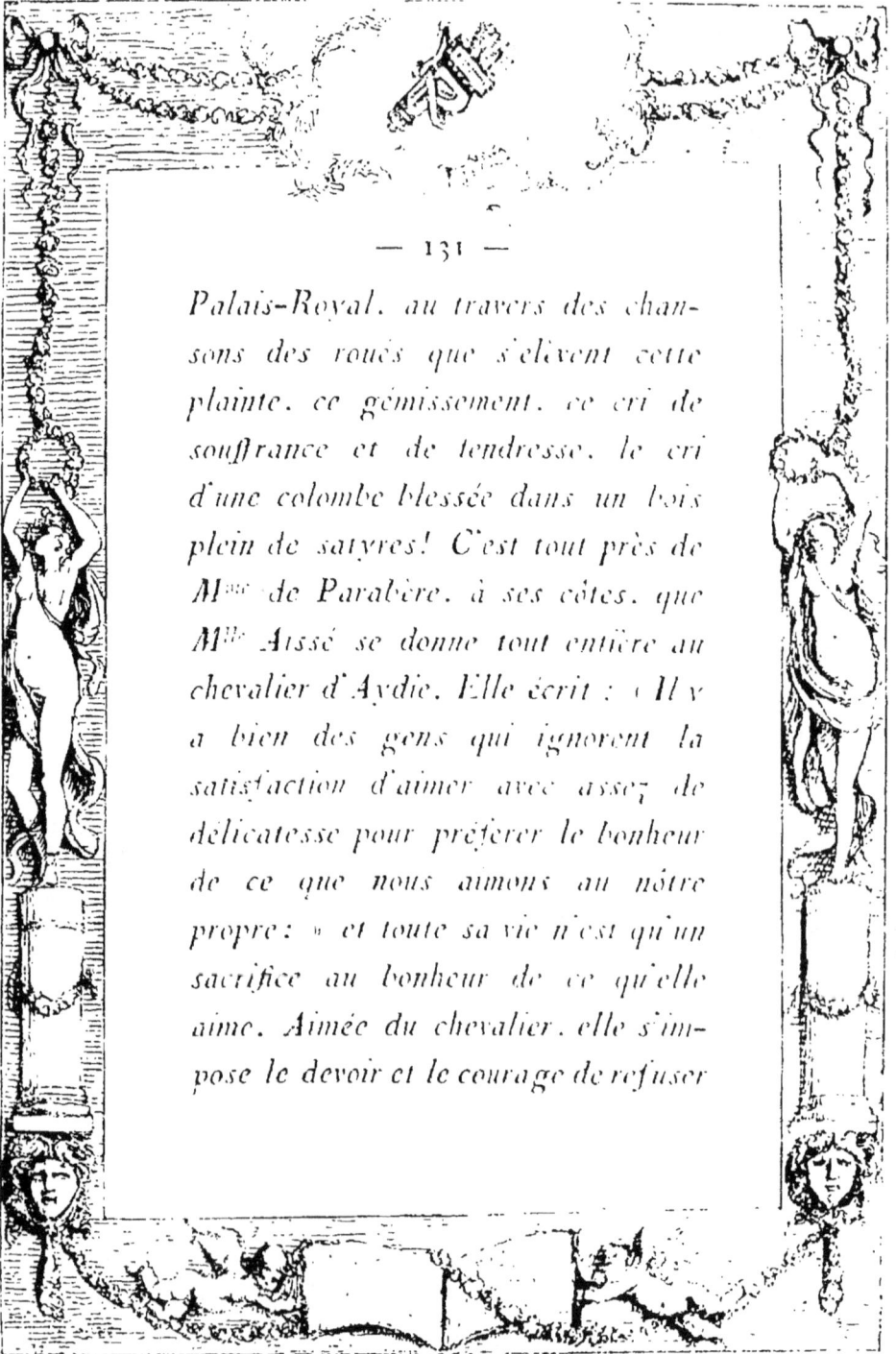

Palais-Royal, au travers des chansons des roués que s'élèvent cette plainte, ce gémissement, ce cri de souffrance et de tendresse, le cri d'une colombe blessée dans un bois plein de satyres! C'est tout près de Mme de Parabère, à ses côtés, que Mlle Aïssé se donne tout entière au chevalier d'Aydie. Elle écrit : « Il y a bien des gens qui ignorent la satisfaction d'aimer avec assez de délicatesse pour préférer le bonheur de ce que nous aimons au nôtre propre : » et toute sa vie n'est qu'un sacrifice au bonheur de ce qu'elle aime. Aimée du chevalier, elle s'impose le devoir et le courage de refuser

la main qu'il lui offre : « Non, j'aime trop sa gloire, » dit-elle, en détournant les yeux de ce trop beau rêve. « Rendre la vie si douce à celui qu'elle aime qu'il ne trouve rien de préférable à cette douceur, » elle ne connaît d'autre art ni d'autre ambition. La douceur, c'est le mot qui de son cœur tombe sans cesse sous sa plume, et donne à toutes ses lettres leur immortel accent de caresse. Comme Mme de Ferriol lui demandait un jour si elle avait ensorcelé le chevalier, elle lui répondit simplement, naivement : « Le charme dont je me suis servi est d'aimer malgré moi et de lui rendre la vie du monde

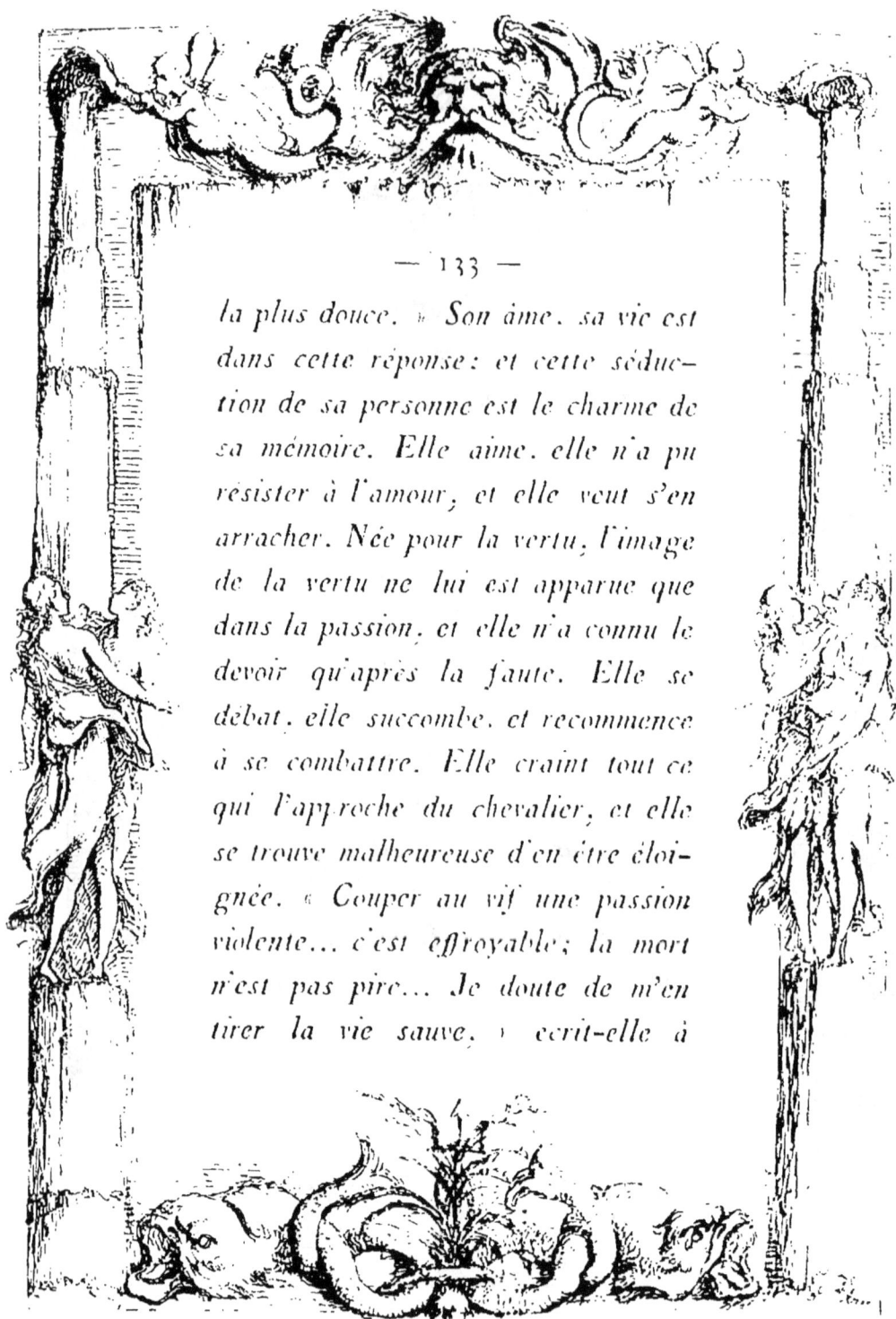

la plus douce. » Son âme, sa vie est dans cette réponse: et cette séduction de sa personne est le charme de sa mémoire. Elle aime, elle n'a pu résister à l'amour, et elle veut s'en arracher. Née pour la vertu, l'image de la vertu ne lui est apparue que dans la passion, et elle n'a connu le devoir qu'après la faute. Elle se débat, elle succombe, et recommence à se combattre. Elle craint tout ce qui l'approche du chevalier, et elle se trouve malheureuse d'en être éloignée. « Couper au vif une passion violente... c'est effroyable; la mort n'est pas pire... Je doute de m'en tirer la vie sauve, » écrit-elle à l'amie qui la soutient, la console, la conseille et l'exhorte, et elle fait pour se vaincre des efforts qui la déchirent. Son cœur saigne goutte à goutte. C'est un regret si douloureux, une honte si sincère, si ingénue, que le remords prend chez elle par moments un caractère angélique, et que le repentir lui donne comme une seconde innocence. Sa beauté s'en va, sans qu'elle songe à la regretter : elle perd ses forces et sa santé, et les laisse aller sans les retenir. La maladie l'apaise et l'approche de la grâce. Le sacrifice la tue ; mais elle espère en la miséricorde de Dieu qui voit sa bonne volonté. Et cependant que d'amour encore pour cet homme auquel elle cache ses maux, dont elle n'ose regarder les yeux pleins de larmes de peur de trop s'attendrir, et dont elle écrit de son lit d'agonie : « Il croit qu'à force de libéralité, il rachètera ma vie; il donne à toute la maison, jusqu'à ma vache à qui il a donné du foin; il donne à l'un de quoi faire apprendre un métier à son enfant, à l'autre pour avoir des palatines et des rubans, à tout ce qui se rencontre et se présente à lui; cela vise quasi à la folie. Quand je lui ai demandé à quoi cela était bon : à obliger tout ce qui vous environne, à avoir soin de vous[1]. » *Puis un prêtre vient ; elle se détache de la terre, elle sourit au bonheur de quitter ce misérable corps, elle s'élève vers le Dieu que son cœur voit tout bon : c'est l'amour qui meurt en état de grâce. Et il semble qu'à la fin du siècle, quelque chose de cette âme de femme qui s'envole comme une âme de vierge, reparaîtra dans la robe blanche de Virginie.*

Après s'être montré chez Mlle Aïssé dans son jour tendre, dans son émotion douce et recueillie, dans une langueur passionnée, l'amour paraît

1. *Lettres de Mlle Aïssé à Mme Calandrini.* Paris, 1840.

avec éclat chez une femme d'un tempérament tout contraire : Mlle de Lespinasse. Chez celle-ci, le sentiment est une ardeur dévorante, un feu toujours agité, toujours ravivé qui se retourne, se remue et s'agite sans cesse sur lui-même. Il vit d'activité, d'énergie, de violence, de fureur, de déchaînement, de tout ce que la passion avait de trop viril et de trop orageux pour l'âme d'une Aïssé. Il dure en s'usant, et interrogez-le : il vous palpitera sous la main comme le plus fort battement de cœur du XVIIIe *siècle. Car ce n'est pas seulement la fièvre d'une femme que cet amour de Mlle de Lespinasse, il*

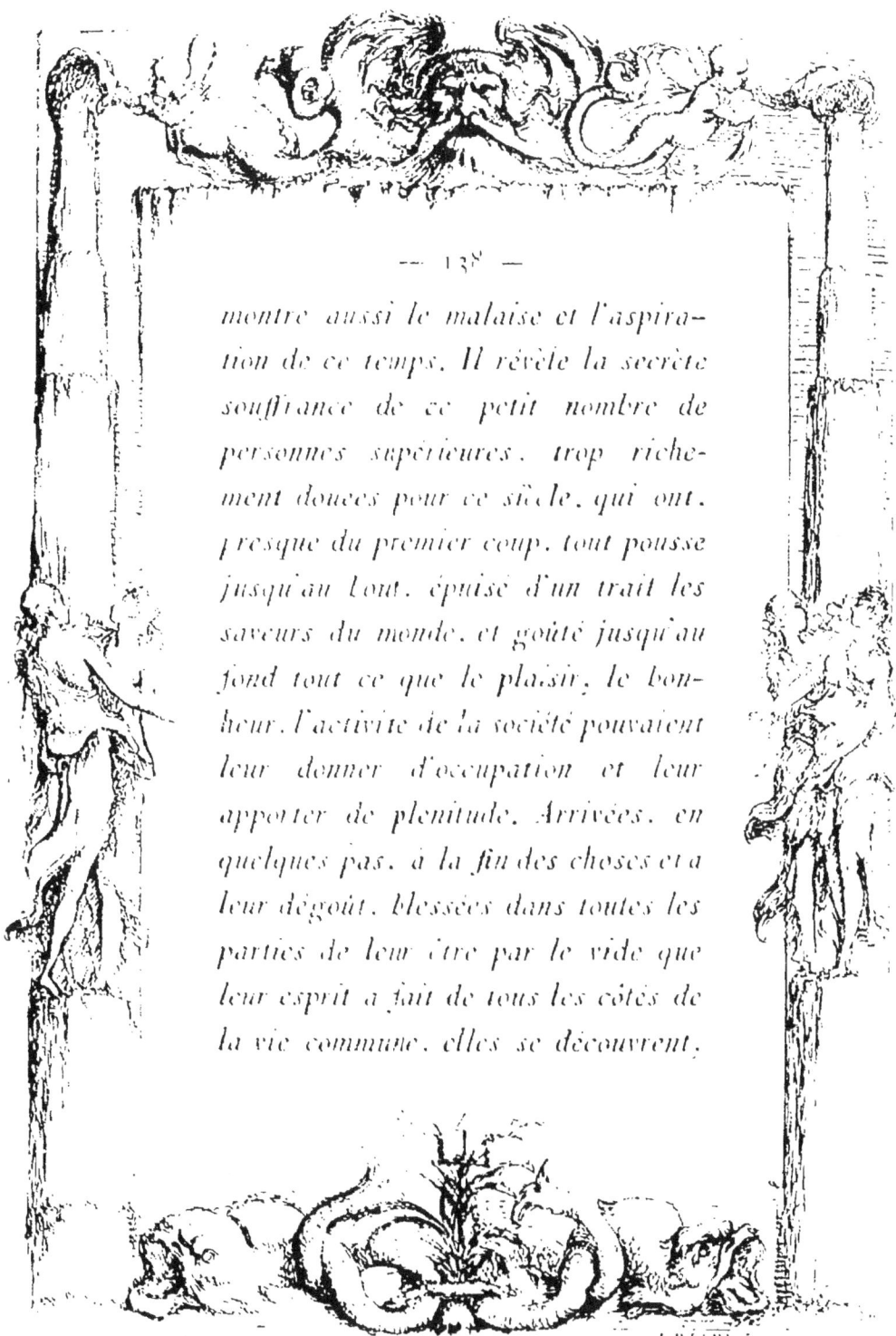

montre aussi le malaise et l'aspiration de ce temps. Il révèle la secrète souffrance de ce petit nombre de personnes supérieures, trop richement douées pour ce siècle, qui ont, presque du premier coup, tout poussé jusqu'au bout, épuisé d'un trait les saveurs du monde, et goûté jusqu'au fond tout ce que le plaisir, le bonheur, l'activité de la société pouvaient leur donner d'occupation et leur apporter de plénitude. Arrivées, en quelques pas, à la fin des choses et à leur dégoût, blessées dans toutes les parties de leur être par le vide que leur esprit a fait de tous les côtés de la vie commune, elles se découvrent, dans cette atmosphère de sécheresse et d'égoïsme, un irrésistible et furieux besoin d'aimer, d'aimer avec folie, avec transport, avec désespoir. Elles veulent rouler dans l'amour comme dans un torrent, s'y plonger tout entières, et le sentir passer de tout son poids sur leur cœur. Elles l'avouent, elles le proclament bien haut : il ne s'agit pas pour elles de plaire, d'être trouvées belles, spirituelles, d'avoir ce grand honneur du temps, l'honneur d'une préférence, de jouir des chatouillements de la vanité : elles ne veulent que des succès de cœur. C'est leur orgueil et leur affaire que d'aimer. Tout ce qu'elles ambi–

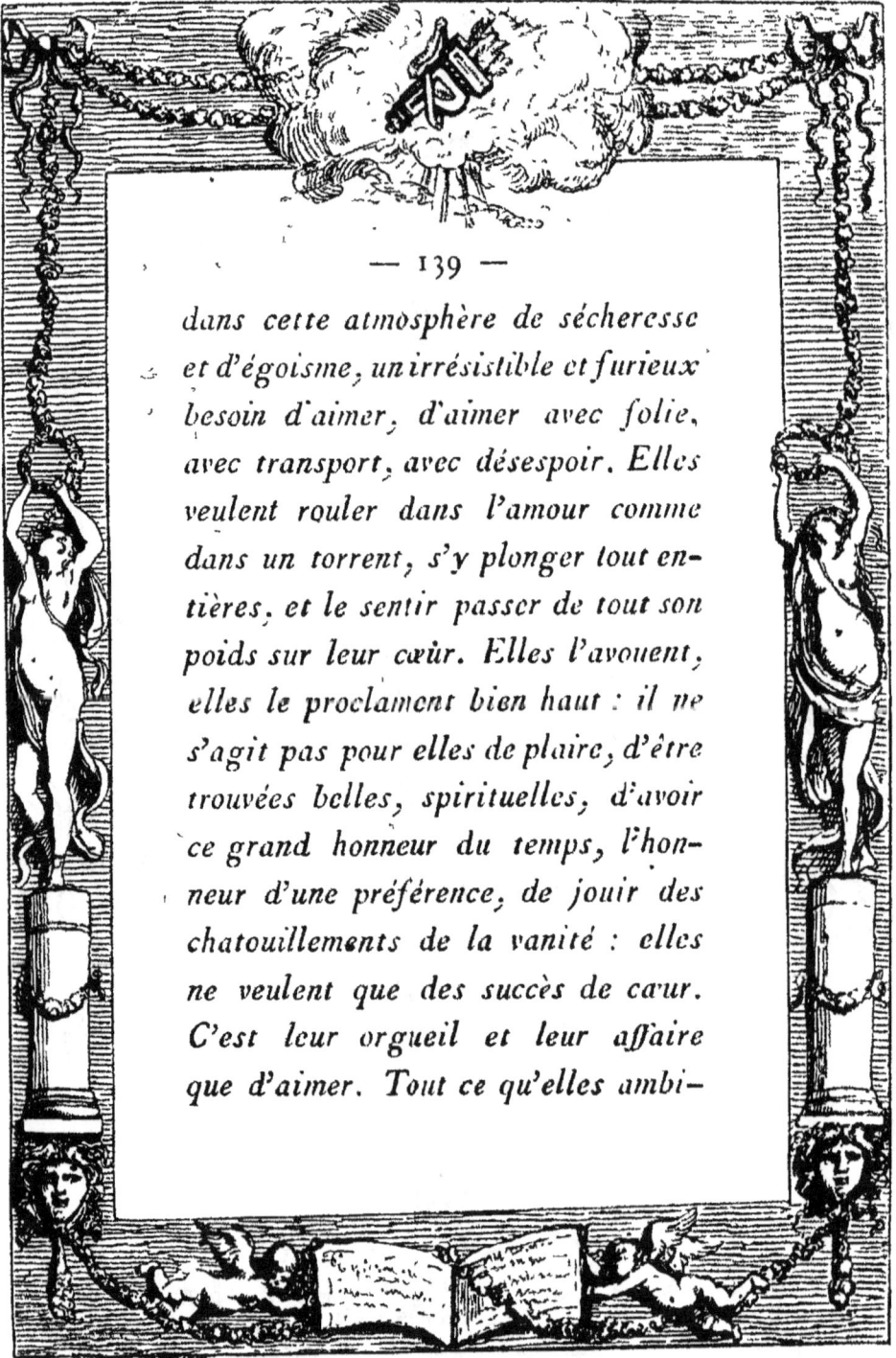

tionnent, c'est d'être jugées capables d'aimer et dignes de souffrir. Elles ne font que répéter : « Vous verrez comme je sais bien aimer, je ne fais qu'aimer, je ne sais qu'aimer... » Être remuées, attendries, passionnées, voilà le désir fixe de ces âmes impatientes d'échapper aux froideurs de leur siècle, tout empressées à se débarrasser du monde et à faire en elles-mêmes une solitude où elles s'enfermeront et vivront avec une pensée unique. Et comme généralement ces femmes, à l'heure de l'enfance et de la première jeunesse, n'ont point eu les amollissements et les ravissements religieux, comme elles ont

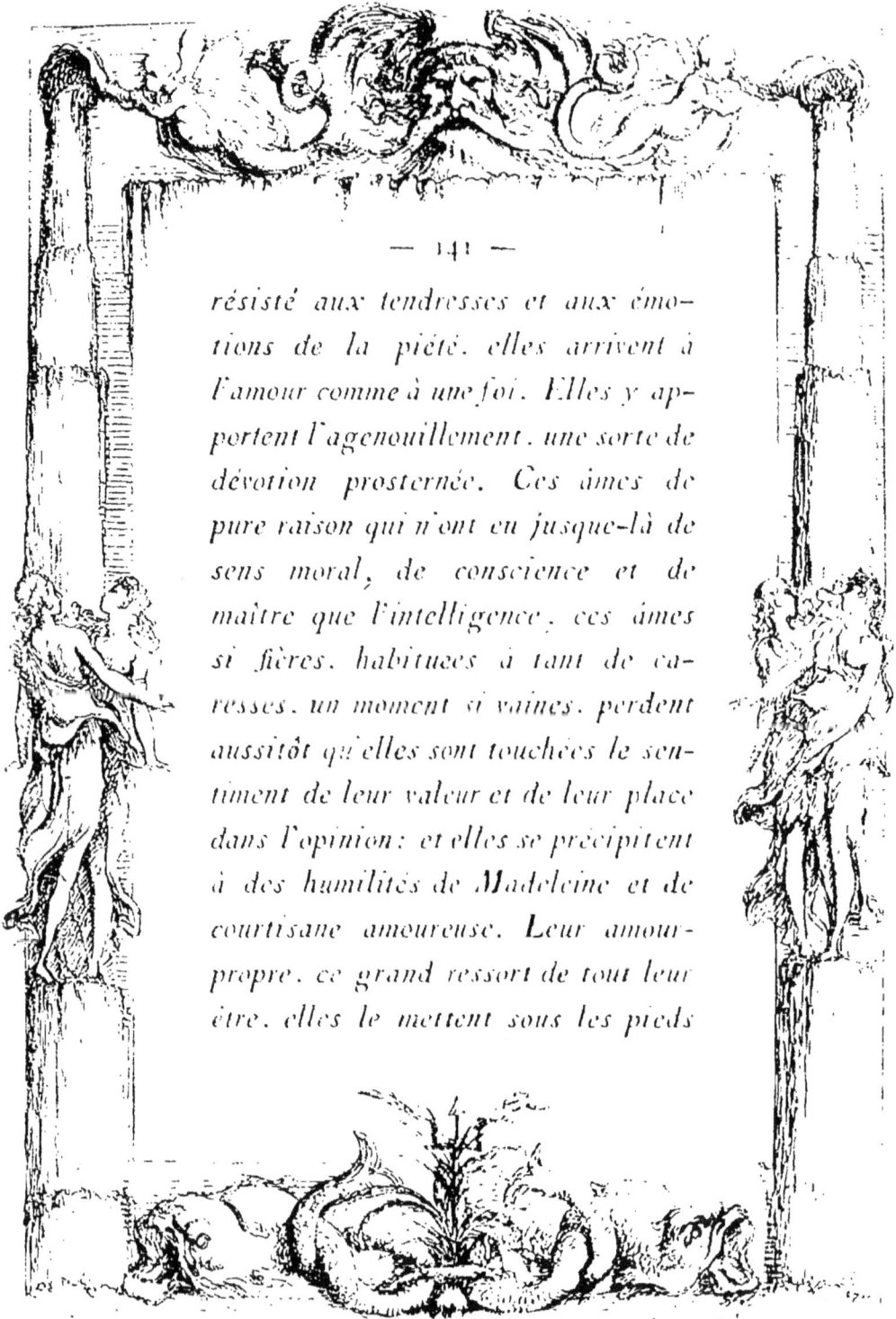

résisté aux tendresses et aux émotions de la piété, elles arrivent à l'amour comme à une foi. Elles y apportent l'agenouillement, une sorte de dévotion prosternée. Ces âmes de pure raison qui n'ont eu jusque-là de sens moral, de conscience et de maître que l'intelligence, ces âmes si fières, habituées à tant de caresses, un moment si vaines, perdent aussitôt qu'elles sont touchées le sentiment de leur valeur et de leur place dans l'opinion : et elles se précipitent à des humilités de Madeleine et de courtisane amoureuse. Leur amour-propre, ce grand ressort de tout leur être, elles le mettent sous les pieds de l'homme aimé : elles prennent plaisir à le lui faire fouler. Elles se tiennent auprès de lui comme devant le dieu de leur existence, soumises et se mortifiant, baissant la tête, résignées à tout sans plainte, presque joyeuses de souffrir.

Cette soumission absolue, on la trouve si marquée chez Mlle de Lespinasse qu'elle paraît, de son amour, un caractère encore plus accusé que le transport et la violence. Comment reconnaître la maîtresse de salon d'un des premiers salons de Paris dans cette femme qui se fait si petite dans l'amour, qui demande si timidement et à voix si basse la *moindre place dans le cœur de son amant, qui remercie si vivement du ton d'intérêt avec lequel on veut bien lui écrire, qui s'excuse si doucement d'écrire trois fois la semaine? Si peu qu'on lui accorde, elle le reçoit comme une faveur qu'elle ne mérite pas: et elle se trouve froide dans la reconnaissance alors même qu'elle y met toutes ses tendresses. Rien ne la sort de cette attitude courbée et suppliante, et toutes les marques d'amour qui lui sont données ne peuvent l'enhardir à cette confiance qui fait qu'on exige ce qu'on désire de ce qu'on aime. Elle s'abaisse sans cesse devant M. de Guibert: et l'abandon qu'elle fait de*

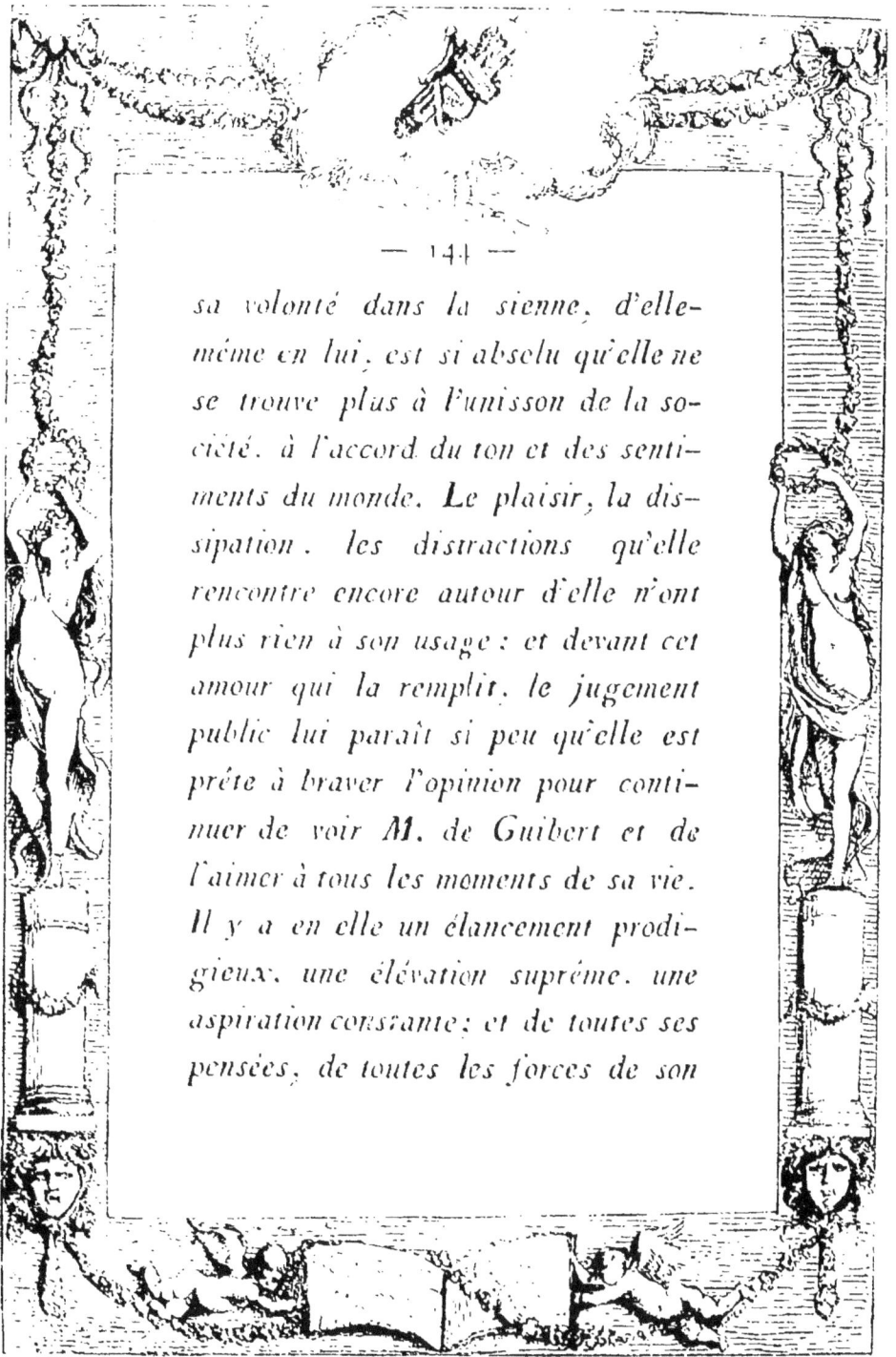

sa volonté dans la sienne, d'elle-même en lui, est si absolu qu'elle ne se trouve plus à l'unisson de la société, à l'accord du ton et des sentiments du monde. Le plaisir, la dissipation, les distractions qu'elle rencontre encore autour d'elle n'ont plus rien à son usage : et devant cet amour qui la remplit, le jugement public lui paraît si peu qu'elle est prête à braver l'opinion pour continuer de voir M. de Guibert et de l'aimer à tous les moments de sa vie. Il y a en elle un élancement prodigieux, une élévation suprême, une aspiration constante; et de toutes ses pensées, de toutes les forces de son âme, de toutes les puissances de son cœur, il s'échappe ce cri de tendresse et de délire : — une prière qui tend un baiser !

« De tous les instants de ma vie, *1774. Mon ami, je souffre, je vous aime et je vous attends.* »

L'amour absorbé dans son objet n'a pas dans l'humanité moderne de plus grand exemple que cette femme rapportant à son amant tous ses sentiments et tous ses mouvements intérieurs, lui donnant ses pensées dont, selon sa délicate expression, « elle ne croit s'assurer la propriété qu'en les lui communiquant », se défendant toute chose où il n'est pas, satisfaite de ne vivre que de lui, dépouillée de sa personnalité propre et comme morte à elle-même, se refusant à parler, fermant la porte aux visites de Diderot, à sa causerie qui, dit-elle, force l'attention, et demeurant seule sans livres, sans lumière, silencieuse, tout entière à jouir de cette âme nouvelle que M. de Guibert lui a créée avec ces trois mots : « Je vous aime, » et si profondément enfoncée dans cette jouissance qu'elle en perd la faculté de se rappeler le passé et de prévoir l'avenir. Et quand le pauvre homme qu'elle a grandi de tout son amour, passe de l'indifférence à la brutalité, quelles luttes, quelles souf-

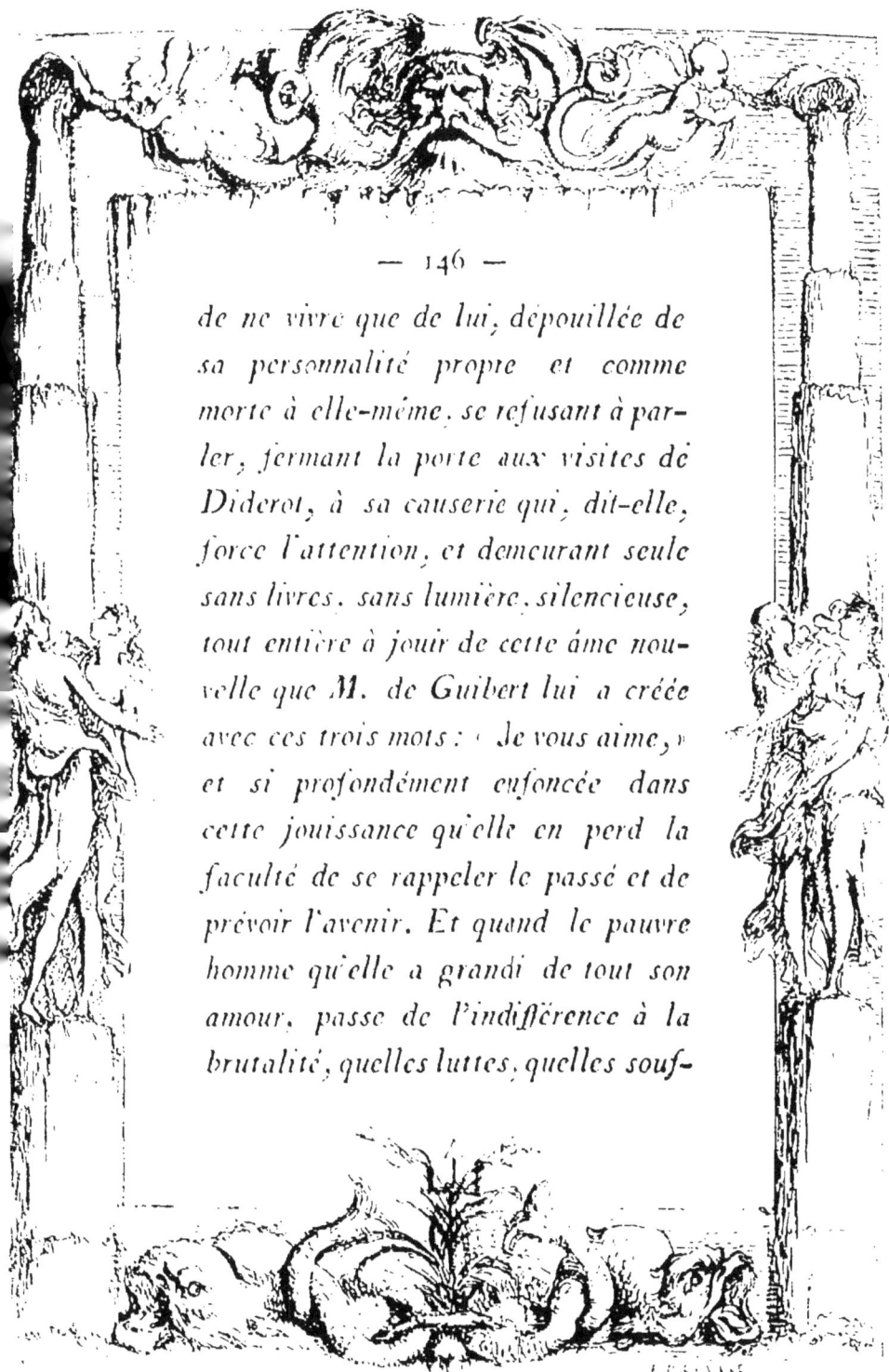

frances. quelles révoltes d'un moment, suivies aussitôt d'abaissements et de soumissions pitoyables ! quel douloureux travail pour réduire un cœur qui déborde à la mesure des arrangements, des commodités de M. de Guibert ! Il faut l'entendre solliciter de lui des confidences d'amour, et se vanter, la malheureuse ! de n'avoir pas besoin d'être ménagée. Dur rôle, dure vie ! Lui demander de l'abandonner à elle-même, se raccrocher à sa passion, affirmer qu'elle en est maîtresse, retomber dans les convulsions du désespoir, tous les soirs s'abîmer dans cette musique d'Orphée qui la déchire, tous les soirs écouter ce : « J'ai perdu mon Eurydice, » qui semble remuer au fond d'elle la source des larmes, du regret, de la douleur ; solliciter de cet homme un mot, un mot de haine s'il le veut, lui promettre de ne plus le troubler, de ne jamais exiger rien, s'occuper de le marier richement, de le donner à une autre femme jeune et belle; pour cet homme, marcher, courir, visiter, intriguer, malgré la faiblesse et la toux ; à la pièce de cet homme, prier le succès à deux genoux; mendier, auprès de la charité de cet homme qu'elle sert de toutes façons, l'aumône de ce dont elle a besoin pour ne pas mourir de douleur ; se ratta-

cher encore une fois à lui, implorer son portrait, chercher à lui faire entendre qu'elle meurt, sans trop attaquer sa sensibilité, le supplier de se rencontrer avec elle à quelque dîner, lui répéter : « Quand vous verrai-je? Combien vous verrai-je? » lui écrire de ce lit qu'elle sait être son lit de mort : « Ne m'aimez pas, mais souffrez que je vous aime et vous le dise cent fois ; » — c'est le long, l'effroyable martyre de cette femme si bien prédestinée à être le modèle du dévouement de l'amour que son agonie sera comme une transfiguration de la passion. D'une main touchant déjà au froid de la tombe, elle écrira :

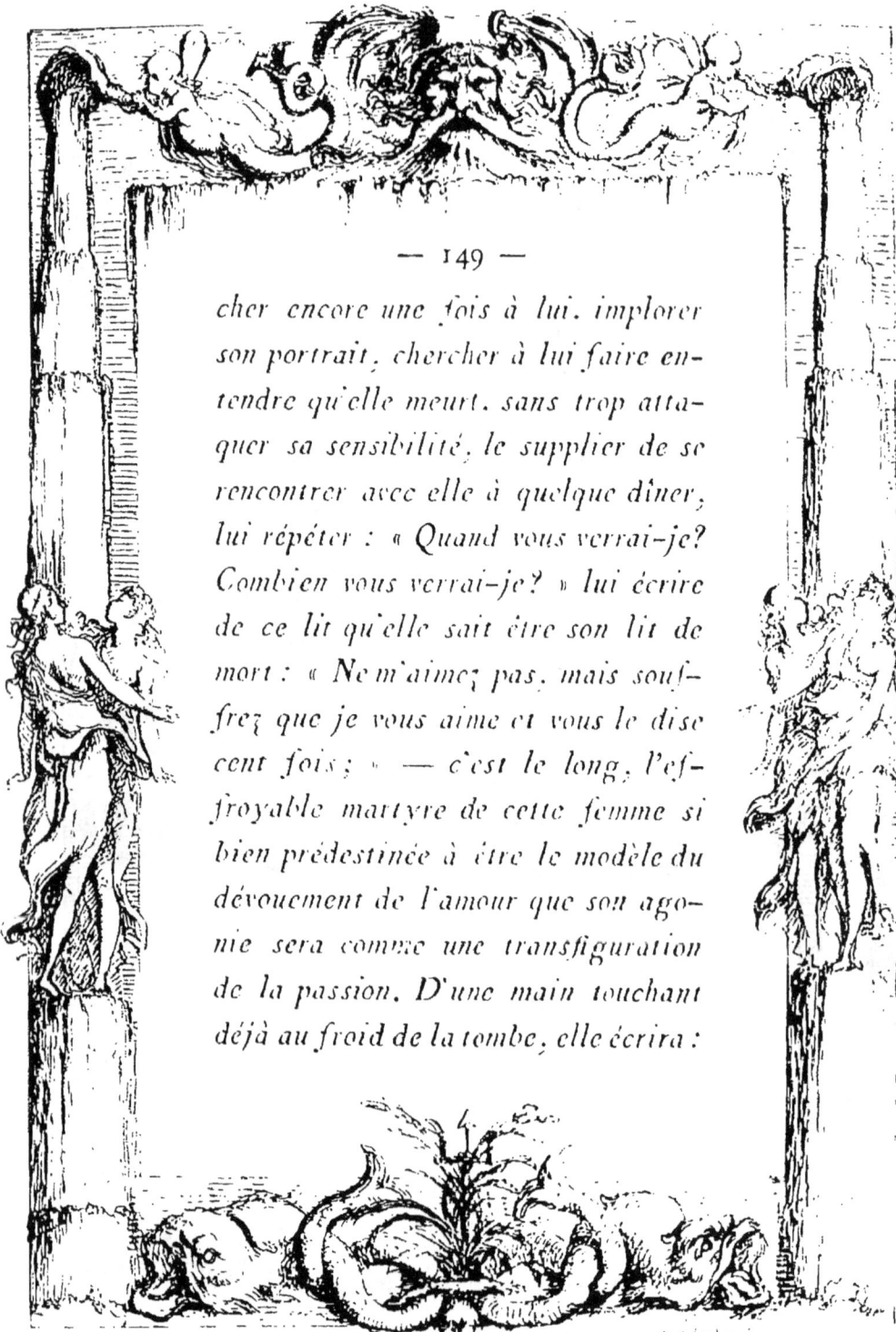

« *Les battements de mon cœur, les pulsations de mon pouls, ma respiration, tout cela n'est plus que l'effet de la passion. Elle est plus marquée, plus prononcée que jamais, non qu'elle soit plus forte, mais c'est qu'elle va s'anéantir, semblable à la lumière qui revit avec plus de force avant de s'éteindre pour jamais...* [1] »

La passion ! elle a laissé dans ce temps assez de grands exemples, assez de traces adorables pour racheter toutes les sécheresses du siècle. Elle a été dans quelques cœurs élus

1. *Lettres de Mlle de Lespinasse*. Paris, Collin, 1809. — *Nouvelles Lettres de Mlle de Lespinasse*. Paris, Maradan, 1820.

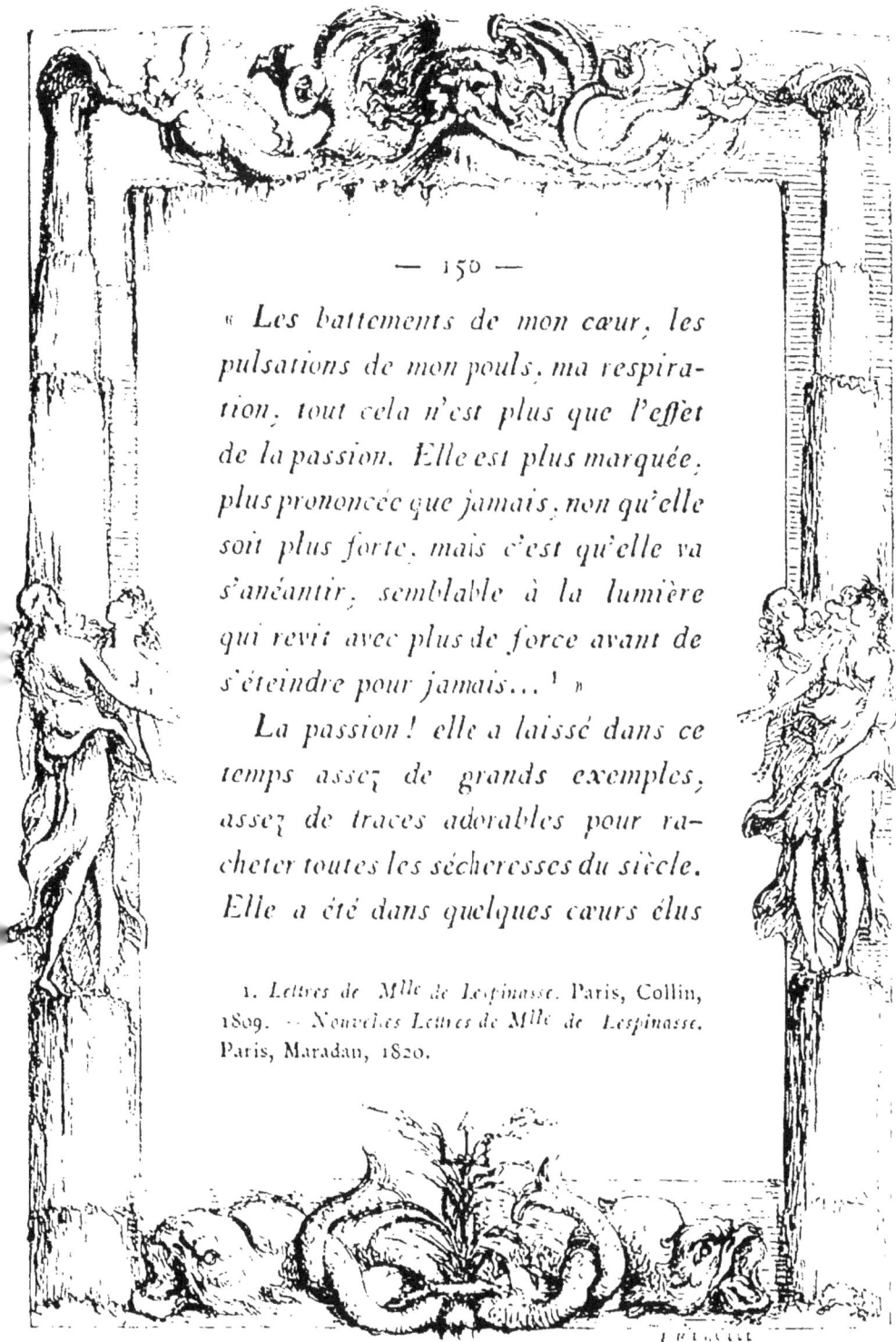

comme une vertu, comme une sainteté; elle a été, dans bien des âmes faibles, comme une excuse et comme un rachat. Que de beaux mouvements, que de généreux élans elle a inspirés, même à celles qui ont cédé à l'amour à la mode, et dont les fautes ont fait éclat au milieu de l'éclat des mauvaises mœurs! Que de pages elle a dictées à l'adultère, encore toutes chaudes aujourd'hui, et dont l'encre jaunie semble montrer une traînée de sang et de larmes! Après les lettres d'une Aïssé à un chevalier d'Aydie, d'une Lespinasse à un Guibert, qu'on écoute ces deux lettres d'une malheureuse femme qui aima, avec l'im-

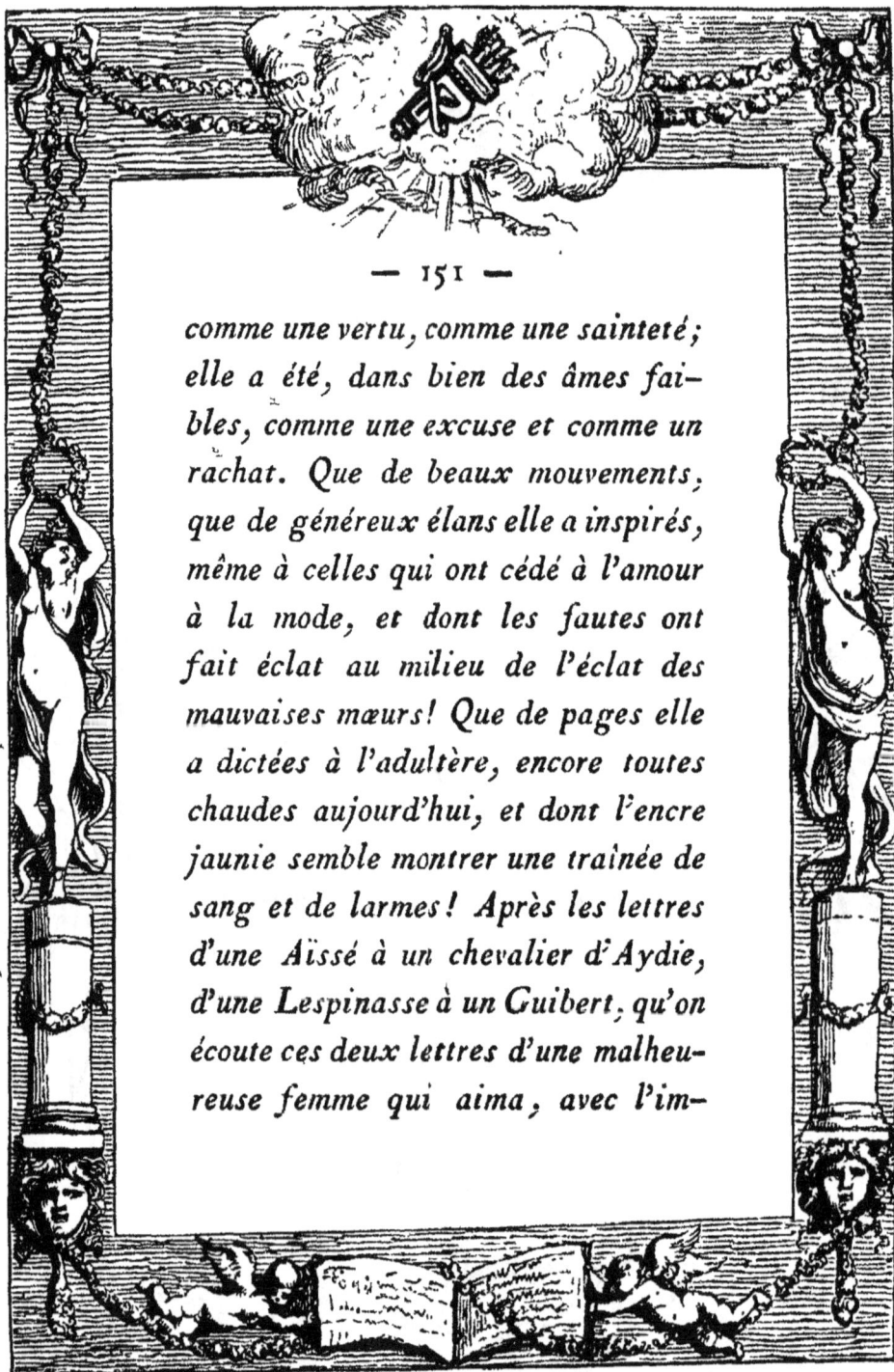

pudeur de son temps, l'homme aimé par son temps : qu'on lise ces lettres de Mme de la Popelinière à Richelieu : quels baisers de feu ! quel retour incessant de ce mot : mon cœur, *répété toujours et toujours comme une litanie pénétrante, continue, machinale, pareil au geste d'une mourante qui se cramponne à la vie ! La flamme court dans ces lignes, une flamme qui consume et purifie : et n'est-ce pas la Passion sauvant l'Amour dans le scandale même de l'Amour ?*

« Mon cher amant mon cher cœur pourquoy m'escris-tu si froidement

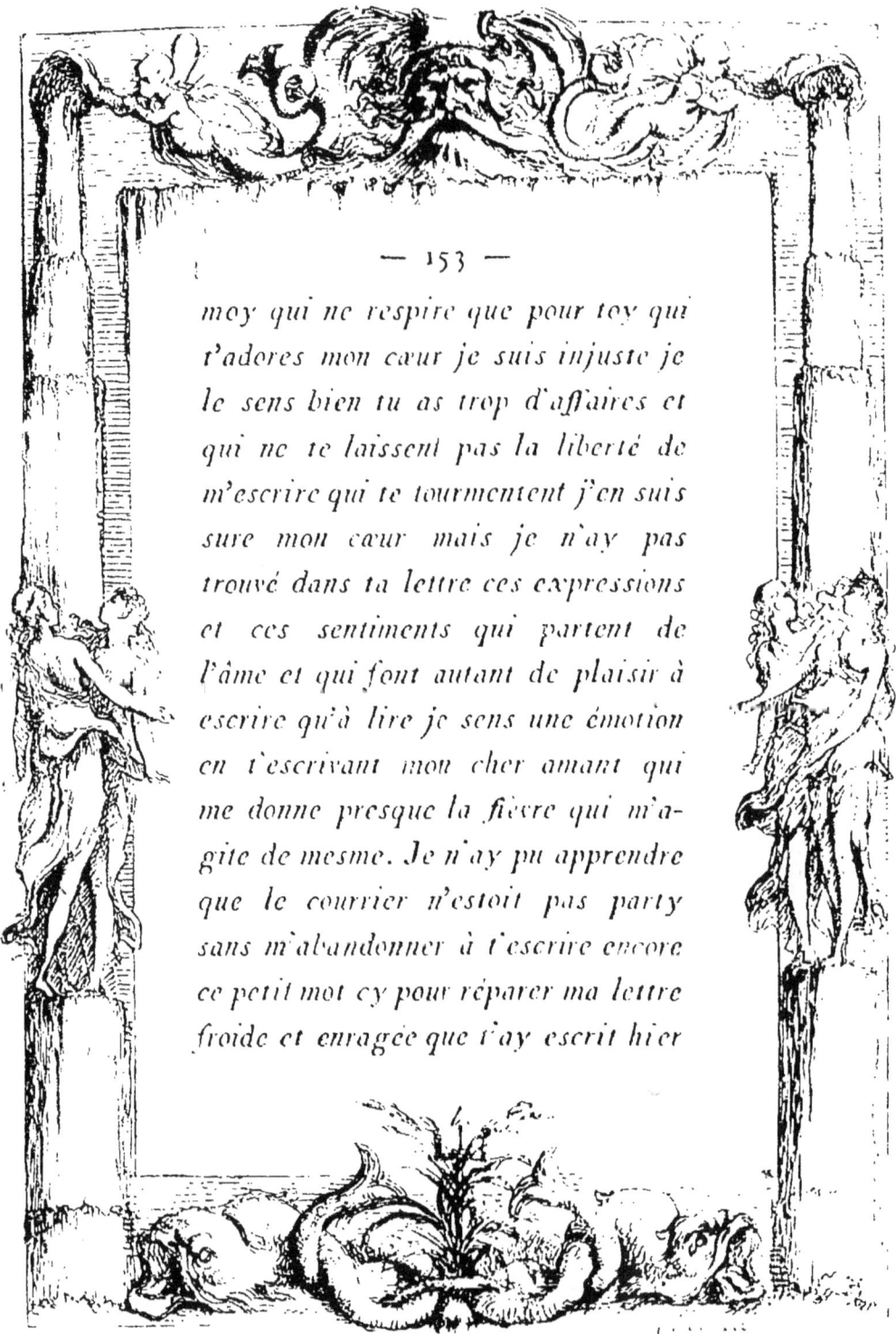

moy qui ne respire que pour toy qui t'adores mon cœur je suis injuste je le sens bien tu as trop d'affaires et qui ne te laissent pas la liberté de m'escrire qui te tourmentent j'en suis sure mon cœur mais je n'ay pas trouvé dans ta lettre ces expressions et ces sentiments qui partent de l'âme et qui font autant de plaisir à escrire qu'à lire je sens une émotion en t'escrivant mon cher amant qui me donne presque la fièvre qui m'agite de mesme. Je n'ay pu apprendre que le courrier n'estoit pas party sans m'abandonner à t'escrire encore ce petit mot cy pour réparer ma lettre froide et enragée que j'ay escrit hier

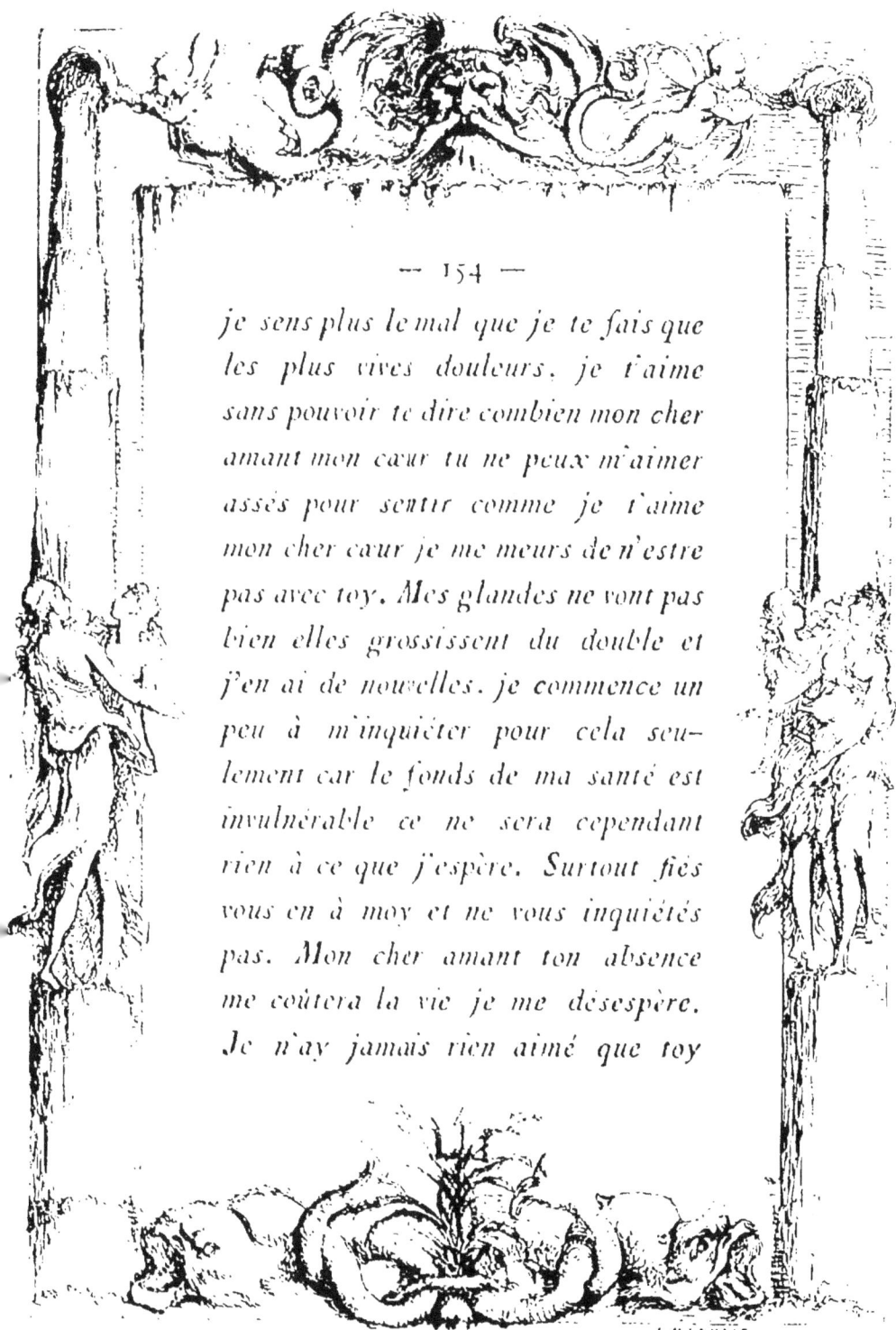

je sens plus le mal que je te fais que les plus vives douleurs. je t'aime sans pouvoir te dire combien mon cher amant mon cœur tu ne peux m'aimer assés pour sentir comme je t'aime mon cher cœur je me meurs de n'estre pas avec toy. Mes glandes ne vont pas bien elles grossissent du double et j'en ai de nouvelles. je commence un peu à m'inquiéter pour cela seulement car le fonds de ma santé est invulnérable ce ne sera cependant rien à ce que j'espère. Surtout fiés vous en à moy et ne vous inquiétés pas. Mon cher amant ton absence me coûtera la vie je me désespère. Je n'ay jamais rien aimé que toy *mon cœur je suis la plus malheureuse du monde hélas. mon cher cœur m'aimes tu de mesme de bonne foy je ne le crois pas vous ne sentés pas si vivement je le sçais. Mais au moins aimes moy autant que tu le pourras... »*

« Mon cœur, vous m'aimes mieux que tout ce que vous avés aimé, cela est-il vray je crains toujours que ce ne soit la bonté de vostre cœur qui vous dicte ces choses la pour me consoler et me faire prendre patience mon cœur que tu pers de caresses cela est irréparable. J'ay oublie de vous dire hier que l'on fait mon portrait

mais mon cœur je ne puis vous en envoyer de copies. le peintre est un nommé Marolle qui pratique dans la maison toute la journée. de plus je ne crois pas qu'il me ressemble. vous avés raison ma physionomie a trop de variantes c'est pour mon frère si cependant il vous convient quand vous l'aurez vu à vostre retour il ne sera pas difficile que mon frère vous le donne. il sera bien aise de m'en faire le sacrifice mais vous n'en aurés plus affaire en tenant le modèle. mon cœur que je vous désire je donnerois un bras pour vous avoir tout à l'heure ouy je le donnerois je vous jure je vous désire avec l'impatience la plus

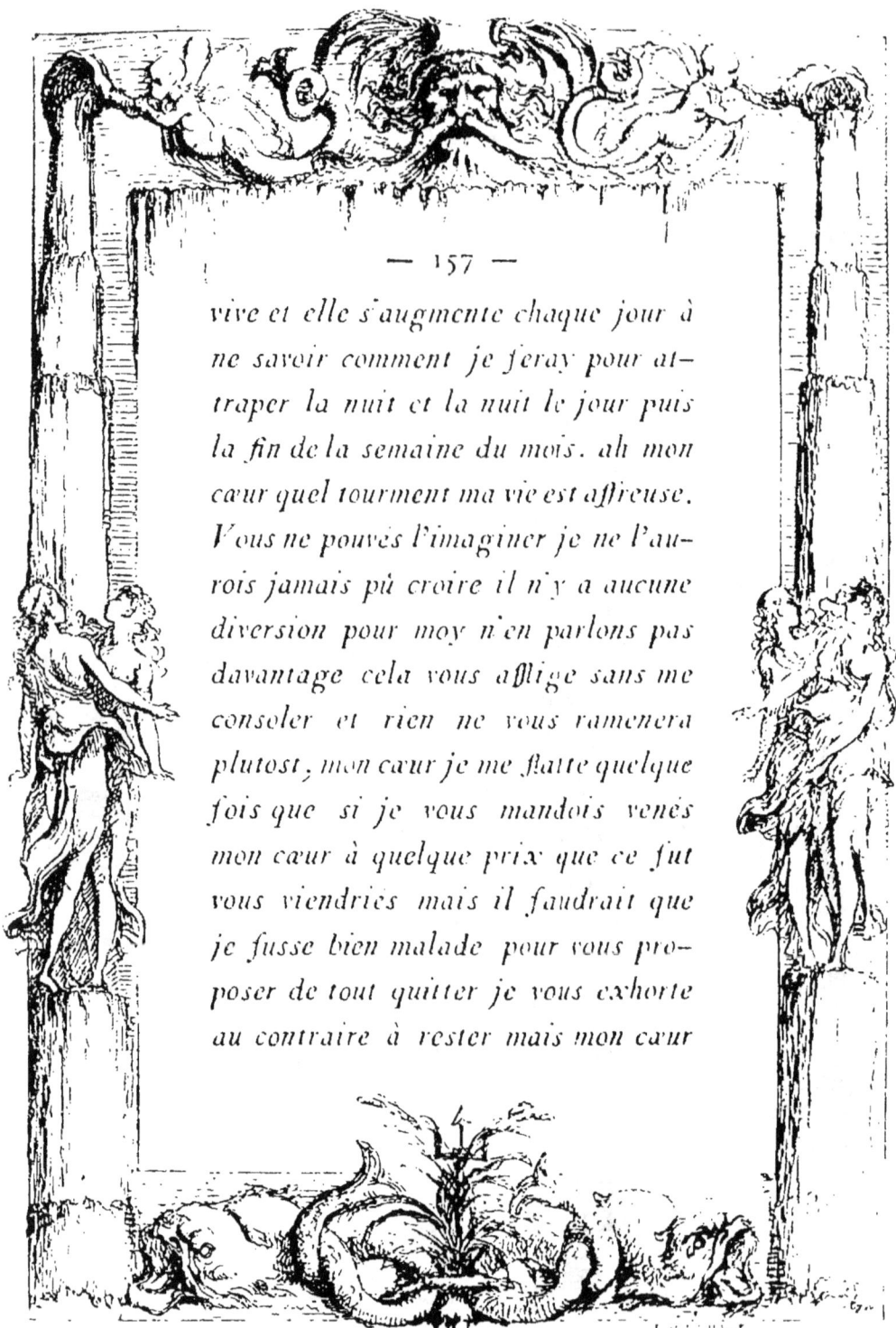

vive et elle s'augmente chaque jour à ne savoir comment je feray pour attraper la nuit et la nuit le jour puis la fin de la semaine du mois. ah mon cœur quel tourment ma vie est affreuse. Vous ne pouvés l'imaginer je ne l'aurois jamais pû croire il n'y a aucune diversion pour moy n'en parlons pas davantage cela vous afflige sans me consoler et rien ne vous ramenera plutost, mon cœur je me flatte quelque fois que si je vous mandois venés mon cœur à quelque prix que ce fut vous viendriés mais il faudrait que je fusse bien malade pour vous proposer de tout quitter je vous exhorte au contraire à rester mais mon cœur *le moins que vous pourrés je vous en prie*[1].

Est-ce là tout l'amour du temps[2] *? Non. Parmi les amours historiques de ce siècle, n'avons-nous pas un amour plus passionné dans sa pureté que celui de Mme de la Popelinière, un amour plus noblement dévoué en-*

1. *Lettres autographes de Mme de la Popelinière à Richelieu, conservées à la bibliothèque de Rouen.* Collection Leber.

2. A ces amours, un livre tout nouvellement publié : *Correspondance de la comtesse de Sabran avec le comte de Boufflers* ajoute un tendre et passionné chapitre, un chapitre qui raconte mieux que toute parole cet adieu de la fin d'une lettre : « Adieu, mon époux, mon amant, mon ami, mon univers, mon âme, mon Dieu. »

core que celui de Mlle de Lespinasse, un amour enfin plus chaste que celui de la pauvre Aïssé. Et cet amour c'est dans l'orgueilleuse maison de Condé que nous le trouvons !

La princesse Louise de Condé, à la suite d'une chute où elle s'était démis la rotule, se trouve aux eaux de Bourbon-l'Archambault, en 1786. La vie des eaux alors suspendait les exigences de l'étiquette et des présentations, et la princesse, qui avait vingt-sept ans, cause, déjeune, se promène avec les baigneurs qui lui agréent. Parmi les hommes qui lui offrent le bras et guident sa marche mal assurée à travers la pierraille des vignes, se rencontre un jeune homme de vingt et un ans. Une phrase, que la princesse laisse, un jour, tomber sur l'ennui des grandeurs, amène l'intimité entre les causeurs, et au bout de trois jours l'intimité est de l'amour.

La saison finie, on se sépare. La princesse écrit. Elle écrit des lettres toutes pleines de gentillesses de cœur presque enfantines, mêlées à des tendresses mystiques de style qui semblent mettre la dévotion de l'amour dans sa correspondance. A chaque page, elle se plaint de ce grand monde, « qui l'empêche de penser tout à son aise, à ce qu'elle aime ».

A chaque page elle répète à l'homme aimé, « vous êtes toujours avec moi, vous ne me quittez pas un instant ». Ici, elle se refuse à lire Werther qui lui prendrait de son intérêt, « tout son intérêt étant pour son ami, tout son cœur, toute son âme ». Là, elle se fâche presque d'être trouvée jolie, « voulant qu'il n'y ait que son ami qui aime sa figure ».

Et toujours au milieu des fêtes de Chantilly et de Fontainebleau le ressouvenir d'Archambault revient dans ce refrain : « Oh! les petites maisons des vignes ! »

Aimer à distance; aimer un homme qu'elle n'a guère l'espérance de ren-

contrer plus de trois ou quatre fois dans tout le cours de l'année, et encore sous les regards d'un salon ; aimer de cet amour désintéressé qui se repait de souvenirs et de la lecture de quelques lettres : cela suffit à cette nature de pur amour qui écrit : « Je sens mon cœur qui aime, cela fait un bonheur, je me livre à ce bonheur. » Et la femme n'est-elle pas tout entière dans ce portrait tracé d'elle-même au milieu d'une autre lettre : « Je suis bonne et mon cœur sait bien aimer, voilà tout. »

Chez ce fier sang des Condé, c'est un phénomène curieux que l'humilité de cette princesse dans l'amour, la belle et volontaire immolation qu'elle fait de son rang et de sa grandeur, l'étonnante abnégation avec laquelle elle remet son bonheur aux mains de ce petit officier, lui disant : « Mon ami, le bonheur de votre bonne *est entre vos mains, c'est de vous qu'il dépend à présent ; l'instant où vous ne voudrez pas qu'elle en jouisse, la précipitera dans un abîme de douleur. » Il y a dans ces lettres un adorable art féminin pour s'abaisser, se diminuer, se faire, pour ainsi dire, toute petite, pour hausser l'homme aimé jusqu'à la princesse.*

Deux mois et demi il dure, mouillé

de larmes heureuses, ce candide rabachage du « je vous aime », où la femme ne cherche à faire montre ni d'intelligence, ni d'esprit, mais bien seulement de son cœur. Elle ne laisse échapper de sa pensée réfléchie, que par hasard et comme à son insu, une page comme celle-ci : « ... Nous, mon ami, nous naissons faibles, nous avons besoin d'appui : notre éducation ne tend qu'à nous faire sentir que nous sommes esclaves et que nous le serons toujours. Cette idée s'imprime fortement dans nos âmes destinées à porter le joug ; celui qu'on impose à nos cœurs paraît doux : d'ailleurs peu de sujets de distraction ; contrariées perpétuellement dans nos goûts, nos amusements par les préjugés, les bienséances et les usages du monde, nous n'avons de libres que nos sentiments ; encore sommes-nous obligées de les renfermer en nous-mêmes : tout cela fait que nous nous attachons, je crois, plus fortement ou du moins plus constamment. »

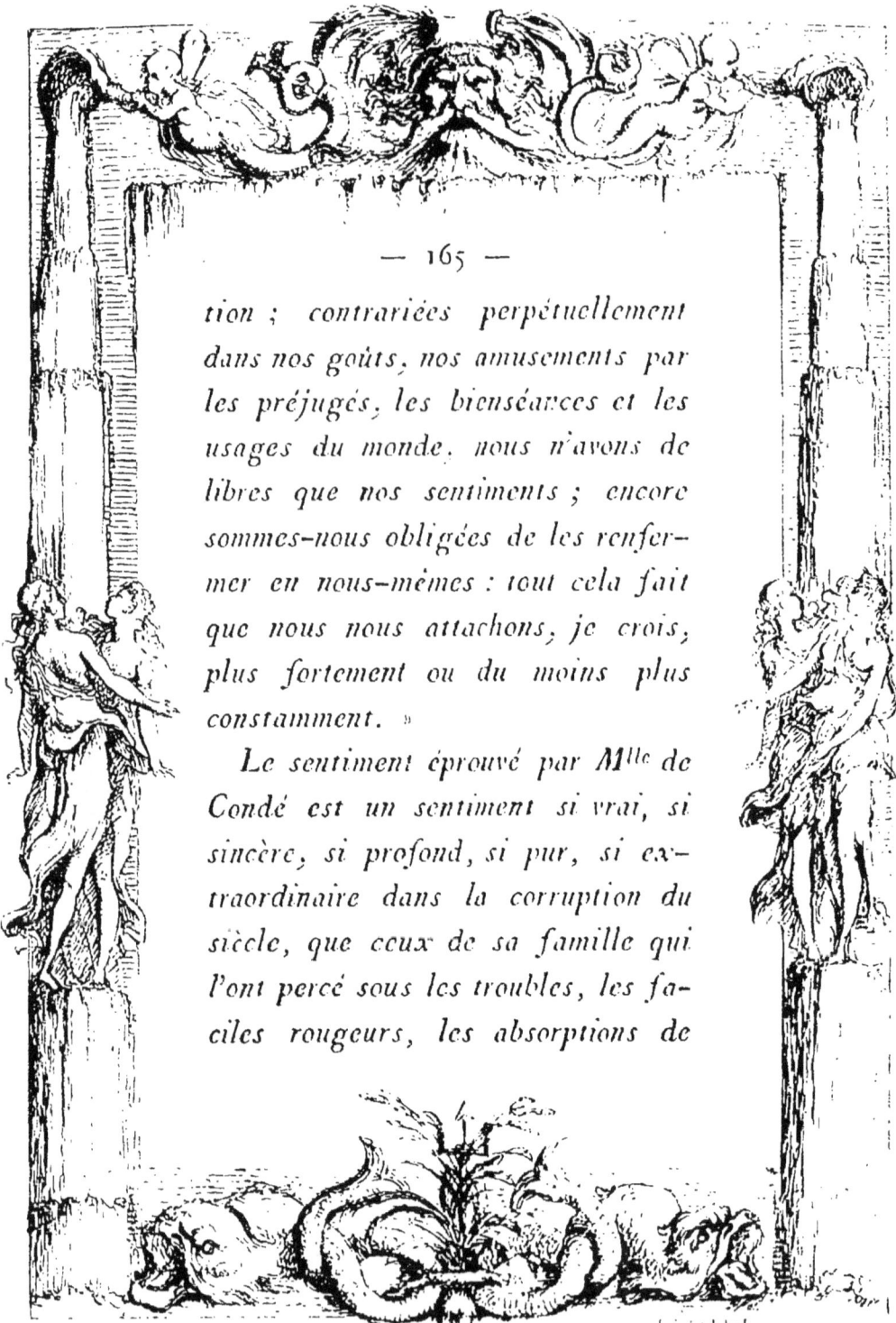

Le sentiment éprouvé par Mlle de Condé est un sentiment si vrai, si sincère, si profond, si pur, si extraordinaire dans la corruption du siècle, que ceux de sa famille qui l'ont percé sous les troubles, les faciles rougeurs, les absorptions de *l'amoureuse, tout Condé qu'ils sont, en ont, au fond d'eux-mêmes, une secrète compassion.*

Un jour, son frère, le duc de Bourbon, s'approchait d'elle, la fixait quelque temps, lui serrait les mains et l'embrassait avec des yeux rouges, la plaignant délicatement, sans paroles, avec son émotion. Le prince de Condé lui-même, malgré l'affectueuse guerre faite d'abord à ce penchant, un moment gagné, donnait presque les mains au passage du jeune officier de carabiniers dans les gardes-françaises, passage qui devait lui ouvrir l'hôtel Condé et Chantilly.

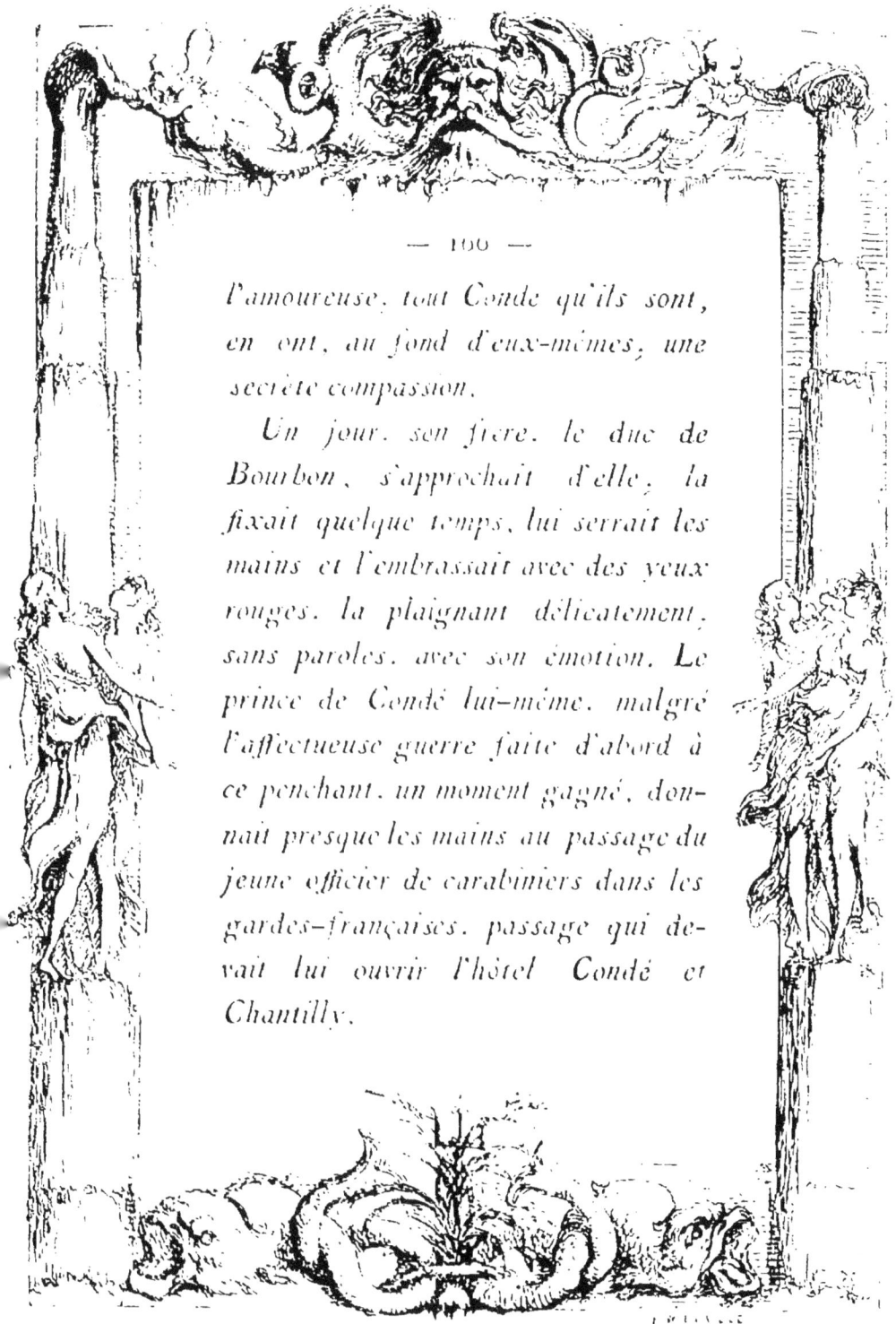

Mais au moment où le rêve des deux amants allait se réaliser, quelques allusions alarmaient la craintive princesse. Des scrupules « malgré l'extrême innocence de ses sentiments » pour M. de la Gervaisais, naissaient en elle. Elle tombait malade de ces combats intérieurs. Dans cet état d'ébranlement moral, une femme de sa société venait à lui raconter que depuis trois ans elle aimait un homme, son proche parent; que pendant deux ans et demi, tous deux avaient cru que c'était de l'amitié et s'étaient livrés à ce sentiment; mais que, depuis six mois, les combats qu'ils avaient à soutenir, leur prou-

vaient combien ils s'étaient aveuglés sur l'espèce de sentiment qu'ils avaient l'un pour l'autre. Elle ajoutait qu'elle adorait cet homme, qu'elle ne se sentait pas le courage de ne plus le voir, qu'elle comptait sur sa force pour résister, mais... puis, tout à coup interrompait cette confidence par cette apostrophe qu'elle jetait à la princesse : « Vous êtes bien heureuse, vous, vous ne connaissez pas tout cela !

Cette apostrophe, les conseils que cette femme réclamait d'elle, éveillaient la princesse de son doux rêve. La religion lui parlait. Et victorieuse d'elle-même la future supérieure des Dames de l'Adoration Perpétuelle écrivait la lettre qui commence ainsi : « Ah ! qu'il m'en coûte de rompre le silence que j'ai observé si longtemps. Peut-être vais-je affliger mon ami. Peut-être vais-je m'en faire haïr ? haïr ! ô ciel ! mais oui, qu'il cesse de m'aimer, ce que j'ai tant craint, je le désire à présent, qu'il m'oublie et qu'il ne soit pas malheureux. O mon Dieu ! que vais-je lui dire, et cependant il faut parler et pour la dernière fois. »

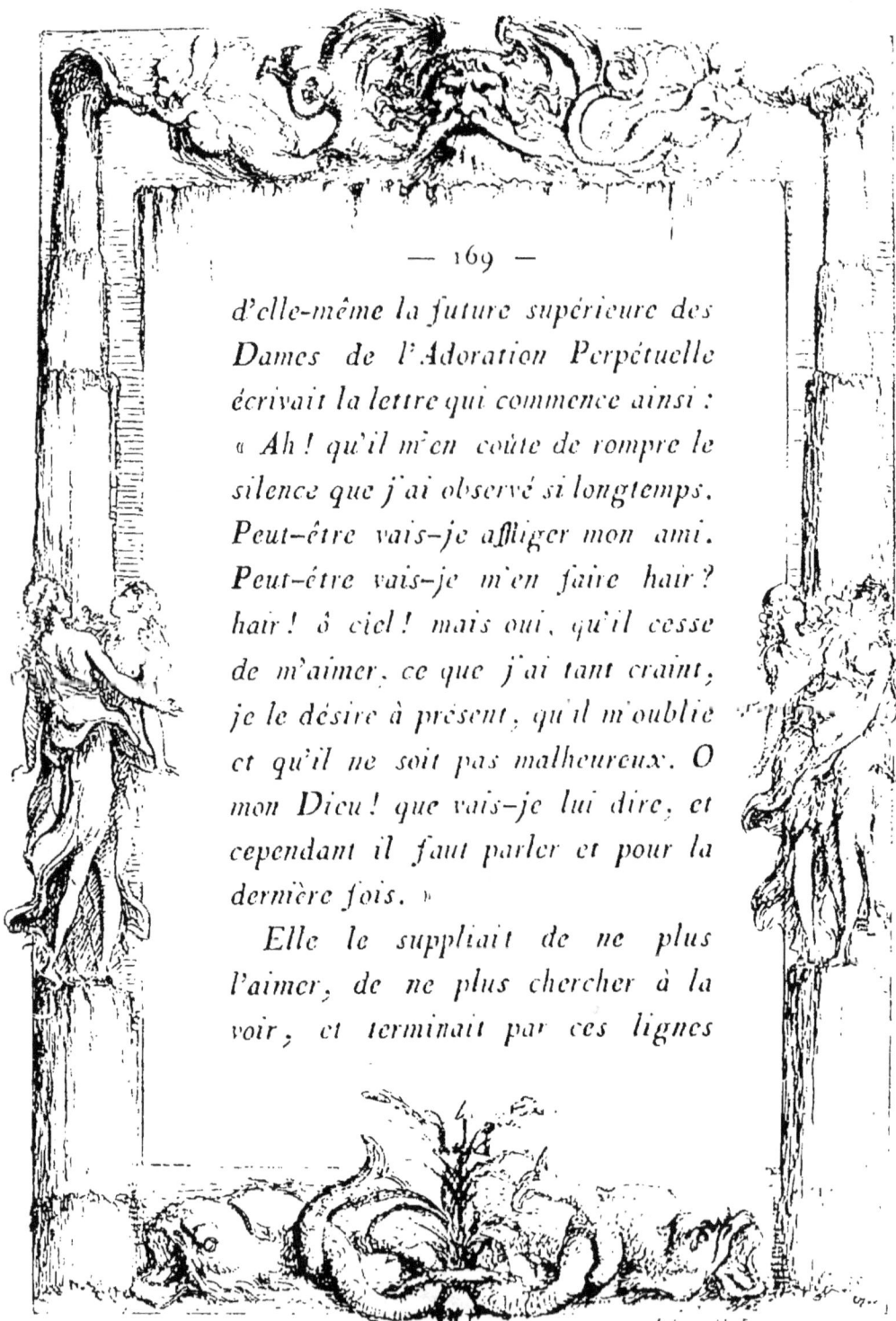

Elle le suppliait de ne plus l'aimer, de ne plus chercher à la voir, et terminait par ces lignes *suprêmes. « Voilà la dernière lettre que vous recevrez de moi : faites-y un mot de réponse, pour que je sache si je dois désirer de vivre ou de mourir. Oh ! comme je craindrai de l'ouvrir ! Écoutez, si elle n'est pas trop déchirante pour un cœur sensible comme l'est celui de votre* bonne, ayez, je vous en conjure, l'attention de mettre une petite croix sur l'enveloppe ; *n'oubliez pas cela, je vous le demande en grâce*[1].

Ainsi finit, en ce dix-huitième siècle, ce roman, qui a l'ingénuité

1. *Lettres écrites en 1786 et 1787*. Paris, Benjamin Duprat, 1838.

d'un roman d'amour d'un tout jeune siècle.

FIN.

OUVRAGES DES MÊMES AUTEURS

PORTRAITS INTIMES DU XVIIIe SIÈCLE. 2 vol. in-18. . . . . 7 fr. »

LA FEMME AU XVIIIe SIÈCLE. 1 vol. in-8. . . . 5 »

LES MAITRESSES DE LOUIS XV. (Lettres et documents inédits.) 2 vol. in-8. . . . . 12 »

HISTOIRE DE MARIE ANTOINETTE. (Troisième édition, revue et augmentée de lettres inédites et de documents tirés des Archives.) 1 vol. gr. in-18. . . . 3 »

L'ART AU XVIIIe SIÈCLE. (*Watteau, Chardin, Boucher, La Tour, Greuze, Les Saint-Aubin, Gravelot, Cochin, Eisen, Moreau, Debucourt, Fragonard, Prudhon.*) 2e édition. 2 vol. in-8. . . . . . . 20 »

HISTOIRE DE LA SOCIÉTÉ FRANÇAISE PENDANT LA RÉVOLUTION. 3e édition. 1 vol. in-8. . . . 3 50

HISTOIRE DE LA SOCIÉTÉ FRANÇAISE PENDANT LE DIRECTOIRE. 3e édition. 1 vol. in-18. . . . 3 50

Paris. — J. CLAYE, imprimeur, 7, rue Saint-Benoît. — (1873)

www.ingramcontent.com/pod-product-compliance
Lightning Source LLC
Chambersburg PA
CBHW072053080426
42733CB00010B/2100
* 9 7 8 2 0 1 2 1 5 7 0 1 9 *